# L'ARMÉE SUISSE

PAR

**J. FEISS,** COLONEL
Chef de l'arme de l'Infanterie Suisse.

---

## ÉDITION FRANÇAISE

PAR

**Eug. KERN, Lieutenant-Colonel,**
Instructeur d'infanterie de 1re classe.

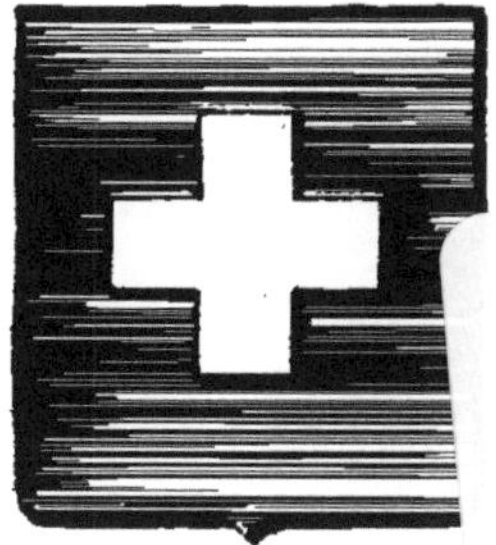

PARIS
SANDOZ & THUILLIER, ÉDITEURS
4 rue de Tournon

GENÈVE
LIBRAIRIE DESROGIS

NEUCHATEL
LIBRAIRIE J. SANDOZ

1883

Neuchâtel. — Imp. Furrer

# L'ARMÉE SUISSE

PAR

J. FEISS, Colonel,
Chef de l'arme de l'Infanterie suisse.





---

## ÉDITION FRANÇAISE

PAR

Eug. KERN, Lieutenant-Colonel,
Instructeur d'infanterie de Ire classe.

PARIS
SANDOZ & THUILLIER, ÉDITEURS
4, rue de Tournon, 4.

GENEVE — LIBRAIRIE DESROGIS
NEUCHATEL — LIBRAIRIE JULES SANDOZ

1883

Lausanne. — Imprimerie Fr. Regamey.

# PRÉFACE

Lorsqu'en 1880 parut l'édition allemande de cet ouvrage, elle rencontra l'accueil le plus favorable et un grand nombre d'officiers de la Suisse romande et même de l'étranger s'adressèrent à l'auteur dans le but d'en obtenir une traduction.

C'est pour répondre à ce désir que M. le colonel Feiss a donné son consentement à la publication de la présente édition française.

M. le lieutenant-colonel Eug. Kern, instructeur d'infanterie de I^re classe, a entrepris ce travail, après une révision complète de l'original par l'auteur lui-même. Toutes les ordonnances et lois adoptées depuis la publication primitive, ainsi que les dernières statistiques, donnent en outre à cette édition française un mérite spécial.

En présentant au public le premier ouvrage qui traite de l'organisation de l'armée suisse d'une manière détaillée et rationnelle, l'éditeur soussigné croit répondre à un vœu souvent exprimé.

JULES SANDOZ

# L'ARMÉE SUISSE

## INTRODUCTION

### Les constitutions militaires antérieures.

Les constitutions militaires les plus importantes et d'un caractère général, dont l'histoire suisse fasse mention, sont les suivantes :

#### 1. Convenant ou lettre de Sempach de 1393.

Dès les premiers temps de leur existence, les Confédérés s'unirent pour la défense commune. Cette union fut basée sur des principes parfaitement définis. C'est ainsi qu'en 1393, par exemple, les huit Etats confédérés et Soleure, cette dernière ville en qualité d'alliée de Berne, conclurent le Convenant de Sempach, lequel fut solennellement confirmé le 22 décembre 1481 par le Pacte de Stanz. Ce Convenant et ce Pacte, complétés par le *Code des prêtres* (Pfaffenbrief) de 1370 et les dispositions des *actes d'alliance*, tenaient lieu de constitution. Les Confédérés lui juraient périodiquement fidélité. Ce serment fut prêté fréquemment.

Les dispositions du Convenant de Sempach furent modifiées à plusieurs reprises. Elles reçurent successivement plus d'extension et on y ajouta aussi quelques articles, surtout en 1499, 1521 et 1522. C'est dans les articles additionnels de 1499, par exemple, que l'on trouve pour la première fois la prescription imposant aux troupes des différents contingents l'obéissance aux capitaines des autres Etats confédérés, aussi bien qu'à leurs propres chefs ; de même celle qui défend de faire des prisonniers et ordonne de mettre à mort tous les ennemis, « *comme l'ont pratiqué nos ancêtres.* »

Ces mêmes articles de 1499 s'occupent aussi de l'armement et prescrivent à chaque canton : « *d'ordonner la suppression des épées à deux mains et d'armer, par contre, les piquiers et les hallebardiers d'une épée ou d'une hache d'arme, ainsi que l'ont fait les Etats de Berne, Lucerne et Uri.* »

En 1521, à l'occasion de la guerre dite « *des draps de lit,* » dans les Romagnes, parut une ordonnance en vertu de laquelle chaque soldat est tenu de prier quotidiennement cinq *Pater noster* et cinq *Ave Maria.* Il y est aussi défendu de jurer ou de se livrer à la boisson, de dormir étant en sentinelle, de faire société ou bande à part, « *défense de former des bandes ou des attroupements à part, ou d'y entrer, mais obligation de rester auprès des enseignes, et d'égorger tous ceux qui voudraient fuir.* »

Une constitution militaire proprement dite, s'appliquant à tous les Etats confédérés, ne fut adoptée qu'au 17e siècle, à la Diète de Wyl, en 1647 (7-21 janvier), et connue sous le nom de :

### 2. Défensional de Wyl, de 1647.

(Der Wyler Abschied von 1647.)

Cet acte fixa les contingents à fournir par chaque canton. La première levée, fournie par les troupes des différents Etats, se montait à 12,000 hommes et 50 pièces d'artillerie. Une deuxième et troisième levée étaient en outre prévues. L'armée était organisée en deux corps, ayant chacun son lieu de réunion assigné. Mais une organisation plus complète fut donnée par :

### 3. Le Défensional fédéral.

Le projet du Défensional est attribué au général François-Louis d'Erlach, seigneur de Spiez. Il en fut question en 1629 déjà, lors d'une conférence qui eut lieu entre les quatre villes réformées, mais son adoption définitive ne date que du 18 mars 1668.

Les principes sur lesquels reposaient les anciens traités, imposant aux différents alliés l'obligation de se secourir mutuellement, y sont rappelés et les devoirs de chaque canton, au point de vue de la défense nationale, y sont fixés en ces termes :

« *Et pour que la mise sur pied puisse se faire rapidement et d'une manière rassurante, en cas de nécessité, chaque Etat doit tenir prêtes ses troupes des trois levées, de même que le matériel et surtout la munition nécessaire. Il faut qu'on puisse partir au premier appel et voler au secours du canton menacé, que cela soit avec une, deux, ou même toutes les trois levées, selon les besoins ou l'appel adressé.* »

La première levée était de 13,400 hommes, répartis entre les différents cantons (Zurich 1,400 et une pièce de 6 ℔, Berne 2,000 hommes et une pièce de 6 ℔, etc., etc.).

Pour chaque centaine d'hommes, il y avait 3 cavaliers à fournir.

« *Pour la seconde et la troisième levée, chaque canton fournira encore deux fois autant que cela lui est indiqué pour la première, avec deux mêmes pièces, la munition et le matériel nécessaire. Cependant, chaque canton est laissé libre d'amener encore plus de pièces, si cela lui convient.*

L'effectif des différentes unités tactiques fut aussi réglé par le Défensional, de même que ce qui concerne la subsistance et la solde.

« *Au sujet des approvisionnements, l'opinion unanime est que chaque soldat doit recevoir un pain de seigle d'une livre et demie par jour, et que chaque semaine il doit lui être remis un demi-louis.* »

Les première et deuxième levées furent organisées en deux armées et on désigna les cantons qui devaient pourvoir aux commandements.

En campagne, l'autorité supérieure était entre les mains d'un Conseil de guerre, composé des députés des cantons et des officiers les plus élevés en grade.

Le Défensional subit plusieurs modifications et reçut aussi plusieurs adjonctions, savoir :

*a*) Articles de l'ordonnance de guerre des 19-29 mai 1668.

*b*) Modifications concernant la justice militaire, du 29 mai 1668.

*c*) Article additionnel ayant particulièrement trait au serment des membres des conseils de guerre et des capitaines, du 29 mai 1668.

*d*) Complément du 20 mars 1668.

*e*) Adjonctions des 10-20 septembre 1673, 3 mai 1674, 10 novembre 1674 et 13 novembre 1678.

L'adjonction de 1673 fixe, entr'autres, dans quelles proportions les cantons doivent fournir leur contingent, en cas de mises sur pied partielles.

### 4. Le Défensional du 7 septembre 1702.

(Das eidgenössische Schirmwerk vom 7 Sept. 1702.)

Le Défensional de 1668 ne put jamais être mis en vigueur d'une manière générale. Plusieurs cantons y renoncèrent et il y fut apporté bon nombre de modifications.

Malgré cela, le Défensional de 1702, quoique plus complet, n'est au fond qu'une confirmation du précédent. On y retrouve les mêmes levées, les mêmes contingents et l'effectif des unités tactiques n'est pas modifié.

Pour les mises sur pied de peu d'importance, les troupes sont fournies proportionnellement par chaque canton. Les unités tactiques sont ainsi composées d'hommes provenant de différents Etats, par exemple, Zurich 70, Glaris 10, Schaffhouse 20 hommes, forment une compagnie de 100 soldats. Une organisation de ce genre serait aujourd'hui considérée comme une atteinte grave à la souveraineté cantonale.

## 5. Loi du 13 décembre 1798 sur l'organisation des milices helvétiques.

Cette loi eut le tort qu'eurent en général les lois édictées dans ce moment. Quoique marquée au coin du génie, ainsi que du reste la plupart des actes législatifs du Gouvernement helvétique, elle ne pouvait convenir à cette époque. Aussi ne reçut-elle jamais une application complète et cependant elle tendait à se rapprocher des idées qui ont cours aujourd'hui.

Le service est rendu obligatoire pour tous les citoyens. Les milices sont divisées en corps d'élite et corps de réserve. Les corps d'élite forment l'armée active et ceux de réserve sont destinés à la compléter et à maintenir l'ordre à l'intérieur.

Le territoire helvétique est subdivisé en arrondissements de 3000 hommes chacun, dont 1000 appartiennent à l'élite et les autres forment la réserve.

Les contingents sont fournis par commune.

Ils sont complétés par les volontaires de 18 à 20 ans.

L'élite est composée, en premier lieu, des célibataires. Dans une famille où il y a deux ou trois frères non-mariés, il en est prélevé un par le sort et, dans celle où il y en a quatre ou plus, il en est prélevé deux. Si par ces moyens le contingent n'est pas complet, la réserve comblera le déficit par la voie du sort. Aucun homme marié ne devra tirer au sort aussi longtemps que le contingent pourra être complété par les célibataires. Si ceux-ci ne suffisent pas, ce sera le tour des mariés, en commençant par ceux de 20 à 25 ans, puis viendront tous les autres jusqu'à 30 ans révolus. Sont en tous cas exceptés, les hommes ayant famille et qui ont 30 ans révolus.

L'Helvétie est divisée en départements militaires, dont chacun fournira à l'élite 8 bataillons.

Chaque département est composé de 8 arrondissements. Chaque arrondissement est divisé en deux sections. L'élite d'un arrondissement sera répartie en 8 divisions, dont chaque section en contient 4.

L'effectif du bataillon est de 10 compagnies à 100 hommes, dont 8 de mousquetaires et 2 de grenadiers.

Une division comprend 1 compagnie de mousquetaires et $^1/_4$ de compagnie de grenadiers.

En cas de mobilisation, les 8 bataillons d'un département seront composés de manière à ce que les 8 divisions N° 1 forment le 1er bataillon et ainsi de suite jusqu'au bataillon N° 8, qui est composé des 8 divisions N° 8.

La réserve de chaque arrondissement sera formée en compagnies de 200 hommes. Les troupes de chaque département sont commandées par un inspecteur-général.

Il a sous ses ordres, comme spécialement chargé de l'instruction, un commandant d'arrondissement avec le rang de chef de bataillon, lequel dirige les commandants d'exercices dans les communes.

Pour ce qui concerne l'organisation des armes spéciales, cette loi se contente de conserver provisoirement ce qui existe en fait de troupes à cheval, d'artillerie et de carabiniers. Elle ajoute cependant qu'il sera établi une école d'artillerie.

### 6. Règlement militaire général pour la Confédération de la Suisse, du 22 juin 1804.

Cette organisation militaire est basée sur l'Acte de Médiation, lequel prévoit la formation d'un corps d'environ 15,000 hommes, composé des contingents de la Confédération. Elle fut adoptée à la date indiquée plus haut. Les députés de l'Etat de Vaud ayant contesté à la Diète la compétence d'édicter cette loi militaire, la ratification en fut réservée. Ce n'est que le 5 juin 1807 qu'elle put entrer en vigueur.

Les motifs pour lesquels cette loi était devenue une nécessité sont mentionnés dans le règlement même, en ces termes :

« La formation du corps des contingents de la Confédération « doit être organisée de manière que les inconvénients attachés à « tout système militaire fédératif soient, autant que possible, éli- « minés, ou tout au moins diminués. En conséquence, tout ce qui « a rapport à l'organisation, le commandement en chef, exercices « militaires, discipline, service, armement, solde et entretien des

« divers contingents des cantons, doit être réglé sur un pied parfaitement uniforme. »

Le corps général des contingents est divisé en 7 légions. Chaque légion est formée de troupes provenant de différents cantons.

Ces légions sont composées de 3 bataillons d'infanterie, quelques compagnies d'infanterie légère, 1-4 compagnies de carabiniers, 2-3 compagnies d'artillerie et 1-1 ½ compagnie de dragons. La légion la plus faible compte 1843 et la plus forte 2744 hommes.

L'effectif d'un bataillon est de 5 compagnies à 100 hommes, plus un état-major de 16 hommes. Les bataillons sont souvent composés de compagnies de divers cantons.

L'artillerie forme 11 divisions, dont 1 division d'artillerie à cheval (4 pièces de 4 ℔ et 2 obusiers de 12 ℔) et 10 divisions d'artillerie à pied (18 pièces de 8 ℔, 36 pièces de 4 ℔ et 6 obusiers de 12 ℔), soit en tout 66 pièces.

Un inspecteur-général, un quartier-maître-général, un inspecteur de l'artillerie et un commissaire des guerres en chef auquel sont adjoints 3 colonels ou lieutenants-colonels, composent le conseil de guerre, lorsque la nécessité de sa formation est reconnue. Tous les officiers ci-dessus font partie des autorités militaires centrales, ainsi que 7-12 colonels de la Confédération, avec un nombre indéterminé d'adjudants d'état-major, un grand-juge, un auditeur de l'état-major, un quartier-maître-général et un certain nombre d'officiers du corps des ingénieurs, placés sous ses ordres, la trésorerie générale et le commissariat en chef des guerres.

### 7. Règlement militaire général pour la Confédération suisse, du 20 août 1817.

Ce règlement consacre le principe du service obligatoire pour tous les citoyens : « Ainsi que cela a toujours existé, chaque Suisse capable de porter les armes est soldat. »

L'armée est composée de l'élite et de la réserve fédérale. En cas de danger, elle est soutenue par la landwehr.

L'élite comptait 33 758 hommes avec 72 pièces d'artillerie attelées,
la réserve . . . . 33 758 » » 48 » » »

Il existait en outre 30 pièces de position et 20 pièces de rechange.

L'infanterie de l'élite était organisée en 34 et celle de la réserve en 36 bataillons à 6 compagnies, dont 1-2 compagnies de chasseurs; la compagnie avait un effectif de 125 hommes.

Il existait aussi des bataillons formés des contingents de différents cantons.

L'état-major fédéral, plus nombreux que précédemment, reçut une organisation pareille à celle admise par la loi de 1804.

L'autorité exécutive fut confiée à une commission dépendante de la diète. Elle était composée du président du canton directoire (Vorort) et de 4 membres (colonels fédéraux). En cas de mise sur pied d'une partie de l'armée, elle devenait le « Conseil de guerre fédéral », tandis qu'en temps de paix elle exerçait une simple surveillance.

Le Conseil de guerre était chargé de la mobilisation, de l'appel de nouvelles troupes sous les armes et de leur remplacement. Dès qu'il s'agissait d'une mobilisation d'au moins 24 000 hommes, la diète nommait un commandant en chef et son adjoint, ainsi qu'un chef d'état-major. En raison de l'importance des fonctions du commissaire des guerres en chef, c'était aussi la diète qui appelait cet officier supérieur en service. Les commandants de division et de brigade, le commandant de l'artillerie et l'adjudant-général étaient désignés parmi les colonels fédéraux. Ces nominations étaient faites par le général en chef, sur la présentation du Conseil de guerre.

Le règlement de 1817 constituait une organisation militaire des plus soignées, jusque dans tous les détails, et sous ce rapport il se distinguait avantageusement des lois précédentes.

**8. Loi fédérale sur l'organisation militaire de la Confédération suisse, du 8 mai 1850.— Loi fédérale concernant les contingents en hommes, chevaux et matériel de guerre à fournir à l'armée fédérale suisse par les cantons et la Confédération, du 27 août 1851. — Loi fédérale sur les exemptions et les exclusions du service militaire, du 19 juillet 1850.**

L'organisation militaire, basée sur la constitution de 1848, est renfermée dans les lois citées ci-dessus.

Elle n'est en substance qu'une imitation du règlement de 1817, dont la guerre civile, qui venait de se terminer, avait cependant fait ressortir les défauts. Promulguées deux ans après l'adoption de la nouvelle constitution, ces lois militaires se ressentent de la lassitude qui s'était naturellement emparée des esprits lorsque ce laborieux travail fut terminé. Il y eut un certain relâchement, auquel il faut attribuer le peu de progrès réalisés en cette matière.

La disposition en vertu de laquelle tout Suisse est astreint au service militaire, est maintenue, ainsi que cela avait toujours existé, depuis la fondation de la Confédération suisse. Il est spécifié que le service est obligatoire dès l'âge de 20 ans jusqu'à l'âge de 44 ans révolus.

L'armée fédérale se compose de l'élite et de la réserve fédérale, et la Confédération peut encore disposer, en cas de danger, de la réserve cantonale ou landwehr.

Pour l'élite, les cantons fournissent le 3 % de la population et pour la réserve fédérale le 1 ½ %. Tout ce qui dépasse ces chiffres appartient à la landwehr. Les jeunes classes d'âge servent dans l'élite et les hommes sont transférés au plus tard à 34 ans dans la réserve et à 40 ans dans la landwehr.

La répartition des différentes unités tactiques entre les cantons est faite d'après une échelle de proportion établie par la loi. Le contingent à fournir correspond exactement au pour cent de la population. Lorsqu'il est nécessaire d'égaliser les chiffres, les cantons fournissent des compagnies isolées ou modifient l'effectif des corps.

Les trois tableaux suivants indiquent les contingents de chaque canton, ainsi que la répartition des différentes armes et unités tactiques de l'élite et de la réserve :

## Etat général de l'armée fédérale et de sa répartition entre les cantons.

### Elite.

| Cantons | Génie | | Artillerie | | Cavalerie | | Carabiniers | Infanterie | Personnel sanitaire | | | | Total de l'armée fédérale | Chevaux du train |
|---|---|---|---|---|---|---|---|---|---|---|---|---|---|---|
| | Sapeurs | Pontonniers | Dans les compagnies | Train de parc | Dragons | Guides | | | Vétérinaires pour le parc | Médecins d'escadrons | Commissaires d'ambulances | Infirmiers | | |
| Zurich | 100 | 100 | 661 | 26 | 231 | — | 400 | 5818 | 1 | 2 | 2 | 12 | 7353 | 357 |
| Berne | 200 | 100 | 790 | 252 | 462 | 32 | 600 | 11062 | 2 | 3 | 2 | 26 | 13540 | 813 |
| Lucerne | — | — | 235 | 42 | 77 | — | 300 | 3303 | — | — | 2 | 8 | 3967 | 162 |
| Uri | — | — | — | 2 | — | — | 100 | 326 | — | — | — | 1 | 429 | 4 |
| Schwytz | — | — | — | 26 | — | 32 | 200 | 1055 | — | — | — | 2 | 1315 | 44 |
| Obwald | — | — | — | 2 | — | — | 100 | 307 | — | — | — | 1 | 410 | 4 |
| Nidwald | — | — | — | 2 | — | — | 100 | 234 | — | — | — | 1 | 337 | 4 |
| Glaris | — | — | — | 24 | — | — | 200 | 672 | — | — | — | 2 | 898 | 38 |
| Zug | — | — | — | 14 | — | — | 100 | 401 | — | — | — | 1 | 516 | 24 |
| Fribourg | — | — | 175 | 108 | 154 | — | 200 | 2311 | 1 | 1 | — | 5 | 2955 | 270 |
| Soleure | — | — | 175 | 6 | 77 | — | — | 1799 | — | — | 1 | 3 | 2061 | 106 |
| Bâle-Ville | — | — | 138 | 1 | — | 32 | — | 509 | — | — | 1 | 1 | 682 | 94 |
| Bâle-Campagne | — | — | 175 | 20 | — | 32 | 100 | 1052 | — | — | 1 | 2 | 1382 | 127 |
| Schaffhouse | — | — | — | 27 | 77 | — | — | 910 | — | 1 | 1 | 2 | 1018 | 40 |
| Appenzell Rh.-Ext. | — | — | 175 | 6 | — | — | 200 | 911 | — | — | — | 2 | 1294 | 106 |
| Appenzell Rh.-Int. | — | — | — | 1 | — | — | — | 327 | — | — | — | 1 | 329 | 2 |
| St-Gall | — | — | 373 | 17 | 154 | — | 200 | 4235 | 1 | 1 | 1 | 8 | 4990 | 216 |
| Grisons | — | — | 115 | 27 | — | 32 | 200 | 2251 | — | — | 1 | 5 | 2631 | 89 |
| Argovie | 100 | 100 | 648 | 21 | 154 | — | 300 | 4599 | — | 1 | 2 | 10 | 5905 | 353 |
| Thurgovie | — | — | 175 | 10 | 77 | — | 200 | 2141 | — | — | 1 | 5 | 2609 | 112 |
| Tessin | 100 | — | 175 | 22 | — | 19 | 200 | 2775 | — | — | 1 | 6 | 3298 | 132 |
| Vaud | 100 | — | 628 | 125 | 231 | — | 400 | 4328 | 1 | 2 | 2 | 10 | 5827 | 484 |
| Valais | — | — | 115 | 28 | — | — | 200 | 2043 | — | — | — | 6 | 2392 | 91 |
| Neuchâtel | — | — | 175 | 11 | — | 32 | 200 | 1542 | — | — | 1 | 3 | 1964 | 114 |
| Genève | — | — | 245 | 13 | — | 32 | — | 1171 | — | 1 | 2 | 3 | 1467 | 149 |
| Total | 600 | 300 | 5152 | 833 | 1694 | 243 | 4500 | 56082 | 6 | 12 | 21 | 126 | 69569 | 3932 |

## Réserve fédérale.

| Cantons | Génie | | Artillerie | | Cavalerie | | Carabiniers | Infanterie | Armuriers | Personnel sanitaire | | | | Total de l'armée fédérale. | Chevaux du train |
|---|---|---|---|---|---|---|---|---|---|---|---|---|---|---|---|
| | Sapeurs | Pontonniers | Dans les compagnies | Train de parc | Dragons | Guides | | | | Vétérinaires pour le parc | Médecins d'escadrons | Commissaires d'ambulances | Infirmiers | | |
| Zurich | 70 | 70 | 510 | 14 | 60 | — | 200 | 2742 | 3 | — | 1 | 1 | 6 | 3677 | 243 |
| Berne | 140 | 70 | 685 | 147 | 180 | 19 | 300 | 5208 | 5 | 1 | 2 | 1 | 12 | 6770 | 555 |
| Lucerne | — | — | 215 | 21 | 60 | — | 140 | 1540 | 2 | — | 1 | 1 | 4 | 1984 | 129 |
| Uri | — | — | — | 2 | — | — | 70 | 142 | — | — | — | — | — | 214 | 4 |
| Schwytz | — | — | — | 12 | — | 19 | 100 | 525 | 1 | — | — | — | 1 | 658 | 21 |
| Obwald | — | — | — | 1 | — | — | 70 | 134 | — | — | — | — | — | 205 | 2 |
| Nidwald | — | — | — | 1 | — | — | 70 | 98 | — | — | — | — | — | 169 | 2 |
| Glaris | — | — | — | 12 | — | — | 100 | 336 | — | — | — | — | 1 | 449 | 19 |
| Zug | — | — | — | 9 | — | — | 70 | 179 | — | — | — | — | — | 258 | 14 |
| Fribourg | — | — | 80 | 103 | 60 | — | 100 | 1128 | 1 | 1 | — | 1 | 3 | 1477 | 86 |
| Soleure | — | — | 175 | 2 | 60 | — | — | 789 | 1 | — | 1 | — | 2 | 1030 | 100 |
| Bâle-Ville | — | — | 48 | 51 | — | 19 | — | 220 | — | 1 | — | 1 | 1 | 341 | 2 |
| Bâle-Campagne | — | — | 80 | 59 | — | 19 | 70 | 460 | 1 | 1 | — | — | 1 | 691 | 15 |
| Schaffhouse | — | — | — | 12 | 60 | — | — | 436 | — | — | — | — | 1 | 509 | 18 |
| Appenzell Rh.-Ext. | — | — | 80 | 52 | — | — | 100 | 412 | 1 | 1 | — | — | 1 | 647 | 4 |
| Appenzell Rh.-Int. | — | — | — | 1 | — | — | — | 163 | — | — | — | — | — | 164 | 2 |
| St-Gall | — | — | 215 | 9 | 60 | — | 100 | 2104 | 2 | — | — | 1 | 4 | 2495 | 110 |
| Grisons | — | — | 115 | 12 | — | 19 | 100 | 1067 | 1 | — | — | — | 2 | 1316 | 69 |
| Argovie | 70 | 70 | 335 | 12 | 60 | — | 200 | 2196 | 3 | — | — | 1 | 6 | 2953 | 143 |
| Thurgovie | — | — | 80 | 54 | 60 | — | 100 | 1005 | 1 | 1 | — | — | 3 | 1304 | 8 |
| Tessin | 70 | — | 80 | 63 | — | 19 | 100 | 1309 | 2 | 2 | — | 1 | 3 | 1649 | 22 |
| Vaud | 70 | — | 438 | 70 | 120 | — | 200 | 2001 | 3 | 1 | 1 | 1 | 6 | 2914 | 302 |
| Valais | — | — | 115 | 12 | — | — | 100 | 966 | 1 | — | — | — | 2 | 1196 | 67 |
| Neuchâtel | — | — | 175 | 5 | — | 19 | 100 | 680 | 1 | — | — | — | 2 | 982 | 106 |
| Genève | — | — | 215 | 4 | — | 19 | — | 491 | 1 | — | — | 1 | 2 | 733 | 131 |
| Total | 420 | 210 | 3641 | 740 | 780 | 152 | 2390 | 26334 | 30 | 9 | 6 | 10 | 63 | 34785 | 2174 |

Nombre d'unités tactiques de chaque classe d'âge et de chaque arme.
Etat au moment de l'adoption de la loi sur l'organisation militaire de 1874.

| | Infanterie | | | Carabiniers | | | Cavalerie | | Artillerie | | | | | | Génie | |
|---|---|---|---|---|---|---|---|---|---|---|---|---|---|---|---|---|
| | Bataillons | Demi-Bataillons | Compag. isolées | Bat. à 4 comp. | Bat. à 3 comp. | Compag. isolées | Comp. de drag. | Comp. de guides | Batt. de 10 cm | Batt. de 8 cm | Batteries de montagne | Compagnies de position | Comp. de parc | Compagnies de train de parc | Compagnies de sapeurs | Compagnies de pontonniers |
| Elite | 77 | 7 | 5 | 12 | 1 | — | 22 | 8 | 9 | 19 | 2 | 4 | 6 | 14 | 6 | 3 |
| Réserve | 33 | 10 | 11 | 5 | 3 | — | 13 | 8 | 2 | 11 | 2 | 11 | 6 | | 6 | 3 |
| Total de l'armée fédérale | 110 | 17 | 16 | 17 | 4 | — | 35 | 16 | 11 | 30 | 4 | 15 | 12 | 14 | 12 | 6 |
| Landwehr | 65 | 3 | 12 | — | — | 44 | — | — | — | 2 | 1 | 20 | 2 | — | 6 | 2 |
| Total | 175 | 20 | 28 | 17 | 4 | 44 | 35 | 16 | 11 | 31 | 5 | 35 | 14 | 14 | 18 | 8 |

Plusieurs unités tactiques étaient fournies volontairement à la Confédération. Ce sont :

Pour l'élite : Un demi-bataillon d'infanterie par Bâle-Campagne, une compagnie d'infanterie par Bâle-Ville et une par Genève. — Une compagnie de carabiniers par Soleure, deux par Vaud et une par Genève.

Pour la réserve : Une compagnie d'infanterie par Bâle-Ville, deux par Bâle-Campagne et deux par Genève. — Une compagnie de carabiniers par Zurich, une par Vaud et une par Genève.

L'effectif normal des unités tactiques était le suivant :

Bataillon d'infanterie : Etat-major (21) et 6 compagnies (4 du centre et 2 de chasseurs) à 115 hommes, total 711 hommes.

Bataillon de carabiniers : 4 compagnies, total 405 hommes.

Escadron de dragons : 2 compagnies à 77 hommes.

Compagnie de guides : 32 hommes.

Batteries attelées, 10 cm, 8 cm, de 6 pièces, 165 hommes et 104 chevaux ; batteries de montagne, de 4 pièces, 128 hommes et

55 chevaux ; compagnies de position, 80 hommes ; compagnies du parc, 60 hommes ; compagnies du train de parc, 95-100 hommes et 141-150 chevaux.

Compagnies du génie : sapeurs, 102 hommes, et pontonniers 104 hommes.

Les commandants des corps de troupes combinés, les états-majors et les adjudants sont pris dans « l'état-major fédéral » et nommés par le Conseil fédéral.

L'ensemble des forces, élite, réserve et landwehr, au moment où la loi de 1850 termina son existence, comprenait neuf divisions d'armée, une réserve de cavalerie, d'artillerie et du génie, et trois brigades indépendantes d'infanterie.

La division d'armée était formée : de son état-major, d'une compagnie de guides, de trois brigades d'infanterie (à 6 bataillons, dont 3 d'élite, 1 de réserve et 2 de landwehr), d'une brigade de carabiniers (3 bataillons), d'un escadron de dragons, d'une brigade d'artillerie (4 batteries), d'une compagnie de sapeurs et de quatre ambulances. Force totale, 15,660 hommes, 568 chevaux de selle, 854 chevaux de trait et 24 pièces.

L'autorité supérieure est exercée par l'Assemblée fédérale et le Conseil fédéral, soit son Département militaire, en est l'autorité exécutive. Ce dernier a sous ses ordres : l'adjoint pour le personnel, en même temps instructeur en chef de l'infanterie, les inspecteurs du génie et de l'artillerie, les colonels de la cavalerie et des carabiniers, l'auditeur en chef, le commissaire des guerres en chef, le médecin en chef, le chef du bureau d'état-major et le directeur de la régie des chevaux.

Les autorités militaires cantonales soignent l'administration, pour autant que celle-ci est du ressort des cantons, ainsi que cela a encore lieu sous l'organisation actuelle [1].

[1] Pour plus de détails sur l'organisation de 1850, voir l'ouvrage du même auteur « das Heerwesen der Schweiz ». Zurich, Orell, Füssli et C^e, 1873.

## 9. L'organisation militaire du 11 novembre 1874.

Le but de ce travail est d'examiner, dans tous ses détails, la constitution militaire actuellement en vigueur.

L'exposé précédent nous a montré comment, depuis les simples traités d'alliance, en vertu desquels les différents cantons se promettaient secours, notre système militaire a subi ses transformations. L'organisation militaire est devenue de plus en plus forte, uniforme et surtout nationale.

Dans les efforts qui furent faits pour arriver à ce résultat, il faut reconnaître que les idées de centralisation eurent toujours des adhérents. Petit à petit elles ont fait leur chemin, malgré la réaction qui se faisait sentir, chaque fois que l'esprit public s'endormait. La question de souveraineté cantonale, avec les idées étroites et mesquines qui l'accompagnaient souvent, se présentait à chaque occasion.

La loi sur l'organisation militaire de 1874 a le mérite d'avoir réuni en un seul faisceau les contingents des cantons, pour en former l'armée fédérale.

Il est réservé à une prochaine loi de régler encore quelques questions d'administration, de manière à avoir vraiment une armée suisse. Espérons que cette nouvelle étape ne se fera pas trop attendre.

PREMIÈRE PARTIE

# LES AUTORITÉS MILITAIRES

## I. Les autorités militaires fédérales.

L'autorité souveraine est entre les mains de l'*Assemblée fédérale*, sous réserve des droits du peuple et des cantons.

C'est elle qui édicte les lois concernant l'organisation militaire. Sauf les cas urgents, ces lois doivent être soumises à la votation populaire, dès que 30 000 citoyens aptes à voter, ou huit cantons la demandent.

Le Conseil fédéral et le commandant en chef de l'armée sont élus par l'Assemblée fédérale. Toutefois, il faut qu'une mise sur pied de plusieurs divisions soit à prévoir pour que cette dernière nomination ait lieu.

Les mesures à prendre pour la garantie et le maintien de l'indépendance et de la neutralité de la Suisse sont de son ressort. Elle est seule compétente pour déclarer la guerre ou conclure la paix.

L'Assemblée fédérale fixe le budget militaire et tous les comptes sont soumis à sa ratification. Elle a la haute surveillance sur toute l'administration et sur l'application du code pénal militaire.

Le *Conseil fédéral*, élu par cette Assemblée, est la plus haute autorité militaire *exécutive*. Le *Département militaire suisse*, sous la direction d'un des membres du Conseil, est particulièrement chargé de l'expédition des affaires. Cependant, pour les questions importantes, c'est le Conseil fédéral qui décide.

En cas d'urgence, le Conseil fédéral est autorisé à mettre sur pied et à disposer d'un certain nombre de troupes. Lorsque l'effectif dépasse 2000 hommes, ou lorsque la durée du service doit aller au-delà de trois semaines, l'Assemblée fédérale doit immédiatement être convoquée.

Le *Département militaire suisse* est chargé de l'examen préalable et du soin des affaires résultant de l'exécution de la loi sur l'organisation militaire, en particulier [1] :

La division territoriale militaire, le recrutement, l'organisation de l'armée, la nomination et la démission des officiers et la nomination des commandants de corps, l'instruction, y compris l'instruction préparatoire et l'enseignement militaire à l'école polytechnique, l'habillement, l'armement et l'équipement, la solde et la subsistance, la topographie et les fortifications, la mobilisation de l'armée, les instructions à donner au général, les mesures pour tenir au complet l'armée en campagne, les pensions militaires et la surveillance de l'exécution de la loi par les administrations cantonales.

A cet effet, le Département militaire suisse dispose de hauts fonctionnaires, nommés par le Conseil fédéral, chargés chacun de la direction d'une branche de service.

Ce sont :

1. Le chef de division pour l'administration de l'infanterie (*chef d'arme de l'infanterie*).

2. Le chef de division pour l'administration de la cavalerie (*chef d'arme de la cavalerie*).

3. Le chef de division pour l'administration de l'artillerie (*chef d'arme de l'artillerie*).

4. Le chef de division pour l'administration du génie (*chef d'arme du génie*).

[1] Voir arrêté fédéral concernant l'organisation du Conseil fédéral du 21 août 1878. *Recueil officiel*, tome III, page 455.

5. *Le chef du bureau d'état-major.*
6. *Les administrateurs du matériel de guerre.*
   *a)* Le chef de la section administrative.
   *b)* Le chef de la section technique.
7. *Le médecin en chef.*
8. *Le vétérinaire en chef.*
9. *Le commissaire des guerres en chef.*
10. *L'auditeur en chef.*

L'établissement de la *régie des chevaux* à Thoune est de même placé sous les ordres du Département militaire fédéral.

### 1-4. Les chefs de division pour les différentes armes (chefs d'arme).

Les chefs d'arme sont tenus de surveiller les affaires suivantes du département et de présenter à leur sujet des rapports et des propositions.

Le *chef de l'infanterie* en particulier traite toutes les questions qui concernent l'armée dans son ensemble.

Il les examine, émet son préavis et accompagne son rapport des propositions qu'il juge nécessaires.

Les *chefs d'arme* ont à s'occuper, chacun pour son arme, de tout ce qui a trait au recrutement et à l'effectif des corps, à la nomination et au licenciement des officiers et des sous-officiers, à l'instruction, au personnel d'instruction, à l'armement et à l'équipement des troupes, à l'équipement des corps. Ils établissent leur budget annuel.

Les chefs d'arme correspondent, au nom du Département, pour toutes les affaires de leur ressort, avec les autorités militaires fédérales et cantonales, ainsi qu'avec les officiers.

Sous réserve de ratification par le Département, ils liquident de leur chef toutes les questions touchant à l'organisation et à la direction des différentes écoles et cours d'instruction.

Le *chef de l'arme de la cavalerie* veille en outre au contrôle des chevaux de la cavalerie. Le *chef de l'arme du génie* est chargé de la surveillance des fortifications, et de l'étude de tout ce qui s'y rapporte.

Le personnel d'instruction se trouve placé, pour chaque arme, sous les ordres du chef de l'arme. Un *instructeur en chef* est à la tête de chaque corps d'instruction ; c'est cet officier qui remplace le chef de l'arme, lorsque celui-ci est empêché de remplir ses fonctions.

Par décision de l'assemblée fédérale, l'effectif du corps d'instruction pour les armes principales a été fixé comme suit :

| | Infanterie. | Cavalerie. | Artillerie. | Génie. |
|---|---|---|---|---|
| Instructeurs en chef. . . . | 1 | 1 | 1 | 1 |
| Instructeurs d'arrondissement | 8 | — | — | — |
| Instructeur de tir . . . . | 1 | — | — | — |
| Instructeurs de Ire classe . . | 17 [1] | 3 | 4 | 2 |
| Instructeurs de IIe » . . . | 66 [1] | 10 | 15 [2] | 4 |
| Aides-instructeurs . . . . | — | } 2 | } 18 | } 3 |
| Instructeurs-trompettes . . | 8 | | | |
| Instructeurs-tambours . . . | 4 | | | |
| | 105 | 16 | 38 | 10 |

L'*instructeur en chef de l'infanterie* dirige les écoles centrales et surveille l'instruction dans les différents arrondissements.

Pour les armes spéciales, le corps d'instruction est centralisé, c'est-à-dire qu'il n'est pas réparti entre les divers arrondissements comme pour l'infanterie.

Les programmes et plans d'instruction pour les écoles et cours des différentes armes sont élaborés par les instructeurs en chef.

Les certificats de capacités (voir chap. X) ne peuvent être délivrés sans leur concours.

Les instructeurs sont des employés de la Confédération et ils perçoivent un traitement annuel fixe. Leur emploi est déterminé d'après leur classification dans le corps et non selon le grade qu'ils peuvent revêtir.

Un quart au plus du personnel du corps d'instruction de toutes

[1] Dont un instructeur de 1re classe et un de 2e classe pour les écoles de tir. F. M. F., 1881, No 2.

[2] Y compris un officier de tir pour la place d'armes de Thoune. F. M. F., 1881, No 23.

les armes peut être incorporé dans l'armée. Cette prescription ne s'applique pas aux officiers de l'état-major général faisant partie du corps d'instruction. Un remplaçant ne peut jamais être incorporé en même temps que celui qu'il doit remplacer. Ces dispositions sont prises en prévision d'une mobilisation. Les instructeurs disponibles doivent être employés à former les recrues destinées à combler les vides et aussi à repourvoir aux commandements supérieurs devenus vacants.

Les instructeurs incorporés comme officiers dans l'armée avancent en grade de la même manière que les officiers de troupe. L'avancement devra toutefois être autorisé par le Département militaire fédéral, lequel, avant de l'accorder, examinera si la promotion est compatible avec la position dans le corps d'instruction et avec le grade des autres instructeurs [1].

Les instructeurs non incorporés et revêtus du grade d'officier sont à la disposition du Conseil fédéral, selon l'article 58 de la loi sur l'organisation militaire.

### 5. Le chef du bureau d'état-major.

En temps de paix, il est placé à la tête du corps d'état-major général.

Dans les questions relatives au personnel, il émet son préavis.

Le bureau d'état-major dirige et soigne tous les travaux préparatoires de la mise sur pied et des mouvements de l'armée, ainsi que pour l'exploitation des chemins de fer, en cas de guerre. Il réunit et utilise les collections et les travaux scientifiques sur l'armée suisse et les armées étrangères.

Il est chargé de la surveillance de la topographie nationale et du bureau topographique.

Le bureau d'état-major administre la bibliothèque et les archives militaires.

[1] Ordonnance du 8 septembre 1876. F. M. F., N° 116.

## 6. Les administrateurs du matériel de guerre.

### a) *Le chef de la section technique.*

La section technique prépare les ordonnances et règlements sur tout le matériel de guerre (armement, habillement, équipement personnel et équipement de corps, munitions).

Elle soigne l'achat de tout le matériel, dont l'acquisition incombe à la Confédération.

Tous les ateliers établis par la Confédération pour la construction et la réparation du matériel de guerre sont placés sous sa surveillance.

Chacun de ces ateliers est sous les ordres d'un directeur, il a à sa disposition le personnel nécessaire aux travaux.

Ces établissements sont actuellement :

*a)* la fabrique fédérale d'armes, à Berne ;
*b)* le laboratoire, à Thoune ;
*c)* les ateliers de réparation, à Thoune.

(Pour détails, voir chapitre XVI.)

### b) *Le chef de la section administrative.*

Il prend soin de tout le matériel de guerre de la Confédération. C'est lui qui le délivre pour les cours d'instruction ou les mobilisations ; il le reconnaît aussi à sa rentrée.

Les magasins de dépôt du matériel fédéral existant actuellement sont ceux d'*Aarau, Bellinzone, Berne, Bière, Brugg, Coire, Frauenfeld, Fribourg, St-Gall, Liestal, Lucerne, Luziensteig, St-Maurice, Payerne, Rapperschwyl, Schwytz, Soleure, Thoune, Wangen, Zofingue* et *Zurich.*

Un inspecteur est chargé de la direction des travaux relatifs à l'entretien du matériel de guerre et du contrôle de l'emploi des sommes allouées dans ce but par la Confédération [1].

[1] Arrêté fédéral du 23 décembre 1881. F. M. F., N° 12.

### 7. Le médecin en chef.

Le médecin en chef dirige tout le service sanitaire de l'armée en temps de paix.

Il surveille l'instruction du personnel et il a sous ses ordres l'instructeur sanitaire ainsi que 3 instructeurs de Ire classe et 4 instructeurs de IIe classe.

### 8. Le vétérinaire en chef.

Le vétérinaire en chef a les mêmes obligations pour tout ce qui concerne le service vétérinaire.

### 9. Le commissaire des guerres en chef.

Le commissaire des guerres en chef soigne tout ce qui concerne la solde, la subsistance et le logement des troupes.

L'instruction du personnel d'administration est placée sous sa surveillance.

Il a sous ses ordres l'instructeur en chef pour les troupes d'administration, avec un instructeur de Ire classe et un instructeur de IIe classe.

### 10. L'auditeur en chef.

Il soigne tout ce qui a trait à l'administration de la justice pour les troupes en service.

### 11. Régie des chevaux.

A sa tête se trouve un directeur et son adjoint, un comptable et un vétérinaire.

Cet établissement a été fondé dans le but d'avoir des chevaux de selle à disposition des officiers et instructeurs. Ces chevaux sont ou vendus ou remis en location. La régie s'occupe aussi du dressage des chevaux et de l'enseignement de l'équitation. A cet effet, elle s'organise en école centrale d'équitation et favorise l'institution de cours particuliers.

## II. Les autorités militaires des cantons.

Les autorités militaires des cantons sont principalement chargées des affaires suivantes, et ce, sous la surveillance et le contrôle de la Confédération :

De prêter leur concours au recrutement ;

De s'assurer que personne n'échappe à l'obligation de servir et de tenir les contrôles ;

De la nomination des officiers, lorsque ces nominations sont de la compétence des cantons ;

De l'appel sous les armes ;

De l'habillement et équipement des troupes et de la remise du matériel de guerre aux corps appelés au service ;

De la fourniture de chevaux aux unités de troupes cantonales, à l'exception des escadrons de dragons;

De la conservation des équipements de corps ;

De la perception de la taxe militaire.

Le gouvernement est la plus haute autorité militaire cantonale. Un de ses membres est spécialement délégué à cette administration (directeur militaire ou chef du département militaire). Il soigne toutes les affaires de son dicastère, sous réserve de ratification par l'autorité supérieure.

Dans la plupart des cantons on lui adjoint :

Un commissaire des guerres et un directeur des arsenaux.

Les *commandants d'arrondissement* et les *chefs de section* sont de même placés sous les ordres de l'administration cantonale.

A la tête de chaque arrondissement de recrutement pour l'infanterie, est placé un commandant d'arrondissement [1]. Ce fonctionnaire tient les contrôles et fait transmettre les ordres de marche.

[1] Voir ordonnance concernant la formation des nouveaux corps de troupes et la tenue des contrôles militaires, du 31 mars 1875. F. M. F., N° 32. Cette ordonnance est encore en vigueur pour ce qui a trait aux commandants d'arrondissement et aux chefs de section (S[s] 1-4).

Il veille à ce qu'aucun citoyen n'échappe à l'obligation de servir et fait appliquer les peines encourues.

Il a comme aide, dans chaque section, un chef de section.

## DEUXIÈME PARTIE

# DIVISION TERRITORIALE [1]

Le territoire de la Confédération est subdivisé en 8 arrondissements de division.

Ces arrondissements sont formés de manière à fournir tous les bataillons de fusiliers de chaque division.

Tous les autres corps appartenant à la même division sont, autant que possible, aussi recrutés dans l'arrondissement.

En général, le territoire d'un canton appartient à un seul et unique arrondissement.

Des exceptions ont cependant dû être faites pour Berne, Schwytz et Valais.

Pour la formation des bataillons d'infanterie, les arrondissements de division sont subdivisés en arrondissements de recrutement. Ces circonscriptions sont combinées de manière à ce que chacune d'elles fournisse 1 et au plus 3 bataillons de fusiliers, soit dans l'élite, soit dans la landwehr.

Les arrondissements de recrutement sont répartis en plusieurs

[1] Voir ordonnance concernant la division territoriale et le numérotage des unités et des corps combinés, du 15 mars 1875. F. M. F., N° 22.

Arrêté du Conseil fédéral complétant l'ordonnance ci-dessus, du 28 mars 1875. F. M. F., N° 29. — Ordonnance sur la répartition des corps de troupes fédéraux entre les divisions, du 1er mars 1876. F. M. F., N° 42, et arrêté du Conseil fédéral concernant le recrutement des bataillons du génie, du 3 mars 1876. F. M. F., N° 43.

sections. Dans quelques cantons, les limites des sections correspondent avec les limites politiques des communes; dans d'autres, par contre, elles en embrassent plusieurs.

Les arrondissements de division comprennent le territoire suivant:

## Ire DIVISION

### Les cantons de Vaud, Genève et le Bas-Valais.

| Nos | CANTONS | ARRONDISSEMENTS DE RECRUTEMENT | Population de chaque arrondissement de recrutement [1] |
|---|---|---|---|
| 1 | Vaud<br>Bataillons de fusiliers 1-3 | Les districts d'Aubonne, Cossonay, La Vallée, Morges, Nyon, Orbe, Rolle. | 68 629 |
| 2 | Vaud<br>b. de f. 4-6 | Les districts d'Avenches, Echallens, Grandson, Moudon, Oron, Payerne, Yverdon. | 69 744 |
| 3 | Vaud<br>b. de f. 7-9 | Les districts d'Aigle, Lausanne, Lavaux, Pays-d'Enhaut, Vevey. | 80 726 |
| 4 | Genève<br>b. de f. 10 et 11 | Canton. | 61 805 |
| 5 | Valais<br>b. de f. 12 | Les districts de Monthey, St-Maurice et Entremont. | 25 650 |
| 6 | Valais<br>b. de f. 98 | Les districts de Martigny et Conthey et du district de Sion les communes de Sion et de Savièse. | 24 943 |
| | | | 331 497 |

## IIe DIVISION

### Les cantons de Fribourg, Neuchâtel et le Jura-Bernois.

| Nos | CANTONS | ARRONDISSEMENTS DE RECRUTEMENT | Population |
|---|---|---|---|
| 1 | Fribourg<br>b. de f. 13-15 | Les districts de la Gruyère, Veveyse, Glâne; district de la Sarine sans les 8 communes comprises dans le 2e arrondissement; le district de la Broye, également sans les communes comprises dans le 2e arrondissement. | 65 951 |
| | | A reporter . . . | 65 951 |

[1] La population domiciliée, déduction faite des étrangers, d'après le recensement de 1880.

| Nos | CANTONS | ARRONDISSEMENTS DE RECRUTEMENT | Population de chaque arrondissement de recrutement. |
|---|---|---|---|
| | | Report . . . | 65 951 |
| 2 | Fribourg<br>b. de f. 16 et 17 | Les districts de la Singine et du Lac, la ville de Fribourg; du district de la Sarine, les communes de Granges-Paccot, Lossy, Cormagens, La Corbaz, Cuterwyl, Belfaux et Grolley; du district de la Broye, les communes de Chandon, Domdidier, St-Aubin, Vallon, Gletterens, Portalban, Delley et Les Friques. | 46 862 |
| 3 | Neuchâtel<br>b. de f. 18 | Les districts du Val-de-Travers et Boudry, et du district du Locle, les communes de Brot-dessus, Plamboz et Ponts. | 29 398 |
| 4 | Neuchâtel<br>b. de f. 19 et 20 | Les districts de la Chaux-de-Fonds, Locle, sans les communes de Brot-dessus, Plamboz et Ponts; Neuchâtel et Val-de-Ruz. | 63 405 |
| 5 | Berne<br>b. de f. 21 | Le district de Courtelary sans la commune de Tramelan; district de Neuveville. | 24 621 |
| 6 | Berne<br>b. de f. 22 | Du district de Porrentruy, les communes d'Ocourt et St-Ursanne; le district des Franches-Montagnes; du district de Delémont, les communes de Saulcy et Undervelier; de Moutier, les communes de La Joux, Les Geneveys, Sornetan, Court, Bévilard, Tavannes, Champoz, Châtelat, Loveresse, Malleray, Monible, Pontenez, Saicourt, Saules, Sonvilier et Sonboz; du district de Courtelary, Tramelan. | 21 473 |
| 7 | Berne<br>b. de f. 23 | Les districts de Laufon, Delémont, sans les communes de Saulcy et Undervelier; les autres communes du district de Moutier. | 25 373 |
| 8 | Berne<br>b. de f. 24 | Le district de Porrentruy, sans Ocourt et St-Ursanne. | 20 572 |
| | | | 297 655 |

## IIIe DIVISION

**Berne,** sans le Jura et les districts de Wangen, Trachselwald, Signau et quelques communes du district de Berthoud.

| Nos | CANTONS | ARRONDISSEMENTS DE RECRUTEMENT | Population de chaque arrondissement de recrutement. |
|---|---|---|---|
| 1 | Berne b. de f. 25 | Les districts de Büren et de Bienne, et du district de Nidau, la commune de Mett; du district d'Aarberg la commune d'Affoltern. | 24 956 |
| 2 | Berne b. de f. 26 | Les districts de Cerlier, Nidau, sans Mett; le district d'Aarberg, sans Affoltern, Rapperswyl et Meikirch. | 32 320 |
| 3 | Berne b. de f. 27 | Du district de Seftigen, les communes de Belp et de Zimmerwald; du district de Berne, les communes d'Oberbalm, Könitz et Bümplitz; le district de Laupen. | 22 223 |
| 4 | Berne b. de f. 28 | La ville de Berne. | 39 573 |
| 5 | Berne b. de f. 29 | Le district de Fraubrunnen, sans Utzenstorf; du district d'Aarberg, les communes de Rapperswyl et Meikirh; du district de Berne, les communes de Kirchlindach, Bremgarten, Wohlen, Bolligen et Zollikofen. | 25 255 |
| 6 | Berne b. de f. 30 | Le district de Berthoud, sans Koppingen, Winigen et Heimiswyl; du district de Fraubrunnen, la commune d'Utzenstorf. | 24 714 |
| 7 | Berne b. de f. 31 | Du district de Konolfingen, les communes d'Arni, Bowyl, Gysenstein, Häutligen, Niederhünigen, Landiswyl, Mirchel, Oberthal, Rubigen, Stalden, Tägertschi, Zäziwyl, Münsingen, Worb, Wyl, Höchstetten, Biglen et Walkringen; du district de Berne, les communes de Vechigen, Stettlen et Muri. | 24 499 |
| | | A reporter . . . | 193 540 |

| Nos | CANTONS | ARRONDISSEMENTS DE RECRUTEMENT | Population de chaque arrondissement de recrutement. |
|---|---|---|---|
| | | Report . . . | 193 540 |
| 8 | Berne<br>b. de f. 32 | Les districts de Schwarzenbourg et de Seftigen, ce dernier sans Belp et Zimmerwald. | 27 992 |
| 9 | Berne<br>b. de f. 33 | Le district de Thoune sans Blumenstein et Amsoldingen, Sigriswyl et Hilterfingen; les autres communes du district de Konolfingen. | 30 981 |
| 10 | Berne<br>b. de f. 34 | Les districts de Gessenay, Obersimmenthal et Niedersimmenthal sans Spiez, et du district de Thoune, Blumenstein et Amsoldingen. | 23 144 |
| 11 | Berne<br>b. de f. 35 | Les autres communes du district d'Interlaken non comprises dans le 12e arrondissement; le district de Frutigen; du district de Niedersimmenthal, la commune de Spiez, et du district de Thoune, les communes de Sigriswyl et de Hilterfingen. | 33 117 |
| 12 | Berne<br>b. de f. 36 | Le district d'Oberhasli, et du district d'Interlaken, les communes de Brienz, Grindelwald, Lauterbrunnen et Gsteigwyler. | 15 866 |
| | | | 324 640 |

## IVe DIVISION

Du canton de **Berne** les districts de Wangen, Trachselwald, Signau et quelques communes du district de Berthoud, les cantons de **Lucerne, Unterwald** et **Zug.**

| | | | |
|---|---|---|---|
| 1 | Berne<br>b. de f. 37 | Le district de Wangen sans Ursenbach; du district d'Aarwangen, la commune de Thunstetten; du district de Berthoud, les communes de Koppigen et Wynigen. | 23 121 |
| | | A reporter . . . | 23 121 |

| Nos | CANTONS | ARRONDISSEMENTS DE RECRUTEMENT | Population de chaque arrondissement de recrutement. |
|---|---|---|---|
| | | Report . . . | 23 121 |
| 2 | Berne b. de f. 38 | Du district de Trachselwald, la commune de Walterswyl; du district de Wangen, Ursenbach; district d'Aarwangen sans Thunstetten. | 26 211 |
| 3 | Berne b. de f. 39 | Le district de Trachselwald sans Walterswyl, et du district de Berthoud, la commune de Heimiswyl. | 25 617 |
| 4 | Berne b. de f. 40 | Le district de Signau. | 24 592 |
| 5 | Lucerne b. de f. 41 | Le district d'Entlebuch sans la commune de Schachen. | 15 585 |
| 6 | Lucerne b. de f. 42 | Du district de Willisau, les communes de Hergiswyl, Luthern, Menznau, Uffhusen, Willisau-campagne, Willisau-ville ; du district de Sursee, les communes de Buttisholz, Grosswangen, Ruswyl, Werthenstein et Wohlhusen ; du district d'Entlebuch, la commune de Schachen. | 22 875 |
| 7 | Lucerne b. de f. 43 | Du district de Willisau, les communes d'Alberswyl, Altburon, Altishofen, Dagmersellen, Eberseken, Ergolzwyl, Ettiswyl, Fisbach, Gettnau, Grossdietwyl, Langnau, Nebikon, Ohmstall, Niederwyl, Pfaffnau, Reiden, Richenthal, Roggliswyl, Schötz, Uffikon, Wykon et Zell. | 19 107 |
| 8 | Lucerne b. de f. 44 | Du district de Sursee, les communes de Buron, Eich, Geuensee, Gunzwyl, Knutwyl, Kulmerau, Mauensee, Münster, Nottwyl, Oberkirch, Pfeffikon, Rikenbach, Schenkon, Schlierbach, Schwarzenbach, Sempach, Sursee. Triegen, Willihof et Winikon ; du district de Willisau, les communes de Buchs, Kottwyl et Wauwyl. | 18 515 |
| | | A reporter . . . | 175 623 |

| Nos | CANTONS | ARRONDISSEMENTS DE RECRUTEMENT | Population de chaque arrondissement de recrutement. |
|---|---|---|---|
| | | Report . . . | 175 623 |
| 9 | Lucerne<br>b. de f. 45 | Le district de Hochdorf et du district de Sursee, les communes de Neudorf, Neuenkirch et Hildiesrieden. | 19 810 |
| 10 | Lucerne<br>b. de f. 46 | Le district de Lucerne. | 36 593 |
| 11 | Unterwalden<br>b. de f. 47 | Le Haut et le Bas. | 26 879 |
| 12 | Zoug<br>b. de f. 48 | Canton. | 21 731 |
| | | | 280 636 |

## Ve DIVISION

Les cantons de **Soleure, Bâle-Campagne, Bâle-Ville** et d'**Argovie.**

| Nos | CANTONS | ARRONDISSEMENTS DE RECRUTEMENT | Population de chaque arrondissement de recrutement. |
|---|---|---|---|
| 1 | Soleure<br>b. de f. 49-51 | Canton. | 78 091 |
| 2 | Bâle-Camp.<br>b. de f. 52 et 53 | Canton. | 55 152 |
| 3 | Bâle-Ville<br>b. de f. 54 | Canton. | 42 086 |
| 4 | Argovie<br>b. de f. 55 | Le district de Zofingue et du district de Kulm, les communes de Holzikon et Schöftland. | 28 493 |
| 5 | Argovie<br>b. de f. 57 | Le district d'Aarau et du district de Lenzbourg, les communes de Ammerswyl, Brunegg, Dintikon, Hendschikon, Holderbank, Innzenschwyl, Lenzburg, Möriken, Niederlenz, Othmarsingen, Rupperswyl, Schafisheim et Staufen. | 30 213 |
| 6 | Argovie<br>b. de f. 58 | Les districts de Laufenbourg et Rheinfelden et de Zurzach, les communes de Leibstatt, Full-Reuenthal et Leuggern. | 26 202 |
| | | A reporter . . . | 260 237 |

| Nos | CANTONS | ARRONDISSEMENTS DE RECRUTEMENT | Population de chaque arrondissement de recrutement. |
|---|---|---|---|
| | | Report . . . | 260 237 |
| 7 | Argovie<br>b. de f. 59 | Les districts de Brugg et Zurzach, sans les communes de Leibstatt, Full-Reuenthal et Leuggern. | 27 684 |
| 8 | Argovie<br>b. de f. 60 | Le district de Baden, et du district de Bremgarten, les communes de Tägerig, Nesselbach, Niederwyl, Fischbach-Göslikon, Eggenwyl, Wyden, Rudolfstetten et Berikon. | 26 645 |
| 9 | Argovie<br>b. de f. 99 | Le district de Muri et les autres communes du district de Bremgarten (Anglikon, Arni-Tslisberg, Bremgarten, Büttikon, Dottiken, Hägglingen, Hernetschwyl, Hilfikon, Tonen, Lieli, Oberlunkhofen, Unterlunkhofen, Oberwyl, Sarnenstorf, Uezwyl, Villmergen, Wohlen et Zufiken). | 28 258 |
| 10 | Argovie<br>b. de f. 56 | Les autres communes du district de Lenzbourg et le district de Kulm, sans les communes de Schöftland et Holziken. | 25 663 |
| | | | 368 487 |

## VIe DIVISION

Les cantons de **Schaffhouse** et **Zurich** et du canton de **Schwytz**, les districts de March, Einsiedeln et Höfe.

| Nos | CANTONS | ARRONDISSEMENTS DE RECRUTEMENT | Population |
|---|---|---|---|
| 1 | Schaffhouse<br>b. de f. 61 | Canton. | 33 856 |
| 2 | Zurich<br>b. de f. 62 et 63 | Le district d'Andelfingen ; du district de Pfäffikon, Wyla et Kybourg, et le district de Winterthour, sans Pfungen et Dättikon. | 55 374 |
| | | A reporter . . . | 89 230 |

| Nos | CANTONS | ARRONDISSEMENTS DE RECRUTEMENT | Population de chaque arrondissement de recrutement. |
|---|---|---|---|
| | | Report . . . | 89 230 |
| 3 | Zurich<br>b. de f. 64 | Le district de Bulach sans Glattfelden, Höri et Hochfelden; du district de Winterthour, les communes de Pfungen et Dättikon; du district d'Uster, les communes de Wangen et Dübendorf; du district de Pfäffikon, la commune de Lindau. | 23 357 |
| 4 | Zurich<br>b. de f. 65 et 66 | Le district de Pfäffikon sans Lindau et Kybourg; le district d'Uster sans Wangen et Dübendorf, Fällanden, Maur et Egg; le district de Ainweil sans Bubikon et Gruningen. | 50 720 |
| 5 | Zurich<br>b. de f. 67 | Le district de Dielsdorf; du district de Bulach, les communes de Glattfelden, Höri et Hochfelden; du district de Zurich, les communes d'Oetweil, Geroldsweil, Weiningen, Unterengstringen, Höngg, Wipkingen, Schwamendingen et Oerlikon; du district d'Uster, la commune de Fällanden. | 23 796 |
| 6 | Zurich<br>b. de f. 68 et 69 | Le district de Zurich sans Wollishofen, Oetweil, Wipkingen, Geroldsweil, Weiningen, Zollikon, Wytikon, Unterengstringen, Höngg, Schwamendingen et Oerlikon; le district d'Affoltern. | 80 131 |
| 7 | Zurich<br>b. de f. 70 et 71 | Le district de Horgen; du district de Zurich, les communes de Wollishofen, Zollikon et Wytikon; le district de Meilen; du disirict d'Uster, les communes de Maur et Egg; du district de Hinweil, Bubikon et Gruningen. | 55 345 |
| 8 | Schwytz<br>b. de f. 72 | Les districts de March, Einsiedeln et Höfe. | 23 665 |
| | | | 346 244 |

## VIIe DIVISION

Les cantons de **Thurgovie, St-Gall** et les deux **Rhodes d'Appenzell.**

| Nos | CANTONS | ARRONDISSEMENTS DE RECRUTEMENT | Population de chaque arrondissement de recrutement. |
|---|---|---|---|
| 1 | Thurgovie b. de f. 73 | Partie inférieure du canton. | 27 515 |
| 2 | Thurgovie b. de f. 74 | Partie sud-ouest du canton. | 29 045 |
| 3 | Thurgovie b. de f. 75 | Partie supérieure du canton. | 35 239 |
| 4 | St-Gall b. de f. 76 et 77 | Les districts de Werdenberg, Sargans, Gaster et du Lac. | 53 230 |
| 5 | St-Gall b. de f. 78 | Unter- et Ober-Rheinthal. | 30 311 |
| 6 | St-Gall b. de f. 79 et 80 | Ober-, Neu-, Alt- et Unter-Toggenbourg. | 52 049 |
| 7 | St-Gall b. de f. 81 et 82 | Wyl, Gossau, St-Gall, Tablat et Rorschach. | 61 833 |
| 8 | Appenzell b. de f. 83 et 84 | Rhodes-Extérieures et Rhodes-Intérieures. | 62 926 |
| | | | 352 148 |

## VIIIe DIVISION

Les cantons de **Glaris, d'Uri,** des **Grisons** et du **Tessin;** du canton de **Schwytz,** les districts de Schwytz, Gersau et Kussnacht; du canton du **Valais,** le Haut-Valais.

| Nos | CANTONS | ARRONDISSEMENTS DE RECRUTEMENT | Population de chaque arrondissement de recrutement. |
|---|---|---|---|
| 1 | Glaris b. de f. 85 | Canton | 33 204 |
| 2 | Schwytz b. de f. 86 | Les districts de Schwytz, Gersau et Kussnacht. | 24 794 |
| 3 | Uri b. de f. 87 | Canton. | 17 426 |
| | | A reporter . . . | 75 424 |

| Nos | CANTONS | ARRONDISSEMENTS DE RECRUTEMENT | Population de chaque arrondissement de recrutement. |
|---|---|---|---|
| | | Report . . . | 75 424 |
| 4 | Valais b. de f. 88 | Les districts d'Hérens, Sierre, Loèche, sans les communes d'Ergisch et Tourtemagne; du district de Sion, les communes d'Arbaz, Bramois, Grimisuat, Salins et Veisonnaz. | 23 385 |
| 5 | Valais b. de f. 89 | Les districts de Conche, Brigue, Viège et Rarogne, et du district de Loèche, les communes d'Ergisch et Tourtemagne. | 23 130 |
| 6 | Grisons b. de f. 90 | Dissentis, Ruis, Ilanz, Lugnez et Trins. | 19 418 |
| 7 | Grisons b. de f. 91 | Les arrondissements politiques de Coire, Churwalden, Rhäzunz, Thusis, Safien, Domleschg, Schams, Avers, Rheinwald, Misox, Roveredo et Calanca. | 26 678 |
| 8 | Grisons b. de f. 92 | Les cinq villages; Maienfeld, Seewis, Schiers, Jenaz, Luzein, Kublis, Klosters, Davos et Schanfigg. | 19 646 |
| 9 | Grisons b. de f. 93 | Alvaschein, Belfort, Bergun, Oberhalbstein, Bergell, Oberengadine, Poschiavo, Brusio, Obtasna, Untertasna, Remus et Munsterthal. | 21 841 |
| 10 | Tessin b. de f. 94 | Le district de Lugano sans les communes de Avanno, Arosio, Astano, Bedano, Bedigliora, Beride et Bidogno, Bironico, Bogno, Breno, Cagiallo, Camignolo, Campestro, Certara, Colla, Corticiasca, Croglio, Fescoggia, Gravesano, Insone, Lopagno, Lugaggia, Manno, Mezzovico, Miglieglia, Monteggio, Mugena, Novaggio, Origlio, Piandera, Ponte, Rivera, Roveredo, Sala, Scareglia, Sessa, Sigirino, Signôra, Sonvico, Tesserete, Toricella, Vaglio, Vezio et Villa; le district de Mendrisio. | 37 351 |
| | | A reporter . . . | 246 873 |

| Nos | CANTONS | ARRONDISSEMENTS DE RECRUTEMENT | Population de chaque arrondissement de recrutement. |
|---|---|---|---|
| | | Report . . . | 246 873 |
| 11 | Tessin b. de f. 95 | Le district de Locarno; du district de Lugano, les communes d'Arranno, Arosio, Astano, Bedigliora, Beride, Bidogno, Breno, Cagiallo, Campestro, Corticiasca, Croglio, Fescoggia, Lopagno, Lugaggia, Miglieglia, Monteggio, Mugena, Novaggio, Origlio, Ponte, Roveredo, Sala, Sessa, Tesserete, Vaglio et Vezio; le district de Vallemaggia. | 36 166 |
| 12 | Tessin b. de f. 96 | Les districts de Bellinzone, Riviera, Blenio et Leventina; du district de Lugano, les communes de Bedano, Bironico, Bogno, Camignola, Certara, Colla, Gravesano, Insone, Manno, Mezzovico, Piandera, Rivera, Scaveglia, Sigirino, Signôra, Sonvico, Toricela et Villa. | 36 406 |
| | | | 319 445 |

## RÉCAPITULATION

| | | |
|---|---|---|
| Ire | division | 331 497 |
| IIe | » | 297 655 |
| IIIe | » | 324 640 |
| IVe | » | 280 636 |
| Ve | » | 368 487 |
| VIe | » | 346 244 |
| VIIe | » | 352 148 |
| VIIIe | » | 319 445 |
| Total | | 2 620 752 |
| Etrangers | | 211 035 |
| Total, population domiciliée | | 2 831 787 |

Il a été nécessaire de s'écarter de la répartition normale pour la formation des carabiniers et des armes spéciales. Il fallait tenir compte des corps déjà existants, puis aussi des difficultés que présentait le recrutement de quelques armes spéciales dans les arrondissements indiqués ci-dessus. Ces exceptions sont :

### 1. Carabiniers.

*a)* Les carabiniers de Genève et Valais sont incorporés dans la IIe au lieu de l'être dans la Ire division.

*b)* Les contrées suivantes ne fournissent pas de carabiniers :

Les arrondissements 5, 6, 7 et 8 de la IIe division (Berne).
Unterwald-le-Haut, du 11e arrondis. de la IVe division.

| | | | | | | |
|---|---|---|---|---|---|---|
| | 3e | » | » | Ve | » | (Bâle-Ville). |
| | 1er | » | » | VIe | » | (Schaffhouse). |
| | 8e | » | » | » | » | (Schwytz). |
| Appenzell-Rh.-Int., du | 8e | » | » | VIIe | » | |
| | 3e | » | » | VIIIe | » | (Uri). |
| | 4e et 5e | » | » | » | » | (Haut-Valais). |

### 2. Cavalerie.

*Dragons :*

Vaud fournit un escadron à la IIe division.
Berne » » » Ve »
Zurich » » » VIIIe »

Les cantons de Genève, Valais, Neuchâtel, Zoug, Unterwald, Bâle (Ville et Campagne), Schwytz, Appenzell, Tessin, Grisons, Uri et Glaris ne fournissent pas de dragons.

*Guides :*

Les quatre compagnies de guides non incorporées dans les divisions, sont formées de la manière suivante : Chaque compagnie se recrute dans deux arrondissements de division (I et II, III et IV, etc.).

### 3. Artillerie.

*Batteries de campagne :*

| | | | | | |
|---|---|---|---|---|---|
| Vaud | fournit | 2 | batteries | à la | II^e^ division. |
| Argovie | » | 2 | » | IV^e^ | » |
| » | » | 2 | » | VI^e^ | » |
| Zurich | » | 1 | » | VII^e^ | » |
| St-Gall | » | 2 | » | VIII^e^ | » |
| Lucerne | » | 2 | » | VIII^e^ | » |
| Zurich | » | 1 | » | VIII^e^ | » |

Les cantons de Zoug, Unterwald, Schaffhouse, Schwytz, Appenzell-Rh.-Int., Uri et Glaris n'ont pas de batteries de campagne, de même que Valais et Grisons, mais ces derniers fournissent les batteries de montagne.

Les compagnies d'artificiers se recrutent comme suit : N° 1, dans les cantons de Berne et Lucerne ; N° 2, dans ceux d'Argovie, Bâle-Ville, Schaffhouse, Zurich et St-Gall.

Pour l'artillerie de position, voir page 76.

### 4. Génie.

Les bataillons du génie sont recrutés dans les arrondissements ci-après :

| | | |
|---|---|---|
| Bat. 1, | arrondissements | 1, 3, 4, 5 et 6 de la I^re^ division |
| » 2, | » | 1-8 de la II^e^ et 2 de la I^re^ division. |
| » 3, | » | 1-12 de la III^e^ division. |
| » 4, | » | 1-12 de la IV^e^ et 4 et 9 de la V^e^ division. |
| » 5, | » | 1-3 et 5-8 de la V^e^ division. |
| » 6, | » | 1-6 de la VI^e^ division. |
| » 7, | » | 1-8 de la VII^e^ division. |
| » 8, | » | 1-12 de la VIII^e^ et 7 et 8 de la VI^e^ division. |

La compagnie de sapeurs du bataillon N° 8 provient des districts de langue italienne ; les compagnies de pontonniers et de pionniers, des districts de langue allemande du VIII^e^ arrondissement de division.

## TROISIÈME PARTIE

# OBLIGATION DE SERVIR

Tout Suisse est tenu au service militaire [1] dès le commencement de l'année dans laquelle il atteint l'âge de vingt ans [2]. L'obligation de servir dure jusqu'à la fin de l'année où il atteint quarante-quatre ans [3].

Il y a ainsi dans l'armée les hommes de 25 classes d'âge.

### EXCEPTIONS A CETTE RÈGLE

1. Sont exemptés du service pendant la durée de leurs fonctions ou de leur emploi, à la condition d'avoir assisté à une école de recrues et d'être incorporés dans un corps de troupes [4] :

*a*) Les membres du Conseil fédéral, le chancelier de la Confédération et les greffiers du Tribunal fédéral ;

*b*) Les fonctionnaires et employés de l'administration des postes

[1] Art. 18. C. F.

[2] Les individus dont les parents, Français d'origine, se sont fait naturaliser Suisses, et qui étaient mineurs au moment de cette naturalisation, ont le droit d'opter, dans le cours de leur vingt-deuxième année, entre les deux nationalités suisse et française. — Voir la convention entre la Suisse et la France pour régler la nationalité et le service militaire des enfants de Français naturalisés Suisses, du 23 juillet 1879. F. M. F., 1880, No 25.

[3] Art. 1. O. M.

[4] Cette disposition ne s'applique pas aux fonctionnaires recrutés avant le 1er janvier 1876. F. M. F., 1876, No 84.

et télégraphes [1], de l'administration du matériel de guerre de la Confédération, de l'administration des poudres, des ateliers militaires fédéraux, des arsenaux fédéraux et cantonaux, ainsi que les commissaires des guerres cantonaux [2];

*c*) Les directeurs et infirmiers indispensables au service des hôpitaux publics, les directeurs et gardiens des pénitenciers et des prisons préventives, les officiers et les hommes appartenant aux corps de police cantonaux, ainsi que les douaniers et garde-frontières;

*d*) Les ecclésiastiques qui ne servent pas comme aumôniers dans l'armée;

*e*) Les instituteurs des écoles publiques peuvent, après avoir pris part à une école de recrues, être dispensés de tout service ultérieur, si les devoirs de leur charge le rendent nécessaire [3].

*f*) Les employés des lignes de chemins de fer, chargés de l'entretien et de la surveillance de la voie, les employés du service de l'exploitation, le personnel des gares et des stations et en outre les employés des entreprises concessionnées des bateaux à vapeur, chargés du service de la marche des bateaux. Lorsque, en temps de guerre, le service des

[1] Les employés définitifs sont seuls exempts. Les employés des postes et des télégraphes peuvent être autorisés à faire du service militaire, lorsque celui-ci est en rapport avec leurs fonctions civiles. Dans ce cas, ils sont libérés du paiement de la taxe militaire pour l'année pendant laquelle ils ont fait ce service, ainsi que pour l'année suivante.

Les employés des postes et des télégraphes, chargés du service télégraphique, doivent, en général, être recrutés pour l'arme du génie. Voir arrêté du Conseil fédéral du 28 novembre 1878. F. M. F., No 58.

[2] Les ouvriers du laboratoire fédéral, ainsi que ceux des poudrières, incorporés ou à incorporer encore dans les compagnies d'artificiers, seront également appelés au service d'instruction, si cela peut avoir lieu sans porter préjudice à l'exploitation des établissements dont il s'agit et si les hommes astreints au service ne demandent pas expressément d'en être dispensés. F. M. F., 1876, No 103.

[3] Voir circulaires du Conseil fédéral du 7 janvier et du 5 avril 1876, F. M. F., Nos 4 et 65.

transports par chemins de fer et bateaux à vapeur est organisé, ces employés feront leur service militaire en cette qualité, et ne pourront être astreints au paiement d'une taxe militaire quelconque pendant la durée de ce service [1].

Pour renforcer la section des chemins de fer de la compagnie de pionniers, les administrations de chemins de fer sont tenues de fournir des ouvriers, employés soit dans les ateliers de réparation, soit à l'entretien et au renouvellement de la voie. Ces ouvriers ne sont, par conséquent, pas considérés comme exempts du service.

2. Ceux qui, ensuite d'un jugement pénal, sont privés de la jouissance de leurs droits civiques, sont exclus du service militaire [2].

3. Les membres de l'Assemblée fédérale sont dispensés des exercices militaires pendant la durée des sessions.

[1] L'arrêté du Conseil fédéral du 27 août 1878 (F. M. F., N° 40) précise de la manière suivante quels sont les employés de chemin de fer exemptés du service :

1° *Les employés chargés de l'entretien et de la surveillance de la voie :*
Ingénieurs de section, chefs de districts-piqueurs, surveillants de la voie, gardes-voie, gardes-barrières, chefs d'équipe, hommes d'équipe.

2° *Les employés du service d'exploitation :*
Chefs d'exploitation, inspecteurs de l'exploitation, inspecteurs des télégraphes, chefs de la traction, machinistes, chauffeurs, surveillants et visiteurs des voitures, chefs de train, conducteurs, gardes-freins, aiguilleurs, chefs d'ateliers et de dépôts, ouvriers des dépôts.

3° *Le personnel des gares et des stations :*
Chefs de gare et leurs remplaçants, surveillants de gare, receveurs, expéditeurs de bagages et de marchandises à grande et petite vitesse, portiers, pointeurs du matériel roulant, visiteurs et surveillants des voitures, hommes d'équipe, veilleurs de nuit, télégraphistes.

Une circulaire du 17 août 1875, exempte aussi du service les fonctionnaires et employés de l'administration centrale des chemins de fer, du contrôle d'exploitation, des bureaux des réclamations et de la comptabilité, caissiers et comptables, économat, bureau des courses, inspectorat des machines, imprimeurs, ouvriers des ateliers et dépôts, comme faisant aussi partie du personnel d'exploitation ; mais seulement pour autant qu'ils soient employés pour un temps déterminé et selon contrat. Les dispositions de cette circulaire sont encore en vigueur. F. M. F., 1875, N° 66.

[2] Par décision du Conseil fédéral du 25 mai 1877, les hommes qui ont été réhabilités et réintégrés dans leurs droits civiques, sont de nouveau astreints au service. — Par analogie, ceux qui ont été privés de leurs droits avant d'être recrutés, sont renvoyés à faire leur service jusqu'au moment où ils seront réhabilités.

4. Sont enfin exemptés, temporairement ou définitivement, les hommes qui n'ont pas la taille prescrite, ou qui ont des défauts physiques ou intellectuels, ou des infirmités qui les rendent impropres au service.

La hauteur de la taille est fixée comme suit[1] :

Les hommes qui, ayant atteint l'âge de 22 ans, n'ont pas la taille de 156 $c^m$, sont définitivement exemptés du service.

Les hommes de 19 à 21 ans qui, à l'époque de la visite, n'ont pas la taille mentionnée ci-dessus, mais qui pourraient encore l'atteindre jusqu'à l'âge de 22 ans, ne sont considérés que comme temporairement impropres au service et seront renvoyés à une visite suivante.

Les jeunes gens vigoureux et sans infirmités qui, en raison de leur profession et de leurs aptitudes, conviendraient spécialement pour le service des troupes d'administration, ou comme tambours, trompettes ou ouvriers militaires (armurier, maréchal-ferrant, serrurier, charron, sellier) peuvent, sur la décision motivée de la commission d'examen, être recrutés pour ces branches de service, jusqu'à la taille minima de 154 $c^m$.

Les défauts et les infirmités qui rendent impropres au service sont mentionnés dans « *l'instruction sur la visite sanitaire des recrues et la réforme des militaires devenus impropres au service,* » instruction approuvée par le Conseil fédéral sous date du 22 septembre 1875[2]. Cette instruction est en partie modifiée par l'arrêté du Conseil fédéral du 31 juillet 1877[3].

Tous les hommes incorporés qui demandent à être réformés du service, doivent se présenter devant la commission sanitaire, lors du recrutement, de même que les militaires renvoyés devant elle par les médecins de corps[4].

[1] Voir arrêté du Conseil fédéral du 31 juillet 1877. F. M. F., N° 62, et l'arrêté fédéral du 21 février 1877, concernant le rétablissement de l'équilibre dans les finances de la Confédération. F. M. F. N° 9.

[2] F. M. F., 1875, N° 81.

[3] F. M. F., 1877, N° 62.

[4] F. M. F., 1878, N° 13.

## Taxe d'exemption du service militaire.

Tout citoyen suisse, en âge de servir, habitant le territoire ou hors du territoire de la Confédération et qui ne fait pas personnellement du service militaire, est soumis, par compensation, au paiement d'une taxe annuelle en espèces.

Cette obligation s'applique aussi aux étrangers établis en Suisse, à moins qu'ils n'en soient exemptés par les traités, ou qu'ils n'appartiennent à un Etat n'exigeant ni service personnel, ni compensation financière de la part des citoyens suisses[1].

La *taxe d'exemption* du service militaire consiste en une taxe personnelle de 6 francs et en une taxe supplémentaire proportionnée *à la fortune* et *au revenu*.

Pour la taxe supplémentaire, on appliquera le taux suivant :

*a*) Par fr. 1000 de fortune nette, fr. 1,50.

*b*) Par fr. 100 de revenu net, fr. 1,50.

Lorsque la fortune nette d'un contribuable ne s'élève pas à fr. 1000, elle ne sera pas soumise à la taxe.

Il est déduit une somme de fr. 600 du revenu net de chaque contribuable.

En déterminant la fortune, il sera tenu compte, proportionnellement au nombre d'enfants ou petits-enfants, de la moitié de la fortune des parents ou de celle des grands-parents, si les parents sont décédés. Cette disposition n'est pas applicable au contribuable dont le père fait du service ou paie la taxe lui-même.

Le montant de la taxe ne doit pas dépasser fr. 3000.

Les militaires qui, après avoir fait au moins huit ans de service, sont définitivement réformés, de même que ceux que la loi sur l'organisation militaire libère temporairement, en vertu de l'art. 2, ne paient que la moitié de la taxe fixée pour leur classe d'âge, pour autant que le dit article ne les en exempte pas complètement.

[1] Voir F. M. F., 1879, N° 25.

Dès l'âge de 32 ans à celui de quarante-quatre ans révolus, le contribuable ne paie que la moitié de la taxe prévue.

Les parents sont responsables du paiement de la taxe pour leurs fils mineurs et pour ceux de leurs fils majeurs qui font ménage commun avec eux. Pour plus de détails, voir la loi du 28 juin 1878 [1] et l'arrêté d'exécution du 1er juillet 1879 [2], ainsi que les circulaires du Conseil fédéral et du Département fédéral des finances [3].

[1] F. F. M., 1878, No 46.
[2] F. F. M., 1879, No 25.
[3] F. F. M., 1879, No 26. — 1881, No 42.

## QUATRIÈME PARTIE

# LA LEVÉE DES HOMMES
## astreints au service militaire (Recrutement)[1].

La *levée* a lieu dans chaque arrondissement de division, par les soins d'un officier supérieur, désigné par le Département militaire fédéral (officier de recrutement).

Il est secondé dans sa mission :

1. Pour la *visite sanitaire :* par le médecin de division ou, en cas d'empêchement, par le chef du lazareth de campagne ou son remplaçant.

2. Pour l'*examen pédagogique :* par un expert pédagogique désigné par le Département militaire.

3. Pour les *opérations du recrutement en général :* par le commandant de l'arrondissement où le recrutement a lieu.

4. En outre, par deux secrétaires permanents nommés par la Confédération et deux autres secrétaires mis à disposition par les cantons.

Le recrutement a généralement lieu pendant les mois de septembre et octobre.

[1] Voir ordonnance du 25 février 1878. F. M. F., N° 13. Le supplément à cette ordonnance indique les conditions d'admission des recrues pour les différentes armes.

Doivent se présenter à la levée, dans l'arrondissement où ils sont domiciliés :

Tous les citoyens suisses, résidant en Suisse, qui atteindront l'âge de 20 ans l'année suivante, ou qui l'ont déjà dépassé, mais qui, pour un motif quelconque, ne se sont pas encore présentés aux levées précédentes, ainsi que ceux qui ont été renvoyés les années antérieures et dont le délai de renvoi est expiré.

La visite sanitaire aura lieu, avec l'aide de deux médecins, selon les prescriptions de l'instruction du 22 septembre 1875.

Il peut y avoir recours contre la décision des experts sanitaires. A cet effet, il est institué des instances de recours; ce sont les commissions examinatrices de l'arrondissement de division, dont le N° suit immédiatement. Pour le VIII^e^ arrondissement, ce sont les commissions des I^re^, IV^e^ et VII^e^ divisions qui seront appelées à se prononcer, et cela suivant le domicile et la langue des demandeurs.

Lors de la levée, il s'agit non seulement de prononcer sur l'aptitude au service, mais aussi de répartir les recrues dans les différentes armes.

Dans ce but, le Département militaire fédéral arrêtera, à l'avance, le nombre d'hommes à recruter pour chaque arme spéciale. L'officier de recrutement en fait provisoirement une répartition entre les différents arrondissements de la division. Il admettra ensuite l'inscription de volontaires pour les troupes montées (cavalerie et train). Dès que le nombre de ceux-ci, limité au double du chiffre nécessaire, sera atteint, les inscriptions seront closes.

Le choix se fera, en premier lieu, parmi les volontaires ; ce n'est qu'en cas de nécessité qu'on pourra agir par voie de contrainte vis-à-vis d'autres recrues.

Le minimum de taille exigé pour chaque arme est le suivant : infanterie, cavalerie, train, artificiers, génie, troupes sanitaires et troupes d'administration 156 $c^m$, cannoniers 165, exceptionnellement 160, soldats du parc 160.

Acuité visuelle : carabiniers 1 (normale), fusiliers 1-$^1/_2$, canonniers 1, et pour les autres armes, au minimum $^1/_2$. En général les exigences pour le choix des armes spéciales, au point de vue de l'instruction et des qualités physiques sont telles, que le recrutement de l'arme principale, l'infanterie, en souffre beaucoup.

Les ouvriers et les trompettes sont examinés par des experts.

Le choix des carabiniers se fait dans les écoles de recrues d'infanterie. Une instruction du Département militaire fédéral, du 10 mars 1878, indique la manière d'y procéder.

Les tambours du génie sont choisis parmi les recrues tambours de l'infanterie, à la fin de l'école de recrues [1].

L'examen pédagogique a pour but :

1. De constater d'abord, dans l'intérêt général de l'Etat, quel est le degré d'instruction des jeunes gens, dans les différentes parties du pays, au moment où ils atteignent l'âge qui les oblige au service militaire.

2. De faire connaître les hommes astreints à suivre l'enseignement complémentaire sur la lecture, l'écriture et le calcul, pendant les écoles de recrues.

3. De faciliter enfin à l'officier de recrutement le choix pour les armes spéciales.

Pour les examens des recrues et les écoles complémentaires, c'est le règlement du 15 juillet 1879 qui fait loi [2].

Au moment du recrutement, on inscrira dans le livret de service de chaque homme ses qualifications personnelles et le résultat de la visite sanitaire. S'il est apte au service, on indiquera en outre dans quelle arme il a été incorporé. Ces inscriptions sont répétées dans les registres du contrôle du recrutement, lesquels restent entre les mains du commandant d'arrondissement, pour servir aux convocations des écoles de recrues.

Lorsqu'un homme soumis au recrutement, en raison de ses études ou pour tout autre motif, n'a pas pu se présenter à la levée, et qu'il désire cependant faire son école de recrues dans le courant de l'année suivante, il doit s'adresser au médecin de division.

[1] F. M. F., 1878, N° 41.
[2] F. M. F., 1879, N° 28.

Celui-ci peut ordonner la visite sanitaire du solliciteur, par une commission réduite, composée du médecin de division et d'un autre médecin militaire désigné par lui. Les frais occasionnés par ce fait, sont à la charge du solliciteur [1].

Celui qui, après le recrutement, mais avant le commencement des écoles de recrues, formule une demande de transfert dans une autre arme, doit s'adresser au chef de l'arme dans laquelle il avait été d'abord incorporé. Cette demande sera accompagnée du livret de service.

Lorsque les deux chefs que cela concerne sont d'accord, le transfert peut avoir lieu.

On peut recourir de la décision au Département militaire fédéral.

L'incorporation des hommes, lorsqu'elle n'est pas toute dictée, n'a lieu qu'à la fin des écoles de recrues. Dans les corps de troupes fédéraux, cette opération se fait par les soins des chefs d'arme, et dans les corps cantonaux par les autorités des cantons [2].

Il est fait rapport sur le résultat du recrutement au Département militaire fédéral.

Il est donné ci-après une récapitulation sommaire des principaux résultats des levées antérieures, soit de 1881-82.

Les différents arrondissements de recrutement, indiqués à page 47 et suivantes, ont donné pour les années 1881 et 1882, proportionnellement à la population présente, les chiffres suivants :

[1] Les émoluments pour les visites sanitaires spéciales sont réglées par circulaire du Département militaire fédéral du 19 août 1879. F. M. F., N° 36.

[2] Circulaire du Département militaire fédéral du 8 mars 1876. F. M. F., N° 47.

| Arrondissement de division | Arrondissement de recrutement | Total général des recrues | | Aptes au service | | Sur 1000 citoyens suisses présents | | | |
|---|---|---|---|---|---|---|---|---|---|
| | | | | | | se sont présentés au recrutement | | ont été déclarés aptes au service | |
| | | pour 1881 | pour 1882 | pour 1881 | pour 1882 | pour 1881 | pour 1882 | pour 1881 | pour 1882 |
| I | 1 | 766 | 784 | 444 | 416 | 11,2 | 11,4 | 6,5 | 6,1 |
| | 2 | 910 | 862 | 547 | 459 | 13,0 | 12,1 | 7,8 | 6,6 |
| | 3 | 1051 | 1034 | 560 | 583 | 13,0 | 12,8 | 6,9 | 7,2 |
| | 4 | 767 | 700 | 381 | 380 | 12,4 | 11,3 | 6,2 | 6,1 |
| | 5 | 298 | 270 | 141 | 143 | 11,6 | 10,5 | 5,5 | 5,6 |
| | 6 | 270 | 290 | 129 | 150 | 10,8 | 11,6 | 5,2 | 6,0 |
| | | 4062 | 3940 | 2202 | 2131 | 12,5 | 11,9 | 6,6 | 6,4 |
| II | 1 | 731 | 720 | 253 | 325 | 11,1 | 10,9 | 3,8 | 4,9 |
| | 2 | 527 | 477 | 190 | 219 | 11,0 | 10,2 | 4,1 | 4,7 |
| | 3 | 397 | 382 | 181 | 208 | 13,5 | 13,0 | 6,2 | 7,1 |
| | 4 | 848 | 901 | 352 | 435 | 13,4 | 14,2 | 5,6 | 6,9 |
| | 5 | 334 | 333 | 143 | 162 | 13,6 | 13,5 | 5,8 | 6,6 |
| | 6 | 304 | 247 | 117 | 118 | 14,2 | 11,5 | 5,4 | 5,5 |
| | 7 | 241 | 236 | 102 | 132 | 9,5 | 9,3 | 4,0 | 5,2 |
| | 8 | 289 | 266 | 138 | 137 | 14,0 | 12,0 | 6,7 | 6,7 |
| | | 3671 | 3562 | 1476 | 1736 | 12,5 | 12,0 | 5,0 | 5,8 |
| III | 1 | 315 | 353 | 128 | 166 | 12,6 | 14,1 | 5,1 | 6,7 |
| | 2 | 280 | 233 | 129 | 126 | 8,7 | 7,2 | 4,0 | 3,9 |
| | 3 | 288 | 245 | 91 | 78 | 13,0 | 11,0 | 4,1 | 3,5 |
| | 4 | 427 | 400 | 160 | 153 | 10,8 | 10,1 | 4,0 | 3,9 |
| | 5 | 273 | 254 | 90 | 104 | 10,8 | 10,1 | 3,6 | 4,1 |
| | 6 | 308 | 256 | 85 | 76 | 12,5 | 10,4 | 3,4 | 3,1 |
| | 7 | 221 | 258 | 61 | 100 | 9,0 | 10,5 | 2,5 | 4,1 |
| | 8 | 242 | 247 | 57 | 83 | 8,6 | 8,8 | 2,0 | 3,0 |
| | 9 | 285 | 322 | 95 | 139 | 9,2 | 10,4 | 3,1 | 4,5 |
| | 10 | 256 | 255 | 100 | 124 | 11,1 | 11,0 | 4,3 | 5,4 |
| | 11 | 270 | 302 | 64 | 84 | 8,2 | 9,1 | 1,9 | 2,5 |
| | 12. | 332 | 327 | 130 | 139 | 20,9 | 20,0 | 8,2 | 8,8 |
| | | 3497 | 3452 | 1190 | 1372 | 10,8 | 10,6 | 3,7 | 4,2 |

| Arrondissement de division | Arrondissement de recrutement | Total général des recrues | | Aptes au service | | Sur 1000 citoyens suisses présents | | | |
|---|---|---|---|---|---|---|---|---|---|
| | | | | | | se sont présentés au recrutement | | ont été déclarés aptes au service | |
| | | pour 1881 | pour 1882 | pour 1881 | pour 1882 | pour 1881 | pour 1882 | pour 1881 | pour 1882 |
| IV | 1 | 249 | 257 | 148 | 138 | 10,8 | 11,1 | 6,4 | 6,0 |
| | 2 | 286 | 317 | 136 | 156 | 10,9 | 12,1 | 5,2 | 6,0 |
| | 3 | 291 | 327 | 92 | 132 | 11,4 | 12,8 | 3,6 | 5,2 |
| | 4 | 319 | 280 | 92 | 121 | 13,0 | 11,4 | 3,7 | 4,9 |
| | 5 | 133 | 134 | 64 | 81 | 8,5 | 8,6 | 4,1 | 5,2 |
| | 6 | 175 | 182 | 61 | 54 | 7,6 | 8,0 | 2,7 | 2,4 |
| | 7 | 175 | 186 | 79 | 84 | 9,2 | 9,7 | 4,4 | 4,4 |
| | 8 | 177 | 222 | 70 | 131 | 9,6 | 12,0 | 3,8 | 7,1 |
| | 9 | 175 | 183 | 67 | 85 | 8,8 | 9,2 | 3,5 | 4,3 |
| | 10 | 361 | 346 | 130 | 211 | 9,9 | 9,5 | 3,4 | 5,8 |
| | 11 | 267 | 226 | 160 | 153 | 9,9 | 8,4 | 6,0 | 5,7 |
| | 12 | 200 | 239 | 80 | 122 | 9,2 | 11,0 | 3,7 | 5,6 |
| | | 2808 | 2899 | 1179 | 1468 | 10.0 | 10,5 | 4,2 | 5,2 |
| V | 1 | 1016 | 1137 | 249 | 442 | 13,0 | 14,6 | 3,2 | 5,7 |
| | 2 | 652 | 615 | 287 | 290 | 11,6 | 11,2 | 5,2 | 5,5 |
| | 3 | 554 | 622 | 185 | 308 | 13,2 | 14,8 | 4,4 | 7,0 |
| | 4 | 289 | 351 | 97 | 87 | 10,1 | 12,3 | 3,4 | 3,1 |
| | 5 | 629 | 317 | 150 | 128 | 11,5 | 10,5 | 2,7 | 4,2 |
| | 6 | 291 | 320 | 115 | 149 | 11,1 | 12,2 | 4,4 | 5,7 |
| | 7 | 378 | 349 | 139 | 160 | 13,7 | 12,6 | 5,0 | 5,8 |
| | 8 | 312 | 330 | 87 | 107 | 11,7 | 12,4 | 3,3 | 4,0 |
| | 9 | 306 | 328 | 117 | 90 | 10,8 | 11,6 | 4,1 | 3,2 |
| | 10* | — | 360 | — | 92 | — | 10,1 | — | 3,6 |
| | * Pour 1881 compris dans l'arrond. 5 | 4427 | 4629 | 1426 | 1853 | 12,0 | 12,5 | 3,9 | 5,0 |
| VI | 1 | 361 | 303 | 230 | 180 | 10,7 | 8,9 | 6,8 | 5,3 |
| | 2 | 630 | 599 | 355 | 315 | 11,4 | 10,8 | 6,4 | 5,7 |
| | 3 | 226 | 251 | 117 | 155 | 9,7 | 10,7 | 5,0 | 6,6 |
| | 4 | 604 | 534 | 319 | 312 | 11,9 | 10,5 | 6,3 | 6,2 |
| | 5 | 276 | 264 | 127 | 136 | 11,6 | 11,1 | 5,5 | 5,7 |
| | 6 | 917 | 924 | 501 | 452 | 11,4 | 11,5 | 6,3 | 5,6 |
| | 7 | 602 | 617 | 315 | 283 | 10,9 | 11,1 | 5,7 | 5,1 |
| | 8 | 259 | 267 | 163 | 134 | 10,9 | 11,5 | 6,9 | 5,7 |
| | | 3875 | 3759 | 2127 | 1967 | 11,2 | 10,9 | 6,1 | 5,7 |

| Arrondissement de division | Arrondissement de recrutement | Total général des recrues | | Aptes au service | | Sur 1000 citoyens suisses présents | | | |
|---|---|---|---|---|---|---|---|---|---|
| | | | | | | se sont présentés au recrutement | | ont été déclarés aptes au service | |
| | | pour 1881 | pour 1882 | pour 1881 | pour 1882 | pour 1881 | pour 1882 | pour 1881 | pour 1882 |
| VII | 1 | 269 | 273 | 147 | 131 | 9,8 | 9,9 | 5,3 | 4,8 |
| | 2 | 304 | 327 | 140 | 135 | 10,5 | 11,3 | 4,8 | 4,6 |
| | 3 | 366 | 395 | 166 | 206 | 10,4 | 11,2 | 4,7 | 5,8 |
| | 4 | 550 | 583 | 276 | 272 | 10,4 | 11,0 | 5,2 | 5,1 |
| | 5 | 318 | 329 | 159 | 139 | 10,5 | 10,9 | 5,2 | 4,6 |
| | 6 | 515 | 587 | 258 | 309 | 9,9 | 11,3 | 5,0 | 5,9 |
| | 7 | 705 | 825 | 377 | 400 | 11,4 | 13,3 | 6,1 | 6,5 |
| | 8 | 683 | 763 | 323 | 359 | 10,9 | 12,1 | 5,1 | 5,7 |
| | | 3710 | 4082 | 1846 | 1951 | 10,5 | 11,6 | 5,2 | 5,5 |
| VIII | 1 | 338 | 323 | 155 | 162 | 10,2 | 9,7 | 4,7 | 4,9 |
| | 2 | 279 | 261 | 138 | 133 | 11,3 | 10,5 | 5,6 | 5,4 |
| | 3 | 164 | 215 | 86 | 104 | 9,4 | 12,3 | 4,9 | 6,0 |
| | 4 | 260 | 273 | 99 | 105 | 11,1 | 11,7 | 4,2 | 4,5 |
| | 5 | 245 | 255 | 88 | 89 | 10,6 | 11,0 | 3,8 | 3,8 |
| | 6 | 176 | 160 | 92 | 94 | 9,1 | 8,2 | 4,7 | 4,9 |
| | 7 | 304 | 322 | 153 | 160 | 11,4 | 12,1 | 5,7 | 6,6 |
| | 8 | 227 | 234 | 105 | 95 | 11,6 | 11,9 | 5,3 | 4,9 |
| | 9 | 228 | 205 | 125 | 108 | 10,4 | 9,4 | 5,7 | 4,9 |
| | 10 | 344 | 301 | 177 | 191 | 9,2 | 8,1 | 4,7 | 5,1 |
| | 11 | 260 | 262 | 154 | 174 | 7,2 | 7,2 | 4,3 | 4,8 |
| | 12 | 271 | 245 | 149 | 141 | 7,4 | 6,7 | 4,1 | 3,9 |
| | | 3096 | 3056 | 1521 | 1556 | 9,7 | 9,6 | 4,8 | 4,9 |

## Récapitulation.

| Arrondissem[t] de division | | | | | | | | |
|---|---|---|---|---|---|---|---|---|
| I | 4062 | 3940 | 2202 | 2131 | 12,3 | 11,9 | 6,6 | 6,4 |
| II | 3671 | 3562 | 1476 | 1736 | 12,5 | 12,0 | 5,0 | 5,8 |
| III | 3497 | 3452 | 1190 | 1372 | 10,8 | 10,6 | 3,7 | 4,2 |
| IV | 2808 | 2899 | 1179 | 1468 | 10,0 | 10,3 | 4,2 | 5,2 |
| V | 4427 | 4629 | 1426 | 1853 | 12,0 | 12,5 | 3,9 | 5,0 |
| VI | 3875 | 3759 | 2127 | 1967 | 11,2 | 10,9 | 6,1 | 5,7 |
| VII | 3710 | 4082 | 1846 | 1951 | 10,5 | 11,6 | 5,2 | 5,5 |
| VIII | 3096 | 3056 | 1521 | 1556 | 9,7 | 9,6 | 4,8 | 4,9 |
| | 29146 | 29379 | 12967 | 14034 | 11,1 | 11,2 | 4,9 | 5,4 |

Abstraction faite du recrutement de l'année 1875, qui a encore eu lieu par les soins des cantons, et de celui de 1876, lequel ne peut servir aux comparaisons, par le motif que le printemps suivant il y eut un recrutement supplémentaire, les résultats, depuis l'entrée en vigueur de la nouvelle organisation militaire, sont les suivants :

| Recrutement pour | Total des recrues examinées | De ce nombre furent: a) déclarées aptes | b) Dispensées pour un temps plus ou moins long | c) reconnues impropres au service | Pour cent des recrues déclarées aptes au service |
|---|---|---|---|---|---|
| 1877 | 24 322 | 13 871 | 4231 | 6 220 | 57,00 [1]) |
| 1878 | 26 286 | 12 670 | 5450 | 8 166 | 48,02 [2]) |
| 1879 | 28 516 | 13 971 | 5922 | 8 623 | 48,99 [2]) |
| 1880 | 29 131 | 12 508 | 5731 | 10 892 | 42,90 [2]) |
| 1881 | 29 146 | 12 967 | 5461 | 10 718 | 44,48 [2]) |
| 1882 | 29 379 | 14 034 | 5835 | 9 510 | 47,77 [2]) |

Le nombre des hommes déclarés aptes au service se répartit de la manière suivante entre les différentes années. (Pour le recrutement de 1877, la première année est 1857, la deuxième 1856 et ainsi de suite. Pour 1878, la première année est 1858, la deuxième 1857, etc.) :

| | 1 | 2 | 3 | 4 | 5 | 6 | 7 | 8 | 9 | 10 | 11 | 12 | plus ancienne | Total |
|---|---|---|---|---|---|---|---|---|---|---|---|---|---|---|
| 1877 | 11 656 | 1371 | 755 | 51 | 20 | 7 | 4 | 5 | 1 | 1 | — | — | — | 13 871 |
| 1878 | 10 522 | 1176 | 698 | 257 | 8 | 4 | 1 | 1 | 1 | 1 | 1 | — | — | 12 670 |
| 1879 | 11 012 | 1766 | 853 | 227 | 106 | 4 | 2 | — | 1 | — | — | — | — | 15 971 |
| 1880 | 9 684 | 1507 | 972 | 197 | 88 | 55 | 5 | — | — | — | — | — | — | 12 508 |
| 1881 | 9 886 | 1562 | 1101 | 256 | 85 | 53 | 24 | — | — | — | — | — | — | 12 967 |
| 1882 | 10 808 | 1731 | 1026 | 292 | 82 | 32 | 36 | 23 | 4 | — | — | — | — | 14 034 |

Par arrondissements de division la répartition est la suivante :

| | pour 1877 | 1878 | 1879 | 1880 | 1881 | 1882 |
|---|---|---|---|---|---|---|
| I | 2109 | 1697 | 2118 | 1814 | 2202 | 2131 |
| II | 1581 | 1462 | 1484 | 1337 | 1476 | 1736 |
| III | 1616 | 1701 | 1564 | 1320 | 1190 | 1372 |
| IV | 1496 | 1168 | 1373 | 1265 | 1179 | 1468 |
| V | 1040 | 1708 | 1703 | 1812 | 1426 | 1853 |
| VI | 1723 | 1774 | 2191 | 1772 | 2127 | 1967 |
| VII | 1900 | 1840 | 2043 | 1817 | 1846 | 1951 |
| VIII | 1406 | 1320 | 1495 | 1371 | 1551 | 1556 |
| | 13 871 | 12 670 | 13 971 | 12 508 | 12 967 | 14 034 |

1 Minimum de la taille, 155 cm.
2 " " " 156 cm.

Les recrues ont été classées comme suit dans les différentes armes :

| Pour | Infanterie | Cavalerie | | Artillerie | | | | | | | Génie | | | Troupes sanitaires | Troupes d'administration | Totaux |
|---|---|---|---|---|---|---|---|---|---|---|---|---|---|---|---|---|
| | | | | Batterie attelée | | | Colonne de parc | | | | | | | | | |
| | | Dragons | Guides | Canonnrs | Train | Comp. de position | Parc | Train | Artificiers | Batail. du train | Sapeurs | Pontonniers | Pionniers | | | |
| **1877** | 9406 | 303 | 71 | 435 | 642 | 225 | 136 | 415 | 95 | 652 | 421 | 168 | 153 | 615 | 134 | 13 871 |
| | | 374 | | | | | 2600 | | | | | 742 | | | | |
| **1878** | 8479 | 365 | 94 | 456 | 569 | 158 | 121 | 231 | 54 | 353 | 437 | 208 | 188 | 882 | 75 | 12 670 |
| | | 459 | | | | | 1942 | | | | | 833 | | | | |
| **1879** | 10037 | 316 | 89 | 478 | 585 | 151 | 101 | 227 | 42 | 346 | 507 | 196 | 179 | 641 | 76 | 13 971 |
| | | 405 | | | | | 1930 | | | | | 882 | | | | |
| **1880** | 8965 | 269 | 70 | 436 | 540 | 138 | 110 | 218 | 38 | 307 | 515 | 156 | 163 | 503 | 81 | 12 508 |
| | | 338 | | | | | 1787 | | | | | 834 | | | | |
| **1881** | 9565 | 242 | 77 | 500 | 523 | 137 | 105 | 181 | 34 | 317 | 452 | 130 | 122 | 480 | 102 | 12 967 |
| | | 319 | | | | | 1797 | | | | | 704 | | | | |
| **1882** | 10624 | 330 | 56 | 416 | 511 | 43 | 137 | 177 | 44 | 323 | 453 | 150 | 130 | 421 | 106 | 14 034 |
| | | 386 | | | | | 1764 | | | | | 733 | | | | |

Ont reçu l'instruction et ont été incorporées dans l'armée, par arme :

| | 1878 | 1879 | 1880 | 1881 |
|---|---|---|---|---|
| Infanterie. . . . . . . . . . | 7 818 | 9 181 | 7 976 | 8 592 |
| Cavalerie . . . . . . . . . . | 410 | 356 | 336 | 323 |
| Artillerie . . . . . . . . . . | 1 855 | 1 885 | 1 710 | 1 755 |
| Génie. . . . . . . . . . . . | 736 | 832 | 799 | 696 |
| Troupes sanitaires . . . . | 800 | 561 | 493 | 419 |
| Troupes d'administration. | 72 | 78 | 85 | 87 |
| Total . . . | 11 691 | 12 893 | 11 399 | 11 872 |

Pour l'année 1881, le 87 % environ des hommes instruits dans les différentes écoles de recrues appartiennent au recrutement de 1880 et le 12,3 % environ, aux recrutements précédents.

Le bureau fédéral de statistique a réuni les observations faites par les commissions sanitaires pour les plus jeunes classes de recrues des années 1878 et 1879, donc des hommes nés en 1858 et 1859, pour ce qui concerne la taille et l'acuité de la vue. Ce bureau fait remarquer que les données qui lui ont été fournies sont très incomplètes et ont plutôt une valeur pratique que scientifique. Cependant les résultats obtenus ont un grand intérêt et il sera avisé à l'avenir, afin d'obtenir des renseignements plus exacts, permettant d'établir des comparaisons aussi détaillées que celles des examens pédagogiques.

**1. Taille et périmètre du thorax.** *Observation.* L'instruction de 1877 prescrivait que les hommes ayant atteint l'âge de 22 ans, devaient avoir une taille de 156 c^m^ au minimum, et pour le périmètre du thorax, la moitié de la longueur du corps, et en tous cas, au moins 80 c^m^.

Pour 159 ou 160 c^m^ de taille, le périmètre du thorax doit être de 80 c^m^ ; pour 161 ou 162 c^m^, il doit mesurer 81 et ainsi de suite :

| Longueur de la taille en c^m^ | Recrues nées en 1858 et 1859, mesures prises en 1877 et 1878 | Dans ce nombre, n'avaient pas le périmètre de thorax voulu | Pour cent. |
|---|---|---|---|
| 115—119 | 12 | — | — |
| 120—126 | 42 | 4 | 9,5 |
| 127—132 | 92 | 21 | 22,8 |
| 133—138 | 224 | 84 | 37,5 |
| 139—143 | 515 | 205 | 39,8 |
| 144—150 | 1 442 | 501 | 34,7 |
| 151—156 | 4 411 | 1257 | 28,5 |
| 157—162 | 11 268 | 2741 | 24,3 |
| 163—168 | 14 640 | 4071 | 27,8 |
| 169—174 | 8 072 | 2811 | 34,8 |
| 175—180 | 2 083 | 958 | 46,0 |
| 181—186 | 230 | 134 | 58,3 |
| 187—192 | 24 | 18 | 75,0 |
| 193—197 | 4 | 4 | 100,0 |
| Total . . . | 43 059 | | |

En moyenne, la taille des recrues, à l'âge de 19 ¼ ans, est de 163,34 cm.

Les recrues des communes allemandes ont en moyenne 162,94 cm.

| | | | | | |
|---|---|---|---|---|---|
| » | » | françaises | » | » | 164,61 cm. |
| » | » | italiennes | » | » | 163,46 cm. |
| » | » | romanches | » | » | 164,26 cm. |

**2. Acuité de la vue.** Il résulte des examens qui ont eu lieu, que, sur 43 389 recrues nées en 1858 et en 1859, 96,5 % possèdent une vue normale.

**3. Résultats pédagogiques.** Il reste encore à exposer les résultats des examens pédagogiques, dont il a déjà été question. Ces résultats, pour autant qu'ils étaient complets, ont été réunis par les soins du bureau fédéral de statistique. Ce travail, exécuté d'une manière distinguée, a été livré à la publicité par la voie de la presse. Les résultats indiqués sont basés sur le règlement du 15 juillet 1879.

Les recrues qui ont fréquenté pendant une année au moins une école supérieure à l'école primaire peuvent être dispensées de l'examen.

Les branches sur lesquelles les hommes sont examinés sont les suivantes et il sera donné les notes indiquées ci-dessous:

Succès

*Lecture.*

1 Lecture courante, avec bonne accentuation, et un compte-rendu juste et libre, au point de vue du fond et de la forme du morceau lu.

2 Lecture suffisante et réponses satisfaisantes à quelques questions sur le contenu des morceaux lus.

3 Lecture assez satisfaisante et connaissance minime du sujet.

4 Lecture défectueuse; sans pouvoir se rendre compte du contenu.

5 Ne sachant pas lire.

*Composition.*

1 Petit travail écrit, tout à fait ou assez correct au point de vue

Succès

du contenu et de la forme (orthographe, ponctuation, calligraphie).

2 Composition moins satisfaisante, avec fautes légères.

3 Ecriture et style faibles, contenu cependant compréhensible.

4 Composition presque sans valeur.

5 Ecriture tout à fait nulle.

*Calcul.*

1 Facilité dans les quatre règles, avec nombres entiers et fractionnaires (fractions décimales y comprises) ; connaissance du système métrique et solution de problèmes correspondants sur les nombres concrets.

2 Les quatre règles avec nombres entiers, avec connaissance de la division, si le dividende et le diviseur sont de plusieurs chiffres, calcul des fractions les plus simples.

3 Addition et soustraction de nombres jusqu'à cent mille et division par un nombre simple.

4 Facilité dans les additions et soustractions jusqu'à 1000.

5 Ignorance des chiffres et incapacité d'additionner de tête des nombres de deux chiffres.

*Géographie, histoire et constitution de la Suisse.*

1 Connaissance de la carte de la Suisse et points principaux de l'histoire suisse et de la constitution, exposés correctement.

2 Réponse satisfaisante à quelques questions un peu difficiles dans ces domaines.

3 Connaissance de quelques faits et noms en histoire et géographie.

4 Réponse à quelques questions élémentaires sur la géographie du pays.

5 Ignorance totale en ces domaines.

Les publications du bureau de statistique sur le résultat des examens subis par les hommes recrutés pour les années 1881 et 1882, permettent le classement suivant :

| | | Nombres absolus<br>Recrues pour<br>1881 | Nombres absolus<br>Recrues pour<br>1882 | Nombres proportionnels<br>Recrues pour<br>1881 | Nombres proportionnels<br>Recrues pour<br>1882 |
|---|---|---|---|---|---|
| | | | | % | % |
| Nombre de recrues | examinées | 22848 | 23924 | — | — |
| | non-examinées | 99 | 112 | — | — |
| Lecture | 1 | 7284 | 7305 | 31,9 | 30,5 |
| | 2 | 7472 | 7619 | 32,7 | 31,8 |
| | 3 | 5355 | 5684 | 23,4 | 23,8 |
| | 4 | 2159 | 2678 | 9,5 | 11,2 |
| | 5 | 578 | 638 | 2,5 | 2,7 |
| Composition | 1 | 4884 | 4864 | 21,4 | 20,3 |
| | 2 | 5049 | 5482 | 22,1 | 22,9 |
| | 3 | 7175 | 7092 | 31,4 | 29,7 |
| | 4 | 4087 | 4635 | 17,9 | 19,4 |
| | 5 | 1653 | 1851 | 7,2 | 7,7 |
| Calcul | 1 | 5936 | 5709 | 26,0 | 23,9 |
| | 2 | 6024 | 6016 | 26,4 | 25,1 |
| | 3 | 6468 | 7442 | 28,3 | 31,1 |
| | 4 | 3733 | 3963 | 16,3 | 16,6 |
| | 5 | 687 | 794 | 3,0 | 3,3 |
| Géographie, histoire et constitution de la Suisse | 1 | 3879 | 3119 | 17,0 | 13,3 |
| | 2 | 3926 | 3827 | 17,2 | 16,0 |
| | 3 | 6223 | 6792 | 27,2 | 28,4 |
| | 4 | 6080 | 6430 | 26,6 | 26,9 |
| | 5 | 2740 | 3682 | 12,0 | 15,4 |
| Moyenne des succès | 1 —1½ | 5107 | 4852 | 22,3 | 20,3 |
| | 1½—2½ | 6621 | 6846 | 29,0 | 28,6 |
| | 2½—3½ | 7161 | 7597 | 31,3 | 31,8 |
| | 3½—4½ | 3330 | 3859 | 14,6 | 16,1 |
| | 4½—5 | 629 | 770 | 2,8 | 3,2 |
| Renvoyés à l'école complémentaire | | 1887 | 2423 | 8,3 | 10,1 |
| Faibles d'esprit et illettrés | | 268 | 143 | 1,1 | 0,6 |

*Les recrues astreintes à l'école complémentaire.* Celui qui a la note 5 dans plus d'une branche, est tenu de suivre l'école complémentaire pendant la durée de l'école de recrues. On se borne à y enseigner la lecture, l'écriture et le calcul. Quoique cet enseignement n'ait pas donné un résultat direct, il a cependant, indirectement, un grand avantage. Il a provoqué une vive émulation entre les ressortissants des différentes localités et parties du pays. Pour éviter la honte de suivre ces cours, les recrues cherchent à acquérir les connaissances nécessaires avant d'entrer au service. On peut aussi espérer que les jeunes gens se pénétreront de plus en plus de ce principe : qu'il est préférable de s'instruire à temps, plutôt que d'avoir à suivre l'école complémentaire pendant que les camarades jouissent d'un repos bien mérité.

CINQUIÈME PARTIE

# CLASSES ET TROUPES DE L'ARMÉE FÉDÉRALE

## I. Répartition en élite et en landwehr.

L'armée fédérale se divise en deux classes :

**1. L'élite. — 2. La landwehr.**

Les hommes sont transférés de l'élite dans la landwehr et quittent aussi cette dernière, par classes d'âge. Ce transfert a lieu le 31 décembre de chaque année.

Le passage des officiers dans la landwehr et leur libération du service sont déterminés d'une manière plus précise par une ordonnance [1]. A teneur de celle-ci, les officiers qui, pour cause d'âge, désirent être transférés dans la landwehr ou libérés du service, doivent en faire la demande jusqu'à la fin du mois de février de l'année où ils ont le droit de passer à la landwehr ou d'être libérés du service. (Les officiers nommés par la Confédération adressent leur demande au Département militaire fédéral et ceux nommés par les cantons à l'autorité militaire cantonale.)

Les officiers qui négligeraient de remplir cette formalité sont tenus de servir une année de plus dans la classe de milices à laquelle ils ont appartenu jusqu'alors.

[1] Du 27 décembre 1879. F. M. F., N° 52.

L'autorité chargée de la nomination prononce sur ces demandes dans le courant du mois de novembre. Elle a, en tout temps, le droit de transférer dans la landwehr les officiers qui ont atteint l'âge voulu, et de libérer les officiers qui auraient dépassé l'âge qui les astreint au service.

Le Département militaire fédéral fixe chaque année la classe qui doit passer à la landwehr, ainsi que celle qui est libérée du service[1].

Les corps de troupes de l'élite sont formés, à partir du 1er janvier jusqu'à l'incorporation des recrues, des douze premières classes d'âge ; dès lors jusqu'au 31 décembre, ils comptent treize classes.

La landwehr est composée des douze classes les plus anciennes.

Selon les dispositions indiquées ci-haut, le passage à la landwehr a lieu normalement à la fin de l'année dans le courant de laquelle le militaire a atteint ses 32 ans révolus.

Il est fait les exceptions suivantes à cette règle :

*a*) Les capitaines de toutes les armes sont astreints à 15 ans de service dans l'élite ; ils ne passent donc à la landwehr que dans l'année où ils ont 35 ans révolus.

*b*) Les officiers supérieurs (majors, lieutenants-colonels et colonels) peuvent être incorporés indifféremment dans l'élite ou la landwehr, selon l'appréciation des autorités compétentes.

*c*) Les soldats et sous-officiers de cavalerie passent à la landwehr après avoir fait 10 ans de service actif dans l'élite. Les maréchaux-ferrants [2] selliers et infirmiers, auxquels la Confédération fournit les chevaux, ne sont pas au bénéfice de cette disposition ; ils ne sont transférés à la landwehr qu'à 32 ans révolus.

*d*) La question d'âge n'a aucune importance pour les ouvriers fournis aux compagnies de pionniers par les administrations de chemins de fer.

[1] Voir F. M. F., 1875, No 87 ; 1876, No 137 ; 1877, No 85.
[2] Circulaire du Conseil fédéral du 30 décembre 1879. F. F. M., No 53.

# II. Des différentes armes.

L'armée fédérale est composée :

A. *Infanterie* (fusiliers et carabiniers).

B. *Cavalerie* (dragons et guides).

C. *Artillerie* (canonniers, soldats du train, soldats du parc et artificiers).

D. *Génie* (sapeurs, pontonniers et pionniers).

E. *Troupes sanitaires* (personnel médical et vétérinaire).

F. *Troupes d'administration.*

Ces différentes armes sont organisées en unités. Cette organisation, qui s'applique aussi bien à l'élite qu'à la landwehr, est la suivante :

### A. Infanterie.

a) *Le bataillon de fusiliers avec l'effectif indiqué ci-dessous.*

| ÉTAT-MAJOR | Officiers | Sous-officiers | Soldats | Chevaux de selle | Chevaux de trait | Voitures |
|---|---|---|---|---|---|---|
| Commandant de bataillon (major) . . . | 1 | — | — | 2 | — | — |
| Adjudant de bataillon (capitaine) . . . | 1 | — | — | 2 | — | — |
| Quartier-maître (lieutenant, 1er lieutenant ou capitaine) . . . . . . . . . | 1 | — | — | 1 | — | — |
| Médecins (lieutt, 1er lieutt ou capitaine) | 2 | — | — | 2 | — | — |
| Porte-drapeau (adjudant-sous-officier) . | — | 1 | — | — | — | — |
| Sous-officier d'armement . . . . . . | — | 1 | — | — | — | — |
| Sous-officier de pionniers . . . . . . | — | 1 | — | — | — | — |
| Appointé du train . . . . . . . . . . | — | 1 | — | — | — | — |
| Soldats du train . . . . . . . . . . | — | — | 6 | — | — | — |
| Caporal de trompettes . . . . . . . . | — | 1 | — | — | — | — |
| Sous-officier infirmier . . . . . . . . | — | 1 | — | — | — | — |
| Infirmiers . . . . . . . . . . . . . | — | — | 2 | — | — | — |
| Sous-officier brancardier . . . . . . | — | 1 | — | — | — | — |
| Brancardiers . . . . . . . . . . . . | — | — | 12 | — | — | — |
| Armuriers . . . . . . . . . . . . . | — | — | 2 | — | — | — |
| 2 demi-caissons . . . . . . . . . . . | — | — | — | — | 4 | 2 |
| 1 fourgon . . . . . . . . . . . . . | — | — | — | — | 3 | 1 |
| 1 char à bagages[1] . . . . . . . . . | — | — | — | — | 2 | 1 |
| 2 chars d'approvisionnements[1] . . . . | — | — | — | — | 4 | 2 |
| Total pour l'état-major . . . | 5 | 7 | 22 | 7 | 13 | 6 |

[1] L'acquisition des chars à bagages et des chars à approvisionnement est suspendue par la loi fédérale du 21 février 1878 ; jusqu'à nouvel ordre, on aura recours aux chars de réquisition.

| | Officiers | Sous-officiers | Soldats | Chevaux de selle | Chevaux de trait | Voitures |
|---|---|---|---|---|---|---|
| 4 compagnies, chacune a : | | | | | | |
| Capitaine . . . . . . . . . | 1 | — | — | | | |
| Premiers lieutenants . . . | 2 | — | — | | | |
| Lieutenants . . . . . . . . | 2 | — | — | | | |
| Sergent-major . . . . . . . | — | 1 | — | | | |
| Fourrier . . . . . . . . . | — | 1 | — | | | |
| Sergents . . . . . . . . . | — | 8 | — | | | |
| Caporaux . . . . . . . . . | — | 16 | — | | | |
| Pionniers . . . . . . . . . | — | — | 4 | | | |
| Trompettes . . . . . . . . | — | — | 3 | | | |
| Tambours . . . . . . . . . | — | — | 2 | | | |
| Infirmier . . . . . . . . . | — | — | 1 | | | |
| Soldats. . . . . . . . . . | — | — | 144 | | | |
| 4 × | 5 | 26 | 154 | | | |
| | 20 | 104 | 616 | | | |
| A ajouter l'état-major . . . | 5 | 7 | 22 | 7 | 13 | 6 |
| | 25 | 111 | 638 | 7 | 13 | 6 |

| Hommes | | Chevaux | |
|---|---|---|---|
| Officiers . . . . . . . . . . . | 25 | Chevaux de selle | 7 |
| Sous-officiers. . . . . . . . . . | 111 | Chevaux de trait | 13 |
| Soldats . . . . . . . . . . . . | 638 | | 20 |
| | 774 | | |

| | |
|---|---|
| Dont il faut déduire pour divers services accessoires: 1 sous-officier d'armement et 2 armuriers; 1 sous-officier de pionniers et 16 pionniers; 1 sous-officier du train et 6 soldats du train ; 1 quartier-maître et 4 fourriers; 2 médecins, 1 sous-officier infirmier et 1 sous-officier brancardier, 6 infirmiers, 12 brancardiers, soit . . . . . . . . | 54 |
| Il reste comme combattants . . . | 720[1] |

[1] Les domestiques d'officiers, choisis dans la troupe, ne sont pas portés en déduction, par le motif qu'ils conservent leurs armes et leur équipement.
Les officiers montés des bataillons d'infanterie qui ont plus d'un cheval, sont autorisés à disposer chacun d'un soldat comme domestique.
Ceux qui n'ont qu'un cheval peuvent, ainsi que les officiers des compagnies, disposer d'un homme pour deux officiers.
Dans l'artillerie, les chevaux d'officiers sont soignés par des soldats du train, spécialement désignés pour ce service.

dont portant fusil : Sergents . . . . 32
Caporaux . . . . 64
Soldats . . . . . 576
672 [1]

b) *Le bataillon de carabiniers.*

Les compagnies de carabiniers n'ont pas de tambours, mais reçoivent un quatrième trompette. Du reste un bataillon de carabiniers est sur le même pied que les bataillons de fusiliers.

Le total de l'effectif est donc de : Officiers . . . . 25
Sous-officiers . 111
Soldats . . . . . 634
770
Pour services accessoires . . . . 54
Combattants . . 716

Nombre d'hommes portant fusil 672, comme dans les bataillons de fusiliers.

## B. Cavalerie.

a) *L'escadron de dragons.*

| | Officiers | Sous-officiers | Soldats | Chevaux de selle | Chevaux de trait | Voitures |
|---|---|---|---|---|---|---|
| Capitaine . . . . . . . . | 1 | — | — | 2 | — | — |
| Premier lieutenant . . . . | 1 | — | — | 2 | — | — |
| Lieutenants . . . . . . . | 2 | — | — | 4 | — | — |
| Vétérinaire . . . . . . . | 1 | — | — | 1 | — | — |
| Maréchal-des-logis-chef . . | — | 1 | — | 1 | — | — |
| Fourrier . . . . . . . . | — | 1 | — | 1 | — | — |
| Maréchaux-des-logis . . . | — | 3 | — | 3 | — | — |
| Brigadiers . . . . . . . | — | 12 | — | 12 | — | — |
| Infirmier . . . . . . . . | — | — | 1 | 1 | — | — |
| Maréchaux-ferrants . . . . | — | — | 2 | 2 | — | — |
| Sellier . . . . . . . . . | — | — | 1 | 1 | — | — |
| Trompettes . . . . . . . | — | — | 4 | 4 | — | — |
| Dragons . . . . . . . . | — | — | 90 | 90 | — | — |
| Soldats du train . . . . . | — | — | 4 | — | — | — |
| 2 chars d'approvisionnem[ts] [2] | 2 | — | — | — | 4 | 2 |
| 1 forge de campagne . . . | — | — | — | — | 4 | 1 |
| | 5 | 17 | 102 | 124 | 8 | 3 |

[1] Il est fait abstraction des fusils des pionniers, dont il ne peut être tenu compte dans le combat d'infanterie.
[2] Voir observation page 59.

| Hommes : | | Chevaux : | |
|---|---|---|---|
| Officiers . . . . . . . . | 5 | Chevaux de selle . . . | 124 |
| Sous-officiers . . . . . . | 17 | » trait . . . | 8 |
| Soldats . . . . . . . . . | 102 | | 132 |
| | 124 | | |

Dont à déduire pour services accessoires : 1 vétérinaire, 1 fourrier, 4 soldats du train, 1 infirmier, 2 maréchaux-ferrants et 1 sellier, soit . . . . . . . . 10

Il reste comme combattants 114, portant mousqueton 105.

(Quant aux domestiques d'officiers, voir l'observation page 60.)

b) *La compagnie de guides.*

| | Officiers | Sous-officiers | Soldats | Chevaux de selle | Chevaux de trait | Voitures |
|---|---|---|---|---|---|---|
| Officiers (capitaine, 1er lieutenant ou lieutenant) . . | 2 | — | — | 4 | | |
| Maréchal-des-logis-chef . . | — | 1 | — | 1 | | |
| Maréchaux-des-logis . . . | — | 6 | — | 6 | | |
| Maréchal-ferrant . . . . . | — | — | 1 | 1 | | |
| Trompettes . . . . . . . | — | — | 3 | 3 | | |
| Guides . . . . . . . . . . | — | — | 30 | 30 | | |
| | 2 | 7 | 34 | 45 | | |

Hommes :

| | |
|---|---|
| Officiers . . . . . . . . . . . . . . . . . | 2 |
| Sous-officiers . . . . . . . . . . . . . . | 7 |
| Soldats . . . . . . . . . . . . . . . . . | 34 |
| | 43 |
| A déduire pour service accessoire : 1 maréchal-ferrant | 1 |
| Il reste comme combattants. . . . . . . . . . . | 42 |

(Quant aux domestiques d'officiers, voir l'observation faite pour le bataillon d'infanterie.)

## C. Artillerie.

### a) *La batterie attelée.*

| | Officiers | Sous-officiers | Appointés et soldats | Chevaux de selle | Chevaux de trait | Voitures |
|---|---|---|---|---|---|---|
| Capitaine . . . . . . . . . | 1 | — | — | 2 | — | — |
| Premiers lieutenants . . . | 2 | — | — | 2 | — | — |
| Lieutenants . . . . . . . . | 2 | — | — | 2 | — | — |
| Médecin . . . . . . . . . | 1 | — | — | 1 | — | — |
| Vétérinaire . . . . . . . | 1 | — | — | 1 | — | — |
| Adjudant sous-officier . . . | — | 1 | — | 1 | — | — |
| Sergent-major . . . . . . | — | 1 | — | 1 | — | — |
| Fourrier . . . . . . . . . | — | 1 | — | 1 | — | — |
| Maréchal-des-logis du train | — | 1 | — | 1 | — | — |
| Sergents de canonniers . . | — | 7 | — | — | — | — |
| Brigadiers du train . . . . | — | 4 | — | 4 | — | — |
| Appointés de canonniers . . | — | — | 14 | — | — | — |
| » du train . . . . | — | — | 14 | — | — | — |
| Infirmier . . . . . . . . . | — | — | 1 | — | — | — |
| Brancardiers . . . . . . | — | — | 2 | — | — | — |
| Maréchaux-ferrants . . . . | — | — | 2 | — | — | — |
| Serrurier . . . . . . . . . | — | — | 1 | — | — | — |
| Charron . . . . . . . . . | — | — | 1 | — | — | — |
| Selliers . . . . . . . . . | — | — | 2 | — | — | — |
| Trompettes . . . . . . . . | — | — | 4 | 4 | — | — |
| Canonniers . . . . . . . . | — | — | 42 | — | — | — |
| Soldats du train . . . . . | — | — | 55 | — | — | — |
| Pièces . . . . . . . . . . | — | — | — | — | 36 | 6 |
| Caissons . . . . . . . . . | — | — | — | — | 36 | 6 |
| Affût de rechange . . . . | — | — | — | — | 4 | 1 |
| Chariot de batterie . . . . | — | — | — | — | 4 | 1 |
| Forge de campagne . . . . | — | — | — | — | 4 | 1 |
| Fourgon . . . . . . . . . | — | — | — | — | 4 | 1 |
| Chars d'approvisionnements[1] | — | — | — | — | 4 | 2 |
| Chevaux de rechange . . . | — | — | — | — | 8 | — |
| | 7 | 15 | 138 | 20 | 100 | 18 |

| Hommes : | | Chevaux : | |
|---|---|---|---|
| Officiers . . . . . . . . | 7 | Chevaux de selle . . . | 20 |
| Sous-officiers . . . . . . | 15 | » trait . . . | 92 |
| Soldats . . . . . . . . . | 138 | » rechange . | 8[2] |
| | 160 | | 120 |

[1] Voir observation page 59.

[2] Les chevaux de rechange seront dans la règle des chevaux de trait, quoiqu'il soit prévu 2 chevaux de selle et 6 chevaux de trait.

b) *La batterie de montagne.*

| | Officiers | Sous-officiers | Appointés et soldats | Chevaux de selle | Chevaux de trait | Voitures |
|---|---|---|---|---|---|---|
| Capitaine | 1 | — | — | 2 | | |
| Premiers lieutenants | 2 | — | — | 2 | | |
| Lieutenants | 2 | — | — | 2 | | |
| Médecin | 1 | — | — | 1 | | |
| Vétérinaire | 1 | — | — | 1 | | |
| Adjudant-sous-officier | — | 1 | — | 1 | | |
| Sergent-major | — | 1 | — | 1 | | |
| Fourrier | — | 1 | — | 1 | | |
| Maréchal-des-logis du train | — | 1 | — | 1 | | |
| Sergents de canonniers | — | 7 | — | — | | |
| Brigadiers du train | — | 4 | — | — | | |
| Appointés | — | — | 15 | — | | |
| Infirmier | — | — | 1 | — | | |
| Brancardiers | — | — | 2 | — | | |
| Maréchaux-ferrants | — | — | 2 | — | | |
| Serrurier | — | — | 1 | — | | |
| Charron | — | — | 1 | — | | |
| Selliers | — | — | 2 | — | | |
| Trompettes | — | — | 4 | — | | |
| Soldats | — | — | 120 | — | | |
| | 7 | 15 | 148 | 12 | | |

Hommes :

| | |
|---|---|
| Officiers | 7 |
| Sous-officiers | 15 |
| Soldats | 148 |
| | 170 |

Chevaux et bêtes de somme :

| | |
|---|---|
| Chevaux de selle | 12 |
| Bêtes de somme | 71 |
| | 83 |

| | |
|---|---|
| Pièces | 6 |
| Affûts de rechange | 2 |
| Caisses à munitions | 60 |
| Caisses d'outils et de pièces de rechange | 8 |
| Caisses de médecin | 2 |
| Caisses de vétérinaire | 2 |

c) *La compagnie de position.*

| | Officiers | Sous-officiers | Appointés et soldats | Chevaux de selle | Chevaux de trait | Voitures |
|---|---|---|---|---|---|---|
| Capitaine . . . . . . . . . | 1 | — | — | | | |
| Premiers lieutenants . . . | 2 | — | — | | | |
| Lieutenants . . . . . . . . | 2 | — | — | | | |
| Médecin . . . . . . . . . | 1 | — | — | | | |
| Sergent-major . . . . . . | — | 1 | — | | | |
| Fourrier . . . . . . . . . | — | 1 | — | | | |
| Sergents . . . . . . . . . | — | 15 | — | | | |
| Appointés . . . . . . . . . | — | — | 15 | | | |
| Infirmier . . . . . . . . . | — | — | 1 | | | |
| Brancardiers . . . . . . . | — | — | 2 | | | |
| Serruriers . . . . . . . . . | — | — | 2 | | | |
| Charron . . . . . . . . . | — | — | 1 | | | |
| Trompettes . . . . . . . . | — | — | 4 | | | |
| Canonniers . . . . . . . . | — | — | 74 | | | |
| | 6 | 17 | 99 | | | |

Officiers . . . . . . . . . . . . . . 6
Sous-officiers . . . . . . . . . . . . 17
Soldats . . . . . . . . . . . . . . . 99
122

d) *La colonne de parc (artillerie de campagne).*

| | Pour colonnes A et B | | | | Colonnes A | | Colonnes B | |
|---|---|---|---|---|---|---|---|---|
| | Officiers | Sous-officiers | Appointés et soldats | Chevaux de selle | Chevaux de trait | Voitures | Chevaux de trait | Voitures |
| Capitaine . . . . . . . . . | 1 | — | — | 2 | | | | |
| Premiers lieutenants . . . | 2 | — | — | 2 | | | | |
| Lieutenants . . . . . . . . | 2 | — | — | 2 | | | | |
| Médecin . . . . . . . . . | 1 | — | — | 1 | | | | |
| Vétérinaire . . . . . . . . | 1 | — | — | 1 | | | | |
| Adjudant-sous-officier . . . | — | 1 | — | 1 | | | | |
| Sergent-major . . . . . . | — | 1 | — | 1 | | | | |
| Fourrier . . . . . . . . . | — | 1 | — | 1 | | | | |
| A reporter . . . | 7 | 3 | — | 11 | | | | |

| | Pour colonnes A et B | | | | Colonnes A | | Colonnes B | |
|---|---|---|---|---|---|---|---|---|
| | Officiers | Sous-officiers | Appointés et soldats | Chevaux de selle | Chevaux de trait | Voitures | Chevaux de trait | Voitures |
| Report . . . | 7 | 3 | — | 11 | — | — | — | — |
| Maréchal-des-logis du train. | — | 1 | — | 1 | — | — | — | — |
| Sergents du parc . . . . . | — | 5 | — | — | — | — | — | — |
| Brigadiers du train . . . . | — | 4 | — | 4 | — | — | — | — |
| Appointés du parc . . . . | — | — | 10 | — | — | — | — | — |
| » train . . . . | — | — | 16 | — | — | — | — | — |
| Infirmier . . . . . . . . | — | — | 1 | — | — | — | — | — |
| Brancardiers . . . . . . | — | — | 2 | — | — | — | — | — |
| Maréchaux-ferrants . . . . | — | — | 2 | — | — | — | — | — |
| Selliers. . . . . . . . . | — | — | 2 | — | — | — | — | — |
| Trompettes . . . . . . . | — | — | 4 | 4 | — | — | — | — |
| Soldats du parc . . . . . | — | — | 36 | — | — | — | — | — |
| » du train . . . . . | — | — | 67 | — | — | — | — | — |
| Demi-caissons d'infanterie . | — | — | — | — | 26 | 13 | 26 | 13 |
| » de cavalerie . | — | — | — | — | — | — | 2 | 1 |
| Caissons d'artillerie. . . . | — | — | — | — | 48 | 12 | 48 | 12 |
| Pièces de rechange. . . . | — | — | — | — | 12 | 3 | 12 | 3 |
| Chariot à outils de pionniers | — | — | — | — | 4 | 1 | — | — |
| Chariot d'artificiers . . . . | — | — | — | — | 4 | 1 | — | — |
| Chariots de pionniers . . . | — | — | — | — | 8 | 2 | 8 | 2 |
| Forge de campagne du parc | — | — | — | — | 4 | 1 | 4 | 1 |
| Chariot de parc . . . . . | — | — | — | — | 4 | 1 | 4 | 1 |
| Fourgon . . . . . . . . . | — | — | — | — | 4 | 1 | 4 | 1 |
| Chars d'approvisionnements[1] | — | — | — | — | 4 | 2 | 4 | 2 |
| Chevaux de rechange . . . | — | — | — | 1 | 4 | — | 4 | — |
| | 7 | 13 | 140 | 21 | 122 | 37 | 116 | 36 |

1° D'une colonne A.

| Hommes : | | Chevaux. | |
|---|---|---|---|
| Officiers . . . . . . . . | 7 | Chevaux de selle . . . | 21 |
| Sous-officiers. . . . . . | 13 | » de trait. . . . | 122 |
| Soldats . . . . . . . . . | 140 | | 143 |
| | 160 | | |

2° D'une colonne B.

| | | | |
|---|---|---|---|
| Officiers . . . . . . . . | 7 | Chevaux de selle . . . | 21 |
| Sous-officiers. . . . . . | 13 | » de trait . . . | 116 |
| Soldats . . . . . . . . . | 140 | | 137 |
| | 160 | | |

[1] Voir observation page 59.

e) *Le bataillon du train.*

| | Officiers | Sous-officiers | Appointés et soldats | Chevaux de selle | Chevaux de trait | Voitures |
|---|---|---|---|---|---|---|
| Commandant de bat., major | 1 | — | — | 2 | | |
| Adjudant, lieutenant. . . . | 1 | — | — | 1 | | |
| Médecin . . . . . . . . | 1 | — | — | 1 | | |
| | 3 | — | — | 4 | | |
| **I. Division, chargée de la conduite des voitures du bataillon du génie.** | | | | | | |
| Capitaine ou 1er lieutenant . | 1 | — | — | 1 | | |
| Lieutenant . . . . . . . . | 1 | — | — | 1 | | |
| Vétérinaire . . . . . . . | 1 | — | — | 1 | | |
| Sergent-major . . . . . . | — | 1 | — | 1 | | |
| Fourrier . . . . . . . . | — | 1 | — | 1 | | |
| Maréchal-des-logis . . . . | — | 1 | — | 1 | | |
| Brigadiers . . . . . . . . | — | 4 | — | 4 | | |
| Appointés . . . . . . . . | — | — | 14 | — | | |
| Trompettes . . . . . . . | — | — | 2 | 2 | | |
| Infirmier . . . . . . . . | — | — | 1 | — | | |
| Maréchaux-ferrants . . . . | — | — | 2 | — | | |
| Selliers. . . . . . . . . . | — | — | 2 | — | | |
| Soldats du train . . . . . | — | — | 60 | — | | |
| | 3 | 7 | 81 | 12 | 114 | 30 |
| **II. Division, chargée de la conduite des voitures de la compagnie d'administration.** | | | | | | |
| Capitaine . . . . . . . . . | 1 | — | — | 1 | | |
| Lieutenants . . . . . . . | 2 | — | — | 2 | | |
| Vétérinaire . . . . . . . | 1 | — | — | 1 | | |
| Sergent-major . . . . . . | — | 1 | — | 1 | | |
| Fourrier . . . . . . . . | — | 1 | — | 1 | | |
| Maréchaux-des-logis . . . | — | 3 | — | 3 | | |
| Brigadiers . . . . . . . | — | 6 | — | 6 | | |
| Appointés. . . . . . . . | — | — | 18 | — | | |
| Trompettes . . . . . . . | — | — | 3 | 3 | | |
| Maréchaux-ferrants . . . . | — | — | 3 | — | | |
| Charrons . . . . . . . . | — | — | 2 | — | | |
| Selliers. . . . . . . . . | — | — | 2 | — | | |
| Infirmier . . . . . . . . | — | — | 1 | — | | |
| Soldats du train . . . . . | — | — | 76 | — | | |
| | 4 | 11 | 105 | 18 | 154 | 40 |

II. Division du bataillon du train de landwehr [1], chargée de la conduite des voitures du lazaret de campagne de l'élite.

| | Officiers | Sous-officiers | Appointés et soldats | Chevaux de selle | Chevaux de trait | Voitures |
|---|---|---|---|---|---|---|
| Capitaine ou 1er lieutenant | 1 | — | — | 1 | | |
| Lieutenant | 1 | — | — | 1 | | |
| Vétérinaire | 1 | — | — | 1 | | |
| Sergent-major | — | 1 | — | 1 | | |
| Fourrier | — | 1 | — | 1 | | |
| Maréchal-des-logis | — | 1 | — | 1 | | |
| Brigadiers | — | 4 | — | 4 | | |
| Appointés | — | — | 14 | — | | |
| Trompettes | — | — | 2 | 2 | | |
| Charron | — | — | 1 | — | | |
| Maréchaux-ferrants | — | — | 2 | — | | |
| Selliers | — | — | 2 | — | | |
| Soldats du train | — | — | 60 | — | | |
| | 3 | 7 | 81 | 12 | 106 [2] | 38 [2] |
| Etat-major | 3 | — | — | 4 | — | — |
| Ire division | 3 | 7 | 81 | 12 | 114 [2] | 30 [2] |
| IIe division | 4 | 11 | 105 | 18 | 154 [2] | 40 [2] |
| IIe division (landwehr) | 3 | 7 | 81 | 12 | 106 [2] | 38 [2] |
| | 13 | 25 | 267 | 46 | 374 | 108 |

| | Elite (Etat-major, I et II | Landw. II) | Total |
|---|---|---|---|
| Officiers | 10 | 3 | 13 |
| Sous-officiers | 18 | 7 | 25 |
| Soldats | 186 | 81 | 267 |
| | 214 | 91 | 305 |

| | Elite (Etat-major, I et II | Landw. II) | Total |
|---|---|---|---|
| Chevaux de selle | 34 | 12 | 46 |
| » de trait | 268 | 106 | 374 |
| | 302 | 118 | 420 |

[1] Le bataillon du train de landwehr est formé de trois divisions (Abtheilung) : I. Train pour le bataillon du génie de la landwehr. II. Train pour le lazaret de campagne de l'élite. III. Train pour la compagnie d'administration de la landwehr. — L'effectif de la IIe division de landwehr est le même que celui de la Ire ; il y a 16 chevaux surnuméraires, dont 2 pour chacune des 5 ambulances et 6 pour le lazaret. — La Ire division du bataillon de landwehr correspond à la Ire division de celui d'élite et la IIIe division de landwehr, à la IIe d'élite. — La IIe division de landwehr ne peut être appelée à servir dans l'élite qu'en cas de guerre. Pour les cours d'instruction du lazaret, on appelle les surnuméraires des Ire et IIe divisions d'élite. — Voir F. M. F., 1877, No 15 et 53.

[2] Le nombre des chevaux de trait et des voitures n'est indiqué ici que pour mémoire, car il est mentionné à nouveau avec le bataillon du génie,

f) *La compagnie d'artificiers.*

| | Officiers | Sous-officiers | Soldats | Chevaux de selle | Chevaux de trait | Voitures |
|---|---|---|---|---|---|---|
| Capitaine . . . . . . . . . | 1 | — | — | | | |
| Lieutenant . . . . . . . . | 1 | — | — | | | |
| Sergent-major . . . . . . . | — | 1 | — | | | |
| Fourrier . . . . . . . . . | — | 1 | — | | | |
| Sergents . . . . . . . . . | — | 10 | — | | | |
| Infirmier . . . . . . . . . | — | — | 1 | | | |
| Trompettes . . . . . . . . | — | — | 2 | | | |
| Artificiers. . . . . . . . . | — | — | 143 | | | |
| Total | 2 | 12 | 146 | | | |

| | |
|---|---|
| Officiers . . . . . . . . . . . . . . | 2 |
| Sous-officiers . . . . . . . . . . . | 12 |
| Soldats . . . . . . . . . . . . . . | 146 |
| | 160 |

## D. Génie.

*Le bataillon du génie.*

| ÉTAT-MAJOR | Officiers | Sous-officiers | Soldats | Chevaux de selle | Chevaux de trait | Voitures |
|---|---|---|---|---|---|---|
| Commandant, major. . . . | 1 | — | — | 2 | | |
| Adjudant, capitaine . . . . | 1 | — | — | 2 | | |
| Quartier-maître . . . . . | 1 | — | — | 1 | | |
| Médecins . . . . . . . . . | 2 | — | — | 2 | | |
| Armurier . . . . . . . . . | — | — | 1 | — | | |
| Serruriers. . . . . . . . . | — | — | 2 | — | | |
| Charron . . . . . . . . . | — | — | 1 | — | | |
| | 5 | — | 4 | 7 | | |

le lazaret et la compagnie d'administration. — Il est à remarquer que pour la IIe division du bataillon du train, il est porté 150 chevaux de trait, tandis qu'à la compagnie d'administration, il en est porté 154. — Ce dernier chiffre est exact et la différence provient de ce que, pendant les délibérations, une forge de campagne a été adoptée pour la compagnie d'administration et qu'il a été omis d'en tenir compte.

1re compagnie : *Sapeurs.*

| | Officiers | Sous-officiers | Appointés et soldats | Chevaux de selle | Chevaux de trait | Voitures |
|---|---|---|---|---|---|---|
| Capitaine . . . . . . . . . | 1 | — | — | 1 | | |
| Premier lieutenant . . . . | 1 | — | — | 1 | | |
| Lieutenants . . . . . . . . | 2 | — | — | — | | |
| Sergent-major . . . . . . | — | 1 | — | — | | |
| Fourrier . . . . . . . . . | — | 1 | — | — | | |
| Sergents . . . . . . . . . | — | 10 | — | — | | |
| Appointés . . . . . . . . . | — | — | 10 | — | | |
| Tambours. . . . . . . . . | — | — | 2 | — | | |
| Infirmier . . . . . . . . . | — | — | 1 | — | | |
| Brancardiers . . . . . . . | — | — | 2 | — | | |
| Sapeurs . . . . . . . . . | — | — | 122 | — | | |
| | 4 | 12 | 137 | 2 | | |

2e compagnie : *Pontonniers.*

| | Officiers | Sous-officiers | Appointés et soldats | Chevaux de selle | Chevaux de trait | Voitures |
|---|---|---|---|---|---|---|
| Capitaine . . . . . . . . . | 1 | — | — | 1 | | |
| Premier lieutenant . . . . | 1 | — | — | 1 | | |
| Lieutenants . . . . . . . . | 2 | — | — | 2 | | |
| Sergent-major . . . . . . | — | 1 | — | — | | |
| Fourrier . . . . . . . . . | — | 1 | — | — | | |
| Sergents . . . . . . . . . | — | 10 | — | — | | |
| Appointés . . . . . . . . . | — | — | 10 | — | | |
| Tambours. . . . . . . . . | — | — | 2 | — | | |
| Infirmier . . . . . . . . . | — | — | 1 | — | | |
| Brancardiers. . . . , . . | — | — | 2 | — | | |
| Pontonniers . . . . . . . | — | — | 92 | — | | |
| | 4 | 12 | 107 | 4 | | |

3e compagnie : *Pionniers.*

| | Officiers | Sous-officiers | Appointés et soldats | Chevaux de selle | Chevaux de trait | Voitures |
|---|---|---|---|---|---|---|
| Capitaine . . . . . . . . . | 1 | — | — | 1 | | |
| Sergent-major . . . . . . | — | 1 | — | — | | |
| Fourrier . . . . . . . . . | — | 1 | — | — | | |
| Tambours. . . . . . . . . | — | — | 2 | — | | |
| Infirmier . . . . . . . . . | — | — | 1 | — | | |
| Brancardiers. . . . . . . | — | — | 2 | — | | |
| A reporter . . . | 1 | 2 | 5 | 1 | | |

| | Officiers | Sous-officiers | Appointés et soldats | Chevaux de selle | Chevaux de trait | Voitures |
|---|---|---|---|---|---|---|
| Report . . . | 1 | 2 | 5 | 1 | | |
| **Ire section : *Télégraphes.*** | | | | | | |
| Premier lieutenant . . . . | 1 | — | — | 1 | | |
| Lieutenant . . . . . . . . | 1 | — | — | 1 | | |
| Sergents . . . . . . . . . | — | 5 | — | — | | |
| Appointés. . . . . . . . . | — | — | 5 | — | | |
| Pionniers . . . . . . . . . | — | — | 19 | — | | |
| Télégraphistes . . . . . . . | — | 1[1] | 8 | — | | |
| **IIe section : *Ouvriers de chemins de fer.*** | | | | | | |
| Premier lieutenant . . . . | 1 | — | — | 1 | | |
| Lieutenants . . . . . . . . | 2 | — | — | 2 | | |
| Sergents . . . . . . . . . | — | 6 | — | — | | |
| Appointés. . . . . . . . . | — | — | 10 | — | | |
| Pionniers . . . . . . . . . | — | — | 41[4] | — | | |
| | 6 | 14 | 88 | 6 | | |
| Chariots de sapeurs. . . . | — | — | — | — | 8 | 2 |
| » de pontonniers . . | — | — | — | — | 8 | 2 |
| Forge de campagne . . . . | — | — | — | — | 4 | 1 |
| Haquets à chevalets et à poutrelles . . . . . . | — | — | — | — | 48 | 12[2] |
| Chariots à fils et à câbles. . | — | — | — | — | 12 | 3 |
| Voiture-station . . . . . . | — | — | — | — | 4 | 1 |
| Chariots de pionniers . . . | — | — | — | — | 8 | 2 |
| Demi-caissons . . . . . . | — | — | — | — | 4 | 2 |
| Fourgon . . . . . . . . . | — | — | — | — | 3 | 1 |
| Char à bagages[2] . . . . . | — | — | — | — | 2 | 1 |
| Chars d'approvisionnements[3] | — | — | — | — | 6 | 3 |
| Chevaux de rechange . . . | — | — | — | — | 7 | — |
| Etat-major . . . . . . . . | 5 | — | 4 | 7 | — | — |
| 1re compagnie : sapeurs . . | 4 | 12 | 137 | 2 | — | — |
| 2e » pontonniers. | 4 | 12 | 107 | 4 | — | — |
| 3e » pionniers . | 6 | 14 | 88 | 6 | — | — |
| Total . . . | 19 | 38 | 336 | 19 | — | 30 |
| Du bataillon du train (I) . . | 3 | 7 | 81 | 12 | 114 | — |
| Total . . . | 22 | 45 | 417 | 31 | 114 | 30 |

[1] Adjudant-sous-officier.
[2] Voir observation à équipements de corps.
[3] Voir observation page 59.
[4] Selon art. 29 de la loi sur l'organisation militaire, cette section sera renforcée par des détachements d'ouvriers.

| Hommes : | Du bataillon | du train | Total | Chevaux : | Du bataillon | du train | Total |
|---|---|---|---|---|---|---|---|
| Officiers | 19 + | 3 = | 22 | Chevaux de selle | 19 + | 12 = | 31 |
| Sous-officiers | 38 + | 7 = | 45 | » de trait | | 114 = | 114 |
| Soldats | 336 + | 81 = | 417 | | 19 + | 126 = | 145 |
| | 393 + | 91 = | 484 | | | | |

Compagnie de sapeurs . . . . . 143[1] fusils
» pontonniers . . . 114[1] »
» pionniers . . . . 86[1] »

## E. Troupes sanitaires

### a) *Le lazaret de campagne.*

| | Officiers | Sous-officiers | Appointés et soldats | Chevaux de selle | Chevaux de trait | Voitures |
|---|---|---|---|---|---|---|
| *1. Etat-major.* | | | | | | |
| Chef du lazaret de campagne, major . . . . . . . . | 1 | — | — | 2 | — | — |
| Officier d'administration, capitaine ou lieutenant . . . | 1 | — | — | 1 | — | — |
| Pharmacien . . . . . . . | 1 | — | — | — | — | — |
| Aumôniers . . . . . . . | 2 | — | — | — | — | — |
| Secrétaire . . . . . . . . | — | — | 1 | — | — | — |
| Sous-officier infirmier . . . | — | 1 | — | — | — | — |
| | 5 | 1 | 1 | 3 | — | — |
| *2. Cinq ambulances, composées comme suit :* | | | | | | |
| Chef d'ambulance, capitaine | 1 | — | — | 1 | — | — |
| Médecins, capitaines ou premiers-lieutenants . . . . | 3 | — | — | — | — | — |
| Quartier-maître . . . . . | 1 | — | — | — | — | — |
| Pharmacien, lieutenant. . . | 1 | — | — | — | — | — |
| Sous-officiers infirmiers . . | — | 2 | — | — | — | — |
| Infirmiers . . . . . . . . . | — | — | 10 | — | — | — |
| Sous-officiers brancardiers . | — | 2 | — | — | — | — |
| Brancardiers . . . . . . . | — | — | 20 | — | — | — |
| Fourgon . . . . . . . . . | — | — | — | — | 4 | 1 |
| Char pour les blessés . . . | — | — | — | — | 2 | 1 |
| Char d'approvisionnements[2] | — | — | — | — | 2 | 1 |
| Char à bagages . . . . . | — | — | — | — | 2 | 1 |
| 5 × | 6 | 4 | 30 | 1 | 10 | 4 |
| | 30 | 20 | 150 | 5 | 50 | 20 |

[1] Les sergents-majors du génie sont armés du fusil.
[2] Voir observation page 59.

| | Officiers | Sous-officiers | Soldats | Chevaux de selle | Chevaux de trait | Voitures |
|---|---|---|---|---|---|---|
| *3. Colonne de voitures.* | | | | | | |
| 16 voitures de réquisition . | — | — | — | — | 32 | 16 |
| *4. Col. du matériel de réserve* | | | | | | |
| Fourgons du matériel . . . | — | — | — | — | 8 | 2 |
| Chevaux de réserve . . . . | — | — | — | — | 16 | — |
| | — | — | — | — | 24 | 2 |
| Etat-major . . . . . . . | 5 | 1 | 1 | 3 | — | — |
| 5 ambulances . . . . . . | 30 | 20 | 150 | 5 | 50 | 20 |
| Colonne de voitures. . . . | — | — | — | — | 32 | 16 |
| Col. du matériel de réserve. | — | — | — | — | 24 | 2 |
| Total . . . | 35 | 21 | 151 | 8 | — | 38 |
| Du bat. du train de landwehr | 3 | 7 | 81 | 12 | 106 | — |
| Total . . . | 38 | 28 | 232 | 20 | 106 | 38 |

| Hommes : | Du bataillon du train landw. | Total |
|---|---|---|
| Officiers | 35 + 3 = | 38 |
| Sous-officiers | 21 + 7 = | 28 |
| Soldats | 151 + 81 = | 232 |
| | 207 + 91 = | 298 |

| Chevaux : | Du bataillon du train landw. | Total |
|---|---|---|
| Chevaux de selle | 8 + 12 = | 20 |
| » de trait | 106 = | 106 |
| | 8 + 118 = | 126 |

b) *La colonne de transport de la réserve sanitaire de l'armée.*
(Elle n'existe que pour la landwehr.)

| | Officiers | Sous-officiers | Soldats | Chevaux de selle | Chevaux de trait | Voitures |
|---|---|---|---|---|---|---|
| Chef: Médecin, capitaine . . | 1 | — | — | — | — | — |
| Médecin, Premier-lieutenant | 1 | — | — | — | — | — |
| Sous-officiers infirmiers . . | — | 2 | — | — | — | — |
| Infirmiers . . . . . . . . | — | — | 10 | — | — | — |
| 32 voitures de réquisition . | — | — | — | — | 64 | 32 |
| Total . . . | 2 | 2 | 10 | — | 64 | 32 |

Hommes :

| | |
|---|---|
| Officiers . . . . . . . . | 2 |
| Sous-officiers. . . . . . | 2 |
| Soldats . . . . . . . . . | 10 |
| | 14 |

Chevaux :

| | |
|---|---|
| Chevaux de selle . . . | — |
| » de trait . . . | 64 |
| | 64 |

## F. Troupes d'administration.

*Les compagnies d'administration.*

| | Officiers | Sous-officiers | Soldats | Chevaux de selle | Chevaux de trait | Voitures |
|---|---|---|---|---|---|---|
| Chef de la compagnie, major | 1 | — | — | 1 | — | — |
| Médecin . . . . . . . . | 1 | — | — | — | — | — |
| Quartier-maître, lieutenant . . | 1 | — | — | — | — | — |
| | 3 | — | — | 1 | — | — |
| **Ire section: *Section des subsistances.*** | | | | | | |
| Chef de section, prem. lieut. | 1 | — | — | 1 | — | — |
| Officiers, lieutenants . . . | 2 | — | — | — | — | — |
| Fourriers . . . . . . . . . | — | 2 | — | — | — | — |
| Boulanger-chef, sergent . . | — | 1 | — | — | — | — |
| Boulangers . . . . . . . . | — | — | 20 | — | — | — |
| Menuisier . . . . . . . . . | — | — | 1 | — | — | — |
| Boucher-chef, sergent . . . | — | 1 | — | — | — | — |
| Bouchers . . . . . . . . . | — | — | 10 | — | — | — |
| Infirmier . . . . . . . . . | — | — | 1 | — | — | — |
| Soldats du train . . . . . | — | — | 2 | — | — | — |
| | 3 | 4 | 34 | 1 | — | — |
| **IIe section: *Section des magasins.*** | | | | | | |
| Chef de section, capitaine du commissariat . . . . . | 1 | — | — | 1 | — | — |
| Officiers du commiss., lieut. | 3 | — | — | — | — | — |
| Fourriers . . . . . . . . . | — | 3 | — | — | — | — |
| Ouvriers magasiniers selon les besoins . . . . . . | — | — | — | — | — | — |
| | 4 | 3 | — | 1 | — | — |
| Chars à ustensiles, à 2 chev. | — | — | — | — | 4 | 2 |
| Fourgon . . . . . . . . . | — | — | — | — | 2 | 1 |
| Forge de campagne . . . . | — | — | — | — | 4 | 1 |
| Chars d'approvisionnements à 4 chevaux[1] . . . . . . | — | — | — | — | 144 | 36 |
| Major, médec., quart.-maître | 3 | — | — | 1 | — | — |
| 1. Section des subsistances . | 3 | 4 | 34 | 1 | — | 40 |
| 2. Section des magasins . . | 4 | 3 | — | 1 | — | — |
| Total . . . | 10 | 7 | 34 | 3 | — | 40 |
| Du bataillon du train (II) . . | 4 | 11 | 105 | 18 | 154 | — |
| Total . . . | 14 | 18 | 139 | 21 | 154 | 40 |

[1] Voir observation page 59.

| Hommes : | Du bataillon du train. | Total |
|---|---|---|
| Officiers | 10 + 4 = | 14 |
| Sous-officiers | 7 + 11 = | 18 |
| Soldats | 34 + 105 = | 139 |
| | 51 + 120 = | 171 |

| Chevaux : | Du bataillon du train. | Total |
|---|---|---|
| Chevaux de selle | 3 + 18 = | 21 |
| » de trait | — 154 = | 154 |
| | 3 + 172 = | 175 |

## III. Du nombre des unités de troupes et de leur formation.

Les unités de troupes de l'armée fédérale, élite et landwehr, sont formées en partie par la Confédération, et en partie par les cantons. La Confédération forme surtout les troupes qui, normalement, ne peuvent pas être recrutées dans un seul canton.

Les deux tableaux ci-après indiquent le nombre des unités, ainsi que leur répartition entre la Confédération et les cantons.

| ÉLITE | Infanterie | | Cavalerie | | Artillerie | | | | | | Génie | Troupes sanitaires | | Administration |
|---|---|---|---|---|---|---|---|---|---|---|---|---|---|---|
| | Bataillons de fusiliers | Bataillons de carabiniers[1] | Escadrons de dragons | Compagnies de guides | Batteries de campagne | Batteries de montagne | Compagnies de position | Colonnes de parc | Bataillon du train | Compagnies d'artificiers | Bataillon du génie | Lazaret de campagne | Colonnes de transport | Compagnie[4] d'administration |
| I. Confédération . | — | — | — | 12 | — | — | — | 16 | 8 | 2 | 8 | 8 | — | 8 |
| II. Cantons : | | | | | | | | | | | | | | |
| Zurich . . . . . . . | 10 | 1 | 3 | — | 6 | — | 1 | — | — | — | — | — | — | — |
| Berne . . . . . . . | 20 | 1 2/4 | 7 | — | 10 | — | 1 | — | — | — | — | — | — | — |
| Lucerne . . . . . . | 6 | 1/4 | 1 | — | 3 | — | — | — | — | — | — | — | — | — |
| Uri . . . . . . . . . | 1 | — | — | — | — | — | — | — | — | — | — | — | — | — |
| Schwytz . . . . . . | 2 | 1/4 | — | — | — | — | — | — | — | — | — | — | — | — |
| Unterwald-le-Haut | 3/4 [2] | — | — | — | — | — | — | — | — | — | — | — | — | — |
| Unterwald-le-Bas . | 1/4 [2] | 1/4 | — | — | — | — | — | — | — | — | — | — | — | — |
| Glaris . . . . . . . | 1 | 1/4 | — | — | — | — | — | — | — | — | — | — | — | — |
| Zug . . . . . . . . . | 1 | — | — | — | — | — | — | — | — | — | — | — | — | — |
| Fribourg . . . . . . | 5 | 1/4 | 2 | — | 1 | — | 1 | — | — | — | — | — | — | — |
| Soleure . . . . . . . | 3 | 1/4 | 1 | — | 2 | — | — | — | — | — | — | — | — | — |
| Bâle-Ville . . . . . | 1 | — | — | — | 1 | — | 1 | — | — | — | — | — | — | — |
| Bâle-Campagne . . | 2 | 1/4 | — | — | 1 | — | — | — | — | — | — | — | — | — |
| Schaffhouse . . . . | 1 | — | 1 | — | — | — | — | — | — | — | — | — | — | — |
| Appenzell Rh.-Ext. | 6/4 [2] | 1/4 | — | — | 1 | — | 1 | — | — | — | — | — | — | — |
| Appenzell Rh.-Int. | 2/4 [2] | — | — | — | — | — | — | — | — | — | — | — | — | — |
| St-Gall . . . . . . . | 7 | 2/4 | 2 | — | 4 | — | 1 | — | — | — | — | — | — | — |
| Grisons . . . . . . | 4 [3] | 1/4 | — | — | — | 1 | — | — | — | — | — | — | — | — |
| Argovie . . . . . . | 7 | 2/4 | 2 | — | 6 | — | 1 | — | — | — | — | — | — | — |
| Thurgovie . . . . . | 3 | 1/4 | 1 | — | 2 | — | — | — | — | — | — | — | — | — |
| Tessin . . . . . . . | 3 [4] | 1/4 | — | — | 1 | — | — | — | — | — | — | — | — | — |
| Vaud . . . . . . . . | 9 | 1 | 4 | — | 6 | — | 2 | | — | — | — | — | — | — |
| Valais . . . . . . . | 4 | 1/4 | — | — | — | 1 | — | — | — | — | — | — | — | — |
| Neuchâtel . . . . . | 3 | 1/4 | — | — | 2 | — | — | — | — | — | — | — | — | — |
| Genève . . . . . . . | 2 | 1/4 | — | — | 2 | — | 1 | — | — | — | — | — | — | — |
| Total . . . | 98 | 8 | 24 | 12 | 48 | 2 | 10 | 16 | 8 | 2 | 8 | 8 | — | 8 |

[1] Pour les bataillons de carabiniers composés de troupes de différents cantons, les soldats du train seront recrutés comme suit : Fribourg 3, Neuchâtel 1, Genève 3, Berne 3, Lucerne 2, Unterwald-le-Bas 2, Argovie 5, Soleure 2, Thurgovie 2, St-Gall 5, Grisons 2, Tessin 1, Glaris 2, Schwytz 2. Voir F. M. F., N° 78, 1875.

[2] Pour les bataillons de fusiliers combinés, les soldats du train sont fournis par les cantons suivants : Unterwald-le-Haut 5, le-Bas 2, Appenzell Rhodes-Extérieures 4, Rhodes-Intérieures 3. Voir F. M. F., 1876, N° 138.

[3] Par arrêté fédéral du 20 mars 1875, le nombre a été porté de trois à quatre.

[4] Réduit de quatre à trois par arrêté fédéral du 1er juillet 1875.

| LANDWEHR | Infanterie | | Cavalerie | | Artillerie | | | | | | Génie | Troupes sanitaires | | Administration |
|---|---|---|---|---|---|---|---|---|---|---|---|---|---|---|
| | Bataillons de fusiliers | Bataillons de carabiniers[3] | Escadrons de dragons[1] | Compagnies de guides[1] | Batteries de campagne[1] | Batteries de montagne[2] | Compagnies de position[2] | Colonnes de parc[2] | Bataillon du train[2] | Compagnies d'artificiers | Bataillon du génie | Lazaret de campagne[5] | Colonnes de transport[5] | Compagnie[4] d'administration |
| I. Confédération | — | — | — | 12 | — | — | — | 8 | 8 | 2 | 8 | 8 | 5 | 8 |
| II. Cantons : | | | | | | | | | | | | | | |
| Zurich | 10 | 1 | 3 | — | 1 | — | 2 | — | — | — | — | — | — | — |
| Berne | 20 | 1 2/4 | 7 | — | 1 | — | 3 | — | — | — | — | — | — | — |
| Lucerne | 6 | 1/4 | 1 | — | 1 | — | — | — | — | — | — | — | — | — |
| Uri | 1 | — | — | — | — | — | — | — | — | — | — | — | — | — |
| Schwytz | 2 | 1/4 | — | — | — | — | — | — | — | — | — | — | — | — |
| Unterwald-le-Haut | 3/4 [4] | — | — | — | — | — | — | — | — | — | — | — | — | — |
| Unterwald-le-Bas | 1/4 [4] | 1/4 | — | — | — | — | — | — | — | — | — | — | — | — |
| Glaris | 1 | 1/4 | — | — | — | — | — | — | — | — | — | — | — | — |
| Zug | 1 | — | — | — | — | — | — | — | — | — | — | — | — | — |
| Fribourg | 5 | 1/4 | 2 | — | — | — | 1 | — | — | — | — | — | — | — |
| Soleure | 3 | 1/4 | 1 | — | 1 | — | — | — | — | — | — | — | — | — |
| Bâle-Ville | 1 | — | — | — | — | — | 1 | — | — | — | — | — | — | — |
| Bâle-Campagne | 2 | 1/4 | — | — | — | — | — | — | — | — | — | — | — | — |
| Schaffhouse | 1 | — | 1 | — | — | — | — | — | — | — | — | — | — | — |
| Appenzell Rh.-Ext. | 6/4 [4] | 1/4 | — | — | — | — | 1 | — | — | — | — | — | — | — |
| Appenzell Rh.-Int. | 2/4 [4] | — | — | — | — | — | — | — | — | — | — | — | — | — |
| St-Gall | 7 | 2/4 | 2 | — | 1 | — | 1 | — | — | — | — | — | — | — |
| Grisons | 4 [3] | 1/4 | — | — | — | — | — | — | — | — | — | — | — | — |
| Argovie | 7 | 2/4 | 2 | — | 1 | — | 2 | — | — | — | — | — | — | — |
| Thurgovie | 3 | 1/4 | 1 | — | 1 | — | — | — | — | — | — | — | — | — |
| Tessin | 3 [3] | 1/4 | — | — | — | — | 1 | — | — | — | — | — | — | — |
| Vaud | 9 | 1 | 4 | — | 1 | — | 2 | — | — | — | — | — | — | — |
| Valais | 4 | 1/4 | — | — | — | — | — | — | — | — | — | — | — | — |
| Neuchâtel | 3 | 1/4 | — | — | — | — | — | — | — | — | — | — | — | — |
| Genève | 2 | 1/4 | — | — | — | — | 1 | — | — | — | — | — | — | — |
| Total | 98 | 8 | 24 | 12 | 8 | — | 15 | 8 | 8 | 2 | 8 | 8 | 5 | 8 |

[1] Le personnel seul est organisé ; ce n'est qu'en cas de guerre que les dragons et les guides sont montés et les batteries de campagne organisées et équipées.

[2] Le nombre des batteries de campagne de la landwehr est inférieur à celui de l'élite et il n'existe pas de batteries de montagne de landwehr, par contre, le nombre des compagnies de position est augmenté. Par ce motif, les canonniers et soldats du train des batteries de campagne et de montagne de l'élite qui, à leur passage à la landwehr, ne seront pas incorporés dans une batterie de campagne, seront transférés dans les compagnies de position, colonnes de parc ou bataillons du train.

[3] Pour les bataillons des Grisons et du Tessin, mêmes modifications que pour l'élite.

[4] Mêmes observations que pour l'élite.

[5] Les troupes sanitaires de landwehr formeront le nombre d'ambulances nécessaires ; pour le moment, il y en a huit d'organisées. Quant au personnel restant disponible, il sera réparti dans les hôpitaux et servira à former 5 colonnes de transport.

## IV. Corps spéciaux.

### A. L'état-major général.

Il est formé un corps spécial pour le service de l'état-major général. En temps de paix, le chef du bureau d'état-major est placé à la tête de ce corps. En cas de mise sur pied de plusieurs divisions, il est sous les ordres du chef d'état-major général.

Indépendamment de la section des chemins de fer, le corps de l'état-major général est composé des officiers suivants :

3 colonels,
16 lieutenants-colonels ou majors,
35 capitaines.
Total : 54 officiers.

Le service de l'état-major général exige le nombre suivant d'officiers :

| | | |
|---|---|---|
| Etat-major de l'armée . . . . . . . . . . | | 6 |
| Dans chaque état-major de division . . . . . . | 2 = | 16 |
| » » » de brigade (élite) . . . | 1 = | 16 |
| » » » » (landwehr) . | 1 = | 16 |
| Total . . . | | 54 |

Une section spéciale de l'état-major général est formée avec le personnel d'administration et l'exploitation des chemins de fer.

Le nombre de ces officiers est fixé selon les besoins [1].

La répartition des officiers d'état-major général entre les états-majors des différents commandants de corps, est faite par le Département militaire, sur la proposition du chef de bureau d'état-major.

Pour plus de détails sur l'état-major général, consulter la VIIIe partie.

### B. Les adjudants *(Adjudantur)*.

Le service des adjudants auprès des états-majors se fait par des officiers de troupes, désignés à cet effet (généralement pour une durée de quatre ans). Ces officiers continuent, pendant

[1] Voir arrêté du Conseil fédéral du 9 octobre 1876, F. M. F., N° 128, réglant la position et le grade de ces officiers.

ce temps, à appartenir à leur corps, et ne forment pas, dans le vrai sens du mot, un corps spécial. S'ils sont mentionnés ici, c'est dans le but d'avoir un tout complet.

Pour l'élite, le service demande le nombre suivant d'adjudants :

| | Appartenant aux armes et troupes suivantes : | | | | | | | Total |
|---|---|---|---|---|---|---|---|---|
| | Infanterie | Cavalerie | Artillerie | Génie | Personnel médical | Personnel vétérinaire | Troupes d'administration | |
| Etat-major de l'armée | 13[1] | — | 4 | 1 | — | — | — | 18 |
| Etats-majors des divis. | 16[1] | — | — | 8 | 8 | 8 | 24 | 64 |
| Brigades d'infanterie . | 16 | — | — | — | — | — | — | 16 |
| Régiments d'infanterie | 32 | — | — | — | — | — | — | 32 |
| » de cavalerie | — | 8 | — | — | — | — | — | 8 |
| Brigades d'artillerie . | — | — | 16 | — | — | — | — | 16 |
| Parcs de divisions . . | — | — | 8 | — | — | — | — | 8 |
| Régiments d'artillerie. | — | — | 25 | — | — | — | — | 25 |
| Etats-majors de l'artillerie de position . . | — | — | 4 | — | — | — | — | 4 |
| | 77 | 8 | 53 | 9 | 8 | 8 | 24 | 191 |
| Il faut encore ajouter les adjudants des brigades et régiments de landwehr. . . . | 48 | — | — | — | — | — | — | 48 |
| Total . . . | 125 | 8 | 53 | 9 | 8 | 8 | 24 | 239 |

Pour plus de détails sur les adjudants, consulter aussi la VIIIe partie.

### C. L'état-major judiciaire.

L'état-major judiciaire est organisé selon les dispositions de la « Loi fédérale sur la justice pénale pour les troupes fédérales, du 27 août 1851, » encore actuellement en vigueur. Il se compose de :

1 auditeur en chef, colonel, chef de l'état-major judiciaire,
3 colonels,
5 lieutenants-colonels,
5 majors,
30 capitaines.
Total : 44 officiers.

[1] Peuvent appartenir à d'autres armes, mais sont, la plupart du temps, choisis dans l'infanterie.

Ils sont répartis comme suit :

| | |
|---|---|
| Dans l'état-major de l'armée . . . . . . . . . . . | 2 |
| Dans les divisions . . . . . . . . . . . . . . | 8 |
| Dans les 32 brigades d'infanterie d'élite et de landwehr | 32 |
| Total . . . | 42 |

Il reste deux surnuméraires.

### D. Les secrétaires d'état-major.

Pour le service de bureau des états-majors, il est nommé le nombre nécessaire de secrétaires, lesquels sont attachés aux différents états-majors. Il en faut 77 pour l'élite et 16 pour la landwehr.

SIXIÈME PARTIE

# ORGANISATION ET FORCE DE L'ARMÉE FÉDÉRALE

Le chapitre précédent traite des unités de troupes. Celui-ci s'occupe d'un côté des corps combinés (nom que la loi sur l'organisation militaire donne aux formations dans lesquelles entrent un état-major et plusieurs unités), et de l'autre de l'organisation et de la force réglementaire de toute l'armée.

## I. Organisation.

### A. L'élite.

Les troupes de l'élite forment l'armée active. Elle se compose de :

1. L'état-major de l'armée.
2 Huit divisions d'armée.
3. Officiers, secrétaires d'état-major et unités de troupes disponibles.

### 1. *L'état-major de l'armée.*

Le *général* est placé à la tête de l'armée. Le grand état-major de l'armée, sous les ordres du chef d'état-major, lui est attaché.

La composition du grand état-major est fixée par une ordonnance du Conseil fédéral du 7 mai 1880.

*Etat-major de l'armée.*

| | Officiers | Sous-officiers | Soldats | Chevaux de selle | Chevaux de trait | Voitures |
|---|---|---|---|---|---|---|
| Le général . . . . . . . | 1 | — | — | 6 | | |
| Ses adjudants . . . . . | 3 | — | — | 6 | | |
| Son secrétaire d'état-major | 1[1] | — | — | — | | |
| Le chef d'état-major général | 1 | — | — | 4 | | |
| Ses adjudants . . . . . | 2 | — | — | 4 | | |
| Son secrétaire d'état-major | 1[1] | — | — | — | | |
| L'adjudant-général (colonel d'infanterie) . . . . . . | 1 | — | — | 4 | | |
| Son adjudant. . . . . . . | 1 | — | — | 2 | | |
| Son secrétaire d'état-major | — | 1[1] | — | — | | |
| Adjoints . . . . . . . . . | 3 | — | — | 6 | | |
| Le sous-chef d'état-major (chef de la section d'état-major général) . . . . . | 1 | — | — | 3 | | |
| Adjoints : | | | | | | |
| Officiers de l'état-major général . . . . . . . | 4 | — | — | 8 | | |
| Chef de bureau . . . . . | 1 | — | — | 2 | | |
| Chancellerie . . . . . . | 2 | — | — | — | | |
| Secrétaires d'état-major . | — | 4 | — | — | | |
| Le directeur de la poste de campagne . . . . . . | 1 | — | — | — | | |
| Le directeur des télégraphes . . . . . . . . | 1 | — | — | — | | |
| Un colonel d'artillerie . . . | 1 | — | — | 3 | | |
| Son adjudant. . . . . . . | 1 | — | — | 2 | | |
| Adjoints : | | | | | | |
| Le directeur du parc . . | 1 | — | — | 2 | | |
| » du train . . | 1 | — | — | 2 | | |
| Officiers d'artillerie . . . | 3 | — | — | 6 | | |
| A reporter . . . | 31 | 5 | — | 60 | | |

[1] Officier ou adjudant sous-officier.

| | Officiers | Sous-officiers | Soldats | Chevaux de selle | Chevaux de trait | Voitures |
|---|---|---|---|---|---|---|
| Report . . . | 31 | 5 | — | 60 | — | — |
| Secrétaire d'état-major . | — | 1 | — | — | — | — |
| Un colonel du génie . . . | 1 | — | — | 3 | — | — |
| Son adjudant. . . . . . | 1 | — | — | 1 | — | — |
| Secrétaire d'état-major . . | — | 1 | — | — | — | — |
| Le commissaire des guerres de l'armée (commissaire des guerres de campagne) | 1 | — | — | 3 | — | — |
| Adjoints : | | | | | | |
| Officiers d'administration. | 6 | — | — | 8 | — | — |
| Secrétaire . . . . . . . | — | 1 | — | — | — | — |
| Le chef de l'exploitation des chemins de fer. . . . . | 1 | — | — | 2 | — | — |
| Adjoints : | | | | | | |
| Officiers de la section des chemins de fer . . . . | 3 | — | — | — | — | — |
| Secrétaire d'état-major. . | — | 1 | — | — | — | — |
| Le médecin de l'armée . . | 1 | — | — | 2 | — | — |
| Adjoints : | | | | | | |
| Officier sanitaire . . . . | 1 | — | — | 1 | — | — |
| Secrétaire d'état-major. . | — | 1 | — | — | — | — |
| Le vétérinaire de l'armée . | 1 | — | — | 2 | — | — |
| Adjoints : | | | | | | |
| Vétérinaire d'état-major . | 1 | — | — | 1 | — | — |
| Secrétaire d'état-major. . | — | 1 | — | — | — | — |
| L'auditeur de l'armée . . . | 1 | — | — | — | — | — |
| Adjoint : | | | | | | |
| Officier judiciaire . . . . | 1 | — | — | — | — | — |
| Le commandant du grand quartier-général . . . . | 1 | — | — | 2 | — | — |
| Son adjud[t], officier du train | 1 | — | — | 1 | — | — |
| L'officier d'administration du grand quartier-général . . | 1 | — | — | 1 | — | — |
| Le médecin du grand quartier-général . . . . . . | 1 | — | — | 1 | — | — |
| Le vétérinaire du grand quartier-général . . . . . . | 1 | — | — | 1 | — | — |
| Train de l'ét.-maj. de l'armée | — | 1 | 10 | 1 | — | — |
| Fourgons . . . . . . . . | — | — | — | — | 14 | 7 |
| Chars à bagages . . . . | — | — | — | — | 4 | 2 |
| Chars d'approvisionnem[ts] | — | — | — | — | 2 | 1 |
| Total . . . | 55 | 12 | 10 | 90 | 20 | 10 |

| Hommes | | Chevaux | |
|---|---|---|---|
| Officiers . . . | 55 | Chevaux de selle . | 90 |
| Sous-officiers . | 12 | » de trait . | 20 |
| Soldats . . . | 10 | Total . . . | 110 |
| Total . . . | 77 [1] | | |

Troupes : un détachement d'infanterie et 1-3 compagnies de guides.

*2. Les huit divisions d'armée.*

Une division d'armée est composée comme suit :

1. Etat-major de la division.
2. Infanterie :
   Deux brigades d'infanterie,
   Un bataillon de carabiniers.
3. Cavalerie :
   Un régiment de dragons,
   Une compagnie de guides.
4. Artillerie :
   Une brigade d'artillerie,
   Un bataillon du train.
5. Génie :
   Un bataillon du génie.
6. Troupes sanitaires :
   Un lazaret de campagne.
7. Troupes d'administration :
   Une compagnie d'administration.

---

L'*ordre de bataille* officiel d'une division d'armée est fixé comme suit : la IIIe division est ici prise comme exemple :

Etat-major de la division.

Compagnie de guides 3.

| VIe Brigade d'infanterie : | | Ve Brigade d'infanterie : | |
|---|---|---|---|
| 12e Régiment. | 11e Régiment. | 10e Régiment. | 9e Régiment. |

Bataillon de carabiniers 3.

[1] Voir observation page 60.

III. Régiment de dragons :

9e Escadron. 8e Escadron. 7e Escadron.

III. Brigade d'artillerie :

3e Régiment. 2e Régiment. 1er Régiment.

Parc de division 3. Bataillon du génie 3.

Comp. de pionniers. Comp. de pontonniers. Comp. de sapeurs.

III. Lazaret de campagne :

Amb. 15. Amb. 14. Amb. 13. Amb. 12. Amb. 11.

III. Bataillon du train :

2e Division 1re Division.

III. Compagnie d'administration :

2e Section. 1re Section.

Ad. 1. L'état-major de division est composé comme suit :

| | Officiers | Sous-officiers | Soldats | Chevaux de selle | Chevaux de trait | Voitures |
|---|---|---|---|---|---|---|
| Commandant, colonel divisionnaire | 1 | — | — | 4 | — | — |
| Premier officier d'état-major général, en même temps chef d'état-major, lieutenant-colonel ou major | 1 | — | — | 3-2 | — | — |
| Second officier d'état-major général, capitaine | 1 | — | — | 2 | — | — |
| Premier adjudant de division, capitaine | 1 | — | — | 2 | — | — |
| Second adjudant de division, capitaine ou lieutenant | 1 | — | — | 2 | — | — |
| Secrét. d'état-major (dont un est d'habitude officier) | 1 | 2 | — | — | — | — |
| Ingénieur de la division, lieutenant-colonel | 1 | — | — | 2 | — | — |
| Son adjudant, capitaine | 1 | — | — | 2 | — | — |
| Commissaire des guerres de la division, lieut.-colonel | 1 | — | — | 2 | — | — |
| Son remplaçant, major | 1 | — | — | 1 | — | — |
| Ses adjudants, capitaines ou lieutenants | 3 | — | — | 3 | — | — |
| Médecin de division, lieutenant-colonel | 1 | — | — | 2 | — | — |
| A reporter | 14 | 2 | — | 25-24 | — | — |

| | Officiers | Sous-officiers | Soldats | Chevaux de selle | Chevaux de trait | Voitures |
|---|---|---|---|---|---|---|
| Report . . . | 14 | 2 | — | 25-24 | — | — |
| Son adjudant. . . . . . . | 1 | — | — | 1 | — | — |
| Secrétaire d'état-major . . | | 1 | — | — | — | — |
| Grand-juge . . . . . . . | 1 | — | — | — | — | — |
| Vétérinaire d'état-major . . | 1 | — | — | 1 | — | — |
| Son adjudant . . . . . . | 1 | — | — | 1 | — | — |
| Soldats du train . . . . . | — | — | 2 | — | — | — |
| 1 fourgon pour l'état-major de la division . . . . . | — | — | — | — | 2 | 1 |
| 1 fourgon pour le commissaire des guerres de la division . . . . . . . . | — | — | — | — | 2 | 1 |
| Total . . . | 18 | 3 | 2 | 28-27 | 4 | 2 |

| Hommes : | | Chevaux : | |
|---|---|---|---|
| Officiers . . . . . . . . | 18 | Chevaux de selle . . . . | 28 |
| Sous-officiers . . . . . . | 3 | » de trait . . . . | 4 |
| Soldats . . . . . . . . . | 2 | | 32 |
| | 23 | | |

(Pour les domestiques d'offi ciers voir observation page 60).

Ad. 2. La brigade d'infanterie se compose de :

*a*) l'état-major de brigade ;

*b*) deux régiments d'infanterie.

L'état-major de brigade est formé de :

| | Officiers | Sous-officiers | Soldats | Chevaux de selle | Chevaux de trait | Voitures |
|---|---|---|---|---|---|---|
| Commandant, col.-brigadier | 1 | — | — | 3 | — | — |
| Officier d'état-major général, capitaine . . . . . . . | 1 | — | — | 2 | — | — |
| Adjud. de brigade, capitaine | 1 | — | — | 2 | — | — |
| Auditeur . . . . . . . . | 1 | — | — | — | — | — |
| Lieutenant du train . . . . | 1 | — | — | 1 | — | — |
| Trompette de brigade . . . | — | — | 1 | 1 | — | — |
| Secrétaire d'état-major . . | — | 1 | — | — | — | — |
| Soldat du train . . . . . | — | — | 1 | — | — | — |
| Fourgon . . . . . . . . | — | — | — | — | 2 | 1 |
| | [illegible] | 1 | 2 | 9 | 2 | 1 |

Hommes :

Officiers . . . . . . . . . 5
Sous-officier . . . . . . . 1
Soldats . . . . . . . . . . 2
8
dont pour services accessoires 4
Il reste comme combattants 4

Chevaux :

Chevaux de selle . . . . 9
» de trait . . . . 2
11

Le régiment d'infanterie compte :
l'état-major de régiment et
trois bataillons de fusiliers.

L'état-major de régiment se compose de :

| | Officiers | Sous-officiers | Soldats | Chevaux de selle | Chevaux de trait | Voitures |
|---|---|---|---|---|---|---|
| Commandant du régiment, lieutenant-colonel . . . . | 1 | — | — | 2 | — | — |
| Adjudant, capitaine ou lieut. | 1 | — | — | 2 | — | — |
| Quartier-maître, capitaine . | 1 | — | — | 1 | — | — |
| Aumônier . . . . . . . . | 1-2 | — | — | — | — | — |
| Officier de pionniers . . . | 1 | — | — | 1 | — | — |
| Adjud. sous-officier du train | — | 1 | — | 1 | — | — |
| Adjudant sous-officier, chef de caisson . . . . . . . | — | 1 | — | — | — | — |
| Trompette de régiment . . | — | — | 1 | 1 | — | — |
| Soldat du train pr le fourgon | — | — | 1 | — | 2 | 1 |
| | 5-6 | 2 | 2 | 8 | 2 | 1 |

Hommes :

Officiers . . . . . . . . . . . 6
Sous-officiers . . . . . . . 2
Soldats. . . . . . . . . . . . 2
10
dont pour services accessoires 7
Combattants . . . . . . . . 3

Chevaux :

Chevaux de selle . . . . 8
» de trait . . . . 2
10

| | Officiers | Sous-officiers | Soldats | Chevaux de selle | Chevaux de trait | Voitures |
|---|---|---|---|---|---|---|
| Etat-major du régiment . . | 5-6 | 2 | 2 | 8 | 2 | 1 |
| 3 bataillons . . . . . . . | 75 | 333 | 1914 | 21 | 39 | 18 |
| Total du personnel | 81 | 335 | 1916 | 29 | 41 | 19 |

Total du personnel :

Officiers . . . . . . . . . 81
Sous-officiers . . . . . . . 335
Soldats . . . . . . . . . . . 1916
2332
dont pour services accessoires 169
2163

Chevaux :

Chevaux de selle. . . 29
» de trait . . . 41
70

Effectif de la brigade d'infanterie :

| | Officiers | Sous-officiers | Soldats | Chevaux de selle | Chevaux de trait | Voitures |
|---|---|---|---|---|---|---|
| Etat-major . . . . . . . | 5 | 1 | 2 | 9 | 2 | 1 |
| 2 régiments . . . . . . . | 162 | 670 | 3832 | 58 | 82 | 38 |
| | 167 | 671 | 3834 | 67 | 84 | 39 |

Total du personnel :

Officiers . . . . . . . . . 167
Sous-officiers . . . . . . . . 671
Soldats . . . . . . . . . . . 3834
Effectif de la brigade . . . . 4672
dont pour services accessoires . 342
Combattants . . . . . . . . 4330

Chevaux :

Chevaux de selle 67
» de trait 84
151

Ad. 3. Le régiment de cavalerie se compose de :
l'état-major du régiment et
trois escadrons.

Composition de l'état-major du régiment :

| | Officiers | Sous-officiers | Soldats | Chevaux de selle | Chevaux de trait | Voitures |
|---|---|---|---|---|---|---|
| Commandant, lieutenant-colonel ou major . . . . . | 1 | — | — | 3 | — | — |
| Adjudant, capitaine ou lieutenant . . . . . . . . | 1 | — | — | 2 | — | — |
| Quartier-maître, capitaine . | 1 | — | — | 1 | — | — |
| Médecin . . . . . . . . . | 1 | — | — | 1 | — | — |
| | 4 | — | — | 7 | — | — |
| Trois escadrons . . . . . | 15 | 51 | 306 | 372 | 24 | 9 |
| Effectif du régim[t] de cavalerie | 19 | 51 | 306 | 379 | 24 | 9 |

Total du personnel :

| | |
|---|---|
| Officiers . . . . | 19 |
| Sous-officiers . . . | 51 |
| Soldats . . . . . . | 306 |
| | 376 |
| dont pour services accessoires | 32 |
| Combattants | 344 |

Ad. 4. La *brigade d'artillerie* est formée de l'état-major de brigade, trois régiments d'artillerie et du parc de division.

L'état-major de la brigade d'artillerie est composé de :

| | Officiers | Sous-officiers | Soldats | Chevaux de selle | Chevaux de trait | Voitures |
|---|---|---|---|---|---|---|
| Command[t], colonel brigadier | 1 | — | — | 3 | — | — |
| Chef d'état-major, lieutenant-colonel d'artillerie . . . | 1 | — | — | 3 | — | — |
| Adjud[ts], capitaines ou lieut[ts] | 2 | — | — | 4 | — | — |
| Quartier-maître, capitaine . | 1 | — | — | 1 | — | — |
| Secrétaire d'état-major . . | — | 1 | — | — | — | — |
| 1 fourgon[1] . . . . . . . | — | — | 1 | — | 2 | 1 |
| | 5 | 1 | 1 | 11 | 2 | 1 |

[1] Ce fourgon, avec 2 chevaux de trait et un soldat du train, n'était pas prévu dans la loi, mais a été adopté depuis ; c'est pourquoi il en est tenu compte dans les tableaux suivants.

Le *régiment d'artillerie* se compose de :
l'état-major du régiment et
deux batteries de campagne.

L'état-major du régiment compte :

| | Officiers | Sous-officiers | Soldats | Chevaux de selle | Chevaux de trait | Voitures |
|---|---|---|---|---|---|---|
| Commandant, lieutenant-colonel ou major . . . . . | 1 | — | — | 3-2 | — | — |
| Son adjudant . . . . . . | 1 | — | — | 2 | — | — |
| Effectif du régt — état-major . . . | 2 | — | — | 5 | — | — |
| Effectif du régt — 2 batteries attelées | 14 | 30 | 276 | 40 | 200 | 36 |
| Total . . . | 16 | 30 | 276 | 45 | 200 | 36 |

Le parc de division est composé de l'état-major du parc et de deux colonnes de parc.

L'état-major comprend :

| | Officiers | Sous-officiers | Soldats | Chevaux de selle | Chevaux de trait | Voitures |
|---|---|---|---|---|---|---|
| Commandant, major. . . . | 1 | — | — | 2 | — | — |
| Adjudant, capitaine ou lieutenant . . . . . . . . | 1 | — | — | 2 | — | — |
| Secrétaire d'état-major . . | — | 1 | — | — | — | — |
| Effectif du parc — état-major . . . | 2 | 1 | — | 4 | — | — |
| Effectif du parc — colonnes A et B . | 14 | 26 | 280 | 42 | 238 | 73 |
| | 16 | 27 | 280 | 46 | 238 | 73 |
| **Effectif de la brigade d'artillerie :** | | | | | | |
| Etat-major . . . . . . . | 5 | 1 | 1 | 11 | 1 | 1 |
| Trois régiments . . . . . | 48 | 90 | 828 | 135 | 600 | 108 |
| Parc de division . . . . . | 16 | 27 | 280 | 46 | 238 | 73 |
| Total . . . | 69 | 118 | 1109 | 192 | 839 | 182 |

36 pièces.

L'effectif normal de chaque *division d'armée* est le suivant :

| | Officiers | Sous-officiers | Appointés et soldats | Totaux | Chevaux | | | Voitures | Officiers | Sous-officiers | Appointés et soldats | Totaux | Chevaux | | | Voitures |
|---|---|---|---|---|---|---|---|---|---|---|---|---|---|---|---|---|
| | | | | | Chevaux de selle | Chevaux de trait | Totaux | | | | | | Chevaux de selle | Chevaux de trait | Totaux | |
| Etat-major de divis. | — | — | — | — | — | — | — | — | 18 | 3 | 2 | 23 | 28 | 4 | 32 | 2 |
| I. Brigade d'infant. | 167 | 671 | 3834 | 4672 | 67 | 84 | 151 | 39 | | | | | | | | |
| II. » » | 167 | 671 | 3834 | 4672 | 67 | 84 | 151 | 39 | | | | | | | | |
| Batail. de carabin. | 25 | 111 | 634 | 770 | 7 | 13 | 20 | 6 | 359 | 1453 | 8302 | 10114 | 141 | 181 | 322 | 84 |
| Régim. de cavalerie | 19 | 51 | 306 | 376 | 379 | 24 | 403 | 9 | | | | | | | | |
| Compag. de guides | 2 | 7 | 34 | 43 | 45 | — | 45 | — | 21 | 58 | 340 | 419 | 424 | 24 | 448 | 9 |
| Brigade d'artillerie | 69 | 118 | 1109 | 1296 | 192 | 840 | 1032 | 182 | | | | | | | | |
| Bataillon du train[1] | 3 | — | — | 3 | 4 | — | 4 | — | 72 | 118 | 1109 | 1299 | 196 | 840 | 1036 | 182 |
| Bataillon du génie | — | — | — | — | — | — | — | — | 22 | 45 | 417 | 484 | 31 | 114 | 145 | 30 |
| Lazaret de campag. | — | — | — | — | — | — | — | — | 38 | 28 | 232 | 298 | 20 | 106 | 126 | 38 |
| Compag. d'adminis. | — | — | — | — | — | — | — | — | 14 | 18 | 139 | 171 | 21 | 154 | 175 | 40 |
| Totaux . . . | | | | | | | | | 544 | 1723 | 10541 | 12808 | 861 | 1423 | 2284 | 385 |

| Hommes : | De l'élite | Du bat. du train landwehr. | Total |
|---|---|---|---|
| Officiers . . | 541 | 3 | 544 |
| Sous-officiers | 1716 | 7 | 1723 |
| Soldats . | 10460 | 81 | 10541 |
| | 12717 | 91 | 12808 |

| Chevaux : | De l'élite | Du bat. du tr. landwehr. | Total |
|---|---|---|---|
| Chevaux de selle | 849 | 12 | 861 |
| » de trait | 1317 | 106 | 1423 |
| | 2166 | 118 | 2284 |

Combattants :

| | |
|---|---|
| Infanterie . . . | 9376[2], dont 8736 portant fusil. |
| Cavalerie . . . . | 386 |
| Artillerie . . . . | . . . . . . 36 pièces. |
| Total . . . | 9762 hommes, 36 pièces. |

*Observations :* 1. En raison de son emploi tactique, la II^e division du bataillon du train de landwehr est comprise dans cette récapitulation.

[1] L'état-major seul est ici porté, par le motif qu'après avoir détaché les divisions pour le bataillon du génie, le lazaret et la compagnie d'administration, il se trouve à la disposition de l'état-major de brigade et par conséquent de celui de la division.

[2] Non compris l'état-major de division.

2. Les I<sup>re</sup> et V<sup>e</sup> divisions d'armée ont chacune un bataillon de fusiliers surnuméraire, non incorporé dans un régiment, lequel, de même que le bataillon de carabiniers, se trouve placé sous les ordres directs du commandant de la division.

3. Les domestiques civils auxquels ont droit les officiers montés, en conformité du règlement d'administration, ne sont pas compris dans l'état ci-dessus. Il faudra cependant en tenir compte dès qu'il s'agira de connaître l'état des hommes ayant droit à la subsistance. — Les officiers montés qui, en service actif et lors des manœuvres de division, sont autorisés à avoir un domestique civil, sont les suivants : les officiers des états-majors : de l'armée, des divisions, des brigades, des régiments, des divisions d'artillerie de position, les officiers de l'état-major général, ainsi que les officiers mis à la disposition du Conseil fédéral, les officiers de cavalerie, des bataillons du génie, du lazaret de campagne et de la compagnie d'administration. Si tous les officiers usent du droit qui leur est accordé, l'état des domestiques civils sera :

Pour l'état-major de l'armée 44
Pour chaque division . . . . 124

Le règlement accorde en outre un domestique civil aux officiers montés des bataillons d'infanterie, pour le service d'instruction.

Un nombre indéterminé d'officiers de tous grades et de toutes les armes est à la disposition du Conseil fédéral. Ils sont destinés à des services spéciaux (gîtes d'étapes, garnisons de places fortes, etc.). Dans cette catégorie sont compris les officiers supérieurs qui ne peuvent revêtir un commandement, en raison des fonctions qu'ils remplissent dans l'administration fédérale, tels que les membres du Conseil fédéral, les chefs d'armes et de divisions de service, les instructeurs non incorporés, etc.

Les troupes de l'élite, non réparties dans les divisions d'armée et dont le commandant en chef peut disposer directement, sont :

*a*) 4 compagnies de guides, n<sup>os</sup> 9-12.

*b*) 1 régiment d'artillerie de montagne, composé des batteries n<sup>os</sup> 61 et 62. L'état-major de ce régiment est organisé sur le même pied que ceux des autres régiments d'artillerie.

*c*) 2 compagnies d'artificiers, n[os] 1 et 2.

*d*) 4 divisions d'artillerie de position, formées des compagnies n[os] 1-10.

L'état-major d'une de ces divisions se compose de :

| | Officiers : | Ch. de selle : |
|---|---|---|
| Commandant, lieut[t]-colonel ou major | 1 | 3-2 |
| Adjudant, capitaine ou lieutenant | 1 | 2 |
| | 2 | 5 |

Les divisions Ire et IVe sont formées chacune de trois compagnies et les divisions IIe et IIIe de deux compagnies seulement.

*e*) La réserve du génie. Elle n'est pas organisée, et c'est pourquoi elle ne figure pas sur les tableaux pages 94 et 95. Pour plus de détails, voir le chapitre traitant du matériel de corps.

## B. La landwehr.

L'infanterie de la landwehr est répartie en brigades, du même effectif que les brigades d'élite et suivant la même répartition territoriale.

Les 15 compagnies de position de la landwehr forment cinq divisions d'artillerie de position, avec les états-majors correspondants. Les Ire et IIe divisions se composent de quatre compagnies, la IIIe de trois et les IVe et V[e] de deux compagnies.

Le Conseil fédéral a la compétence d'organiser la landwehr en corps de troupes combinés, sur les mêmes bases que l'élite, mais il n'a pas encore jugé à propos de le faire.

# II. Effectif de l'armée fédérale.

## A. Effectifs réglementaires.

L'effectif total et réglementaire de l'armée fédérale, d'après ce qui vient d'être exposé, et en prenant pour base la loi et les ordonnances (effectif réglementaire, par opposition à l'effectif réel), est le suivant :

(Voir tableaux pages 94 et 95.)

Dans la récapitulation pages 94 et 95, l'état-major général, les quartiers-maîtres, les détachements de train de ligne, les pionniers d'infanterie, les hommes appartenant aux troupes sanitaires, etc., incorporés dans quelques corps, figurent à l'effectif de ceux-ci, quoique appartenant à d'autres armes, dont ils reçoivent l'instruction. Cette récapitulation correspond à l'emploi tactique des troupes et aux rapports qui en découlent.

Au point de vue administratif, c'est-à-dire pour le recrutement, l'équipement, l'instruction, etc., il est nécessaire de les classer d'après l'arme et les subdivisions auxquelles ils appartiennent. C'est ce qui a lieu soit pour l'élite, soit pour la landwehr.

(Voir tableaux pages 96, 97, 98, 99, 100 et 101.)

| I. ÉLITE | Infanterie | | | | | Cavalerie | | | Artillerie | | | | | | | | | | |
|---|---|---|---|---|---|---|---|---|---|---|---|---|---|---|---|---|---|---|---|
| | Fusiliers | | | | | | | | | | | | | | | | | | |
| | Brigades | Régiments | Batail. répartis dans les régim. | Batail. surnum. des I^re^ et V^e^ div. | Batail. de carabin. | Régiments | Escadrons | Compag. de guides | Brigades | Régiments | Batteries attelées | Batteries de mont. | Nombre de pièces | Etats-majors du parc de division | Colonnes de parc | Bataillons du train | Div. d'artil. de posit. | Comp. de position | Comp. d'artificiers |
| Etat-major de l'armée | — | — | — | — | — | — | — | — | — | — | — | — | — | — | — | — | — | — | — |
| 8 états-maj. de divis. | — | — | — | — | — | — | — | — | — | — | — | — | — | — | — | — | — | — | — |
| Infanterie | 16 | 32 | 96 | 2 | 8 | — | — | — | — | — | — | — | — | — | — | — | — | — | — |
| Cavalerie | — | — | — | — | — | 8 | 24 | 12 | — | — | — | — | — | — | — | — | — | — | — |
| Artillerie | — | — | — | — | — | — | — | — | 8 | 25 | 48 | 2 | 300 | 8 | 16 | — | 4 | 10 | 2 |
| Génie [1] | — | — | — | — | — | — | — | — | — | — | — | — | — | — | — | | — | — | — |
| Troupes sanitaires [1] | — | — | — | — | — | — | — | — | — | — | — | — | — | — | — | 8 | — | — | — |
| Troupes d'administ. [1] | — | — | — | — | — | — | — | — | — | — | — | — | — | — | — | | — | — | — |
| Officiers disponibles [2] | — | — | — | — | — | — | — | — | — | — | — | — | — | — | — | — | — | — | — |
| Total | 16 | 32 | 96 | 2 | 8 | 8 | 24 | 12 | 8 | 25 | 48 | 2 | 300 | 8 | 16 | 8 | 4 | 10 | 2 |
| **II. LANDWEHR** | | | | | | | | | | | | | | | | | | | |
| Infanterie | 16 | 32 | 96 | 2 | 8 | — | — | — | — | — | — | — | — | — | — | — | — | — | — |
| Cavalerie | — | — | — | — | — | 8 | 24 | 12 | — | — | — | — | — | — | — | — | — | — | — |
| Artillerie [4] | — | — | — | — | — | — | — | — | — | — | 8 | — | 48 | — | 8 | — | 5 | 15 | 2 |
| Génie [5] | — | — | — | — | — | — | — | — | — | — | — | — | — | — | — | | — | — | — |
| Troupes sanitaires [6] | — | — | — | — | — | — | — | — | — | — | — | — | — | — | — | 8 | — | — | — |
| Troupes d'administ. [7] | — | — | — | — | — | — | — | — | — | — | — | — | — | — | — | | — | — | — |
| Officiers disponibles | — | — | — | — | — | — | — | — | — | — | — | — | — | — | — | — | — | — | — |
| Total [8] Landwehr | 16 | 32 | 96 | 2 | 8 | 8 | 24 | 12 | — | — | 8 | — | 48 | — | 8 | 8 | 5 | 15 | 2 |
| " Elite | 16 | 32 | 96 | 2 | 8 | 8 | 24 | 12 | 8 | 25 | 48 | 2 | 300 | 8 | 16 | 8 | 4 | 10 | 2 |
| Total général | 32 | 64 | 192 | 4 | 16 | 16 | 48 | 24 | 8 | 25 | 56 | 2 | 348 | 8 | 24 | 16 | 9 | 25 | 4 |

| | Elite | Landwehr | Total | En pour cent. Elite | En pour cent. Landwehr | En pour cent. Total |
|---|---|---|---|---|---|---|
| Etats-majors de l'armée et des divisions | 261 | — | 261 | 0,24 | — | 0,12 |
| Infanterie | 82 460 | 82 460 | 164 920 | 75,71 | 85,61 | 81,45 |
| Cavalerie | 8 524 | 3 492 | 7 016 | 3,32 | 3,63 | 3,45 |
| Artillerie | 12 282 | 4 714 | 17 026 | 11,26 | 4,92 | 8,48 |
| Génie | 3 872 | 3 872 | 7 744 | 3,65 | 4,02 | 3,82 |
| Troupes sanitaires | 2 384 | 390 | 2 774 | 2,24 | 0,40 | 1,36 |
| Troupes d'administration | 1 368 | 1 368 | 2 736 | 1,28 | 1,42 | 1,32 |
| Officiers disponibles | 2 | — | 2 | — | — | — |
| Total | 106 453 | 95 326 | 202 409 | 100 | 100 | 100 |

| | Combattants. Elite | Combattants. Landwehr | Combattants. Total |
|---|---|---|---|
| Infanterie | 76 480 | 76 480 | 152 968 |
| Cavalerie | 2 920 | — | 2 920 |
| Total des hommes | 79 400 | 76 480 | 155 880 |
| Artillerie, pièces de campagne | 300 | 48 | 348 |

| Génie | Troupes sanitaires | | Troupes d'administration | | | | | Chevaux | | | |
|---|---|---|---|---|---|---|---|---|---|---|---|
| Bataillons | Lazarets de campagne | | Compagnies d'administration | Officiers | Sous-officiers | Appointés et soldats | Totaux | de selle | de trait | Totaux | Voitures |
| — | — | | — | 55 | 12 | 10 | 77 | 90 | 20 | 110 | 10 |
| — | — | | — | 144 | 24 | 16 | 184 | 224 | 32 | 256 | 16 |
| — | — | | — | 2 922 | 11 846 | 67 692 | 82 460 | 1 142 | 1 474 | 2 616 | 684 |
| — | — | | — | 176 | 492 | 2 856 | 3 524 | 3 572 | 192 | 3 764 | 72 |
| — | — | | — | 661 | 1 168 | 10 450 | 12 282 | 1 617 | 6 862 | 8 479 | 1 448 |
| 8 | — | | — | 476 | 360 | 3 336 | 3 872 | 248 | 912 | 1 160 | 240 |
| — | — | | — | 304 | 224 | 1 856 | 2 384 | 160 | 848 | 1 008 | 304 |
| — | 8 | | 8 | 112 | 144 | 1 112 | 1 368 | 168 | 1 232 | 1 400 | 320 |
| — | — | | — | 2 | — | — | 2 | — | — | — | — |
| 8 | 8 | | 8 | 4 555 | 14 270 | 87 328 | 106 153 | 7 221 | 11 572 | 18 793 | 3 094 |
| | Ambulances | Colonnes de transport | | | | | | | | | |
| — | | | — | 2 922 | 11 846 | 67 692 | 82 460 | 1 142 | 1 474 | 2 616 | 684 |
| — | | | — | 144 | 492 | 2 856 | 3 492 | 3 572 | 192 | [3] 3 764 | 72 |
| — | | | — | 240 | 503 | 4 001 | 4 744 | 385 | 1 776 | 2 161 | 296 |
| 8 | — | — | — | 176 | 360 | 3 336 | 3 872 | 248 | 912 | 1 160 | 240 |
| — | 8 | 5 | 8 | 58 | 42 | 290 | 390 | 8 | 400 | 408 | 190 |
| — | — | — | — | 112 | 144 | 1 112 | 1 368 | 168 | 1 232 | 1 400 | 320 |
| — | — | — | — | — | — | — | — | — | — | — | — |
| 8 | 8 | 5 | 8 | 3 652 | 13 387 | 79 287 | 96 326 | 5 523 | 5 986 | 11 509 | 1 802 |
| 8 | 8 | | 8 | 4 555 | 14 270 | 87 328 | 106 153 | 7 221 | 11 572 | 18 793 | 3 094 |
| | 8 | | | | | | | | | | |
| 16 | 8 | 5 | 16 | 8 207 | 27 657 | 166 615 | 202 479 | 12 744 | 17 558 | 30 302 | 4 896 |

[1] Pour représenter l'état de l'armée active, sur pied de guerre, le bataillon du train n'a pas été compris avec l'artillerie, mais avec le bataillon du génie, le lazaret de campagne et l'administration; la IIe division du bataillon du train de landwehr, attachée au lazaret, se trouve ainsi comprise dans l'élite. Veut-on connaître séparément l'état de l'élite et de la landwehr, il faut déduire de la première : 24 officiers, 56 sous-officiers, 648 soldats, plus 96 chevaux de selle et 448 chevaux de trait, et les ajouter à la landwehr. L'effectif de l'élite proprement dit, sera alors de :

| | |
|---|---|
| 4 531 officiers | La landwehr, par contre, comptera 3 676 officiers |
| 14 214 sous-officiers | 13 443 sous-officiers |
| 86 680 soldats | 79 935 soldats |
| Tot. 105 425 h., 7 125 ch. de selle et 11 124 ch. de trait. | Total 97 054 h., 5 619 ch. de selle et 6 434 chevaux de trait. |

[2] Les deux officiers mentionnés ici appartiennent à l'état-major judiciaire; il est impossible d'indiquer les autres officiers disponibles, leur nombre n'étant pas fixé par la loi.

[3] En cas de guerre, la loi prévoit que les drag. et les guid. de la landw. seront montés.

[4] L'état-major du bataillon du train est compris dans ce chiffre. L'organisation des colonnes de parc de la landwehr doit être adaptée aux besoins de la landwehr. Ceci n'a pas encore pu se réaliser, c'est pourquoi on a admis l'effectif de la colonne A.

[5] Y compris la première division du bataillon du train de landwehr (train du génie).

[6] Le train des troupes sanitaires est adjoint à l'élite; il est donc nécessaire d'avoir recours ici à des chevaux de réquisition. Le service des ambulances exige 8 chevaux de selle et 80 chevaux de trait, et celui des colonnes de transport $5 \times 64 = 320$ chevaux, dont il est tenu compte dans ce chiffre.

[7] Y compris la troisième div. du bataillon du train de landw. (train de l'administration).

[8] Pour l'élite, l'état servant de base à la subsistance, a été augmenté de 994 hommes, en tenant compte des domestiques d'officiers (grand état-major et bataillons surnuméraires y compris); pour la landw., ce chiffre, selon les mêmes facteurs, est augmenté de 668 hommes.

| I. ÉLITE | | Etat-major général et des chemins de fer. | Infanterie | | | | Cavalerie | | | | Artillerie | | | |
|---|---|---|---|---|---|---|---|---|---|---|---|---|---|---|
| | | Officiers | Officiers | Sous-officiers | Soldats | Totaux | Officiers | Sous-officiers | Soldats | Totaux | Officiers | Sous-officiers | Soldats | Totaux |
| | Etat-major de l'armée . . | 10 | 16 | — | — | 16 | — | — | — | — | 8 | 1 | 10 | 19 |
| | 8 Etats-majors de division | 16 | 24 | — | — | 24 | — | — | — | — | — | — | 16 | 16 |
| Infanterie | 16 Etats-maj. de brig. | 16 | 32 | — | — | 32 | — | — | 16 | 16 | 16 | — | 16 | 32 |
| | 32 Etats-majors de rég. | — | 64 | 32 | — | 96 | — | — | 32 | 32 | — | 32 | 32 | 64 |
| | 98 Bataillons de fusiliers | — | 2156 | 10 486 | 58 604 | 71 246 | — | — | — | — | — | 98 | 588 | 686 |
| | 8 Bataillons de carab. | — | 176 | 856 | 4 752 | 5 784 | — | — | — | — | — | 8 | 48 | 56 |
| Cavalerie | 8 Etats-majors de rég. | — | — | — | — | — | 16 | — | — | 16 | — | — | — | — |
| | 24 Escadrons de dragons . , . . . . | — | — | — | — | — | 96 | 120 | 2616 | 2832 | | — | 96 | 96 |
| | 12 Compag. de guides | — | — | — | — | — | 24 | 84 | 408 | 516 | — | — | — | — |
| Artillerie | 8 Etats-majors de brig. | — | — | — | — | — | — | — | — | — | 32 | — | 8 | 40 |
| | 25 Etats-majors de rég. | — | — | — | — | — | — | — | — | — | 50 | — | — | 50 |
| | 8 Etats-majors de parc de division . . . . | — | — | — | — | — | — | — | — | — | 16 | — | — | 16 |
| | 48 Batteries attelées . | — | — | — | — | — | — | — | — | — | 240 | 720 | 6 480 | 7 740 |
| | 2 Batteries de mont. | — | — | — | — | — | — | — | — | — | 10 | 30 | 290 | 330 |
| | 16 Colonnes de parc . | — | — | — | — | — | — | — | — | — | 80 | 208 | 2 192 | 2 480 |
| | 8 Bataillons du train | — | — | — | — | — | — | — | — | — | 56 | 144 | 1 472 | 1 672 |
| | 4 Etats-major de divisions de position . | — | — | — | — | — | — | — | — | — | 8 | — | — | 8 |
| | 10 Compag. de position | — | — | — | — | — | — | — | — | — | 50 | 170 | 960 | 1 180 |
| | 2 Comp. d'artificiers . | — | — | — | — | — | — | — | — | — | 4 | 24 | 290 | 318 |
| | 8 Bataillons du génie . . | — | — | — | — | — | — | — | — | — | — | — | — | — |
| | 8 Lazarets de campagne . | — | — | — | — | — | — | — | — | — | — | — | — | — |
| | 8 Compag. d'administration | — | — | — | — | — | — | — | — | — | — | — | 16 | 16 |
| | Officiers disponibles . . | | — | — | — | — | — | — | — | — | — | — | — | — |
| | | 42 | 2468 | 11 374 | 63 356 | 77 198 | 136 | 204 | 3072 | 3412 | 570 | 1435 | 12 514 | 14 519 |

| Génie | | | | Troupes sanitaires | | | | | Troupes d'administ. | | | | | | | | |
|---|---|---|---|---|---|---|---|---|---|---|---|---|---|---|---|---|---|
| | | | | Personnel médic. | | | | | | | | | | | | | |
| Officiers | Sous-officiers | Soldats | Totaux | Officiers | Sous-offic. | Soldats | Totaux | Officiers vétér. | Officiers | Sous-officiers | Soldats | Totaux | Officiers judiciaires | Aumôniers | Secrétaires d'état-major | Totaux | Totaux |
| 3 | — | — | 3 | 3 | — | — | 3 | 3 | 8 | — | — | 8 | 2 | — | 13 | — | 77 |
| 16 | — | — | 16 | 16 | — | — | 16 | 16 | 40 | — | — | 40 | 8 | — | 32 | — | 184 |
| — | — | — | — | — | — | — | — | — | — | — | — | — | 16 | — | 16 | 128 | |
| 32 | — | — | 32 | — | — | — | — | — | 32 | — | — | 32 | — | 64 | — | 320 | 82 460 |
| — | 98 | 1568 | 1666 | 196 | 196 | 1764 | 2156 | — | 98 | — | — | 98 | — | — | — | 75 832 | |
| — | 8 | 128 | 136 | 16 | 16 | 144 | 176 | — | 8 | — | — | 8 | — | — | — | 6 160 | |
| — | — | — | — | 8 | — | — | 8 | — | 8 | — | — | 8 | — | — | — | 32 | |
| — | — | — | — | — | — | 24 | 24 | 24 | — | — | — | — | — | — | — | 2 976 | 3 524 |
| — | — | — | — | — | — | — | — | — | — | — | — | — | — | — | — | 516 | |
| — | — | | — | — | — | — | — | — | 8 | — | — | 8 | — | — | 8 | 56 | |
| — | — | — | — | — | — | — | — | — | — | — | — | — | — | — | — | 50 | |
| — | — | — | — | — | — | — | — | — | — | — | — | — | — | — | 8 | 24 | |
| — | — | — | — | 48 | — | 144 | 192 | 48 | — | — | | — | — | — | — | 7 680 | |
| — | — | — | — | 2 | — | 6 | 8 | 2 | — | — | — | — | — | — | — | 340 | 13 970 |
| — | — | — | — | 16 | — | 48 | 64 | 16 | — | — | — | — | — | — | — | 2 560 | |
| — | — | — | — | 8 | — | 16 | 24 | 16 | — | — | — | — | — | — | — | 1 712 | |
| — | — | — | — | — | — | — | — | — | — | — | — | — | — | — | — | 8 | |
| — | — | — | — | 10 | — | 30 | 40 | — | — | — | — | — | — | — | — | 1 220 | |
| — | — | — | — | — | — | 2 | 2 | — | — | — | — | — | — | — | — | 320 | |
| 128 | 304 | 2616 | 3048 | 16 | — | 72 | 88 | — | 8 | — | — | 8 | — | — | — | — | 3 444 |
| — | — | — | — | 216 | 168 | 1208 | 1592 | — | 48 | — | — | 48 | — | 16 | — | — | 1 656 |
| — | — | — | — | 8 | — | 8 | 16 | — | 72 | 56 | 248 | 376 | — | — | — | — | 408 |
| — | — | — | — | — | — | — | — | — | — | — | — | — | 2 | — | — | — | 2 |
| 179 | 440 | 4312 | 4901 | 563 | 380 | 3466 | 4409 | 125 | 330 | 56 | 248 | 634 | 28 | 80 | 77 | — | 105 425 |

| | II. LANDWEHR. | Etat-major général | Infanterie | | | | Cavalerie | | | | Artillerie | | | |
|---|---|---|---|---|---|---|---|---|---|---|---|---|---|---|
| | | Officiers | Officiers | Sous-officiers | Soldats | Totaux | Officiers | Sous-officiers | Soldats | Totaux | Officiers | Sous-officiers | Soldats | Totaux |
| Infanterie | 16 Etats-maj. de brig. | 16 | 32 | — | — | 32 | — | — | 16 | 16 | 16 | — | 16 | 32 |
| Infanterie | 32 Etats-majors de rég. | — | 64 | 32 | — | 96 | — | — | 32 | 32 | — | 32 | 32 | 64 |
| Infanterie | 98 Bataillons de fusiliers | — | 2156 | 10486 | 85604 | 74246 | — | — | — | — | — | 98 | 588 | 686 |
| Infanterie | 8 Bataillons de carab. | — | 176 | 856 | 4752 | 5784 | — | — | — | — | — | 8 | 48 | 56 |
| Caval. | 24 Escadr. de dragons | — | — | — | — | — | 96 | 120 | 2616 | 2832 | — | — | 96 | 96 |
| Caval. | 12 Compag. de guides | — | — | — | — | — | 24 | 84 | 408 | 516 | — | — | — | — |
| Artillerie | 8 Batteries attelées . | — | — | — | — | — | — | — | — | — | 40 | 120 | 1080 | 1240 |
| Artillerie | 8 Colonnes de parc . | — | — | — | — | — | — | — | — | — | 40 | 104 | 1096 | 1240 |
| Artillerie | 8 Bataillons du train | — | — | — | — | — | — | — | — | — | 72 | 200 | 2120 | 2392 |
| Artillerie | 5 Etats-majors de division de position . | — | — | — | — | — | — | — | — | — | 10 | — | — | 10 |
| Artillerie | 15 Compag. de position | — | — | — | — | — | — | — | — | — | 75 | 255 | 1440 | 1770 |
| Artillerie | 2 Comp. d'artificiers . | — | — | — | — | — | — | — | — | — | 4 | 24 | 290 | 318 |
| | 8 Bataillons du génie . . | — | — | — | — | — | — | — | — | — | — | — | — | — |
| | 8 Ambulances . . . . . | — | — | — | — | — | — | — | — | — | — | — | — | — |
| | 5 Col. de transp. de réserve | — | — | — | — | — | — | — | — | — | — | — | — | — |
| | 8 Compag. d'administration | — | — | — | — | — | — | — | — | — | — | — | 16 | 16 |
| | Officiers disponibles . . | — | — | — | — | — | — | — | — | — | — | — | — | — |
| | Total : Landwehr . | 16 | 2428 | 11374 | 63356 | 77158 | 120 | 204 | 3072 | 3396 | 257 | 841 | 6822 | 7920 |
| | » Elite . . . | 42 | 2468 | 11374 | 63356 | 77198 | 136 | 492 | 2784 | 3412 | 570 | 1435 | 12514 | 14519 |
| | Total général . . . | 58 | 4896 | 22748 | 126712 | 154356 | 256 | 696 | 5856 | 6808 | 827 | 2276 | 19336 | 22439 |

## RÉCAPITULATION

Etat-major général . . . . . . . . .
Infanterie . . . . . . . . . . .
Cavalerie . . . . . . . . . . .
Artillerie. . . . . . . . . . .
Génie . . . . . . . . . . . .
Troupes sanitaires . . . . . . .
Troupes d'administration . . . . . .
Officiers judiciaires . . . . . . . .
Aumôniers . . . . . . . . . .
Secrétaires d'état-major . . . . . . .
Totaux . . .

| Génie | | | | Troupes sanitaires | | | | | Troupes d'administr. | | | | Officiers judiciaires | Aumôniers | Secrétaires d'état-major | Totaux | Totaux |
|---|---|---|---|---|---|---|---|---|---|---|---|---|---|---|---|---|---|
| | | | | Person. médical | | | | Officiers-vétér. | | | | | | | | | |
| Officiers | Sous-officiers | Soldats | Totaux | Officiers | Sous-offic. | Soldats | Totaux | | Officiers | Sous-officiers | Soldats | Totaux | | | | | |
| — | — | — | — | — | — | — | — | — | — | — | — | — | 16 | — | 16 | 128 | |
| 32 | — | — | 32 | — | — | — | — | — | 32 | — | — | 32 | — | 64 | — | 320 | 82 460 |
| — | 98 | 1568 | 1666 | 196 | 196 | 1764 | 2156 | — | 98 | — | — | 98 | — | — | — | 75 852 | |
| — | 8 | 128 | 136 | 16 | 16 | 144 | 176 | — | 8 | — | — | 8 | — | — | — | 6 160 | |
| — | — | — | — | — | — | 24 | 24 | 24 | — | — | — | — | — | — | — | 2 976 | 3 492 |
| — | — | — | — | — | — | — | — | — | — | — | — | — | — | ... | — | 516 | |
| — | — | — | — | 8 | — | 24 | 32 | 8 | — | — | — | — | — | — | — | 1 280 | |
| — | — | — | — | 8 | — | 24 | 32 | 8 | — | — | — | — | — | — | — | 1 280 | |
| — | — | — | — | 8 | — | 16 | 24 | 24 | — | — | — | — | — | — | ... | 2 440 | |
| | | | | | | | | | | | | | | | | | 7 460 |
| — | — | — | — | — | — | — | — | — | — | — | — | — | — | — | — | 10 | |
| — | — | — | — | 15 | — | 45 | 60 | — | | | | | — | — | — | 1 890 | |
| — | — | — | — | — | — | 2 | 2 | ... | — | — | — | — | — | — | — | 320 | |
| 128 | 304 | 2616 | 3048 | 16 | — | 72 | 88 | — | 8 | — | — | 8 | — | — | — | — | 3 444 |
| — | — | — | — | 40 | 32 | 240 | 312 | — | 8 | — | — | 8 | — | — | — | 320 | 390 |
| — | — | — | — | 40 | 40 | 30 | 70 | — | — | — | — | — | — | — | — | 70 | |
| — | — | — | — | 8 | — | 8 | 16 | — | 72 | 56 | 248 | 376 | — | — | — | — | 408 |
| — | — | — | — | — | — | — | — | — | — | — | — | — | — | — | — | — | |
| 160 | 410 | 4317 | 4882 | 325 | 254 | 2413 | 2992 | 64 | 226 | 56 | 248 | 530 | 16 | 64 | 16 | — | 97 054 |
| 179 | 410 | 4312 | 4901 | 563 | 380 | 3466 | 4409 | 125 | 330 | 56 | 248 | 634 | 28 | 80 | 77 | — | 105 425 |
| 339 | 820 | 8624 | 9783 | 888 | 634 | 5879 | 7401 | 189 | 556 | 112 | 496 | 1164 | 44 | 144 | 93 | — | 202 479 |

| Elite | Landw. | Totaux | En pour cent Elite | En pour cent Landw. | En pour cent Totaux |
|---|---|---|---|---|---|
| 42 | 16 | 58 | 0,04 | 0,02 | 0,02 |
| 77198 | 77158 | 154356 | 73,24 | 79,50 | 76,23 |
| 3412 | 3396 | 6808 | 3,25 | 3,50 | 3,37 |
| 14519 | 7920 | 22439 | 13,76 | 8,16 | 11,06 |
| 4901 | 4882 | 9783 | 4,65 | 5,02 | 4,84 |
| 4534 | 3056 | 7590 | 4,30 | 3,15 | 3,75 |
| 634 | 530 | 1164 | 0,61 | 0,55 | 0,58 |
| 28 | 16 | 44 | 0,02 | 0,02 | 0,02 |
| 80 | 64 | 144 | 0,08 | 0,06 | 0,08 |
| 77 | 16 | 93 | 0,07 | 0,02 | 0,04 |
| 105425 | 97054 | 202479 | 100,00 | 100,00 | 100,00 |

# ÉTAT RÉGLEMENTAIRE DE L'ARMÉE FÉDÉRALE

**Officiers, sous-officiers et soldats[1] de l'élite et de la landwehr 1881.**

| TROUPES | | | | OFFICIERS | | | SOUS-OFFICIERS | | | SOLDATS | | | TOTAUX | | |
|---|---|---|---|---|---|---|---|---|---|---|---|---|---|---|---|
| Nomb. | Elite (E.) | Nomb. | Landwehr (L.) | E. | L. | TOTAL | E. | L. | TOTAL | E. | L. | TOTAL | E. | L. | TOTAL |
| 1 | Etat-major de l'armée | — | — | 66 | — | 66 | 1 | — | 1 | 10 | — | 10 | 77 | — | 77 |
| 8 | Etats-majors des divis. | — | — | 168 | — | 168 | — | — | — | 16 | — | 16 | 184 | — | 184 |
| 16 | Etats-majors des brigad. | 16 | Etats-majors des brigad. | 96 | 96 | 192 | — | — | — | 32 | 32 | 64 | 128 | 128 | 256 |
| 32 | » des régim. | 32 | » des régim. | 192 | 192 | 384 | 64 | 64 | 128 | 64 | 64 | 128 | 320 | 320 | 640 |
| 98 | Bataillons de fusiliers | 98 | Bataillons de fusiliers | 2450 | 2450 | 4900 | 10878 | 10878 | 21756 | 62524 | 62524 | 125048 | 75852 | 75852 | 151704 |
| 8 | » de carabiniers | 8 | » de carabiniers | 200 | 200 | 400 | 888 | 888 | 1776 | 5072 | 5072 | 10144 | 6160 | 6160 | 12320 |
| | | | Infanterie : Total | 2938 | 2938 | 5876 | 11830 | 11830 | 23660 | 67692 | 67692 | 135384 | 82460 | 82460 | 164920 |
| 8 | Etats-majors des régim. | — | — | 32 | — | 32 | — | — | — | — | — | — | 32 | — | 32 |
| 24 | Escadrons de dragons | 24 | Escadrons de dragons | 120 | 120 | 240 | 120 | 120 | 240 | 2736 | 2736 | 5472 | 2976 | 2976 | 5952 |
| 12 | Compagnies de guides | 12 | Compagnies de guides | 24 | 24 | 48 | 84 | 84 | 168 | 408 | 408 | 816 | 516 | 516 | 1032 |
| | | | Cavalerie : Total | 176 | 144 | 320 | 204 | 204 | 408 | 3144 | 3144 | 6288 | 3524 | 3492 | 7016 |
| 8 | Etats-majors des brigad. | — | — | 48 | — | 48 | — | — | — | 8 | — | 8 | 56 | — | 56 |
| 25 | » des régim. | — | — | 50 | — | 50 | — | — | — | — | — | — | 50 | — | 50 |
| 8 | » du parc des div. | — | — | 24 | — | 24 | — | — | — | — | — | — | 24 | — | 24 |
| 48 | Batteries attelées | 8 | Batteries attelées | 336 | 56 | 392 | 720 | 120 | 840 | 6624 | 1104 | 7728 | 7680 | 1280 | 8960 |
| 2 | » de montagne | — | — | 14 | — | 14 | 30 | — | 30 | 296 | — | 296 | 340 | — | 340 |
| 16 | Colonnes de parc | 8 | Colonnes de parc | 112 | 56 | 168 | 208 | 104 | 312 | 2240 | 1120 | 3360 | 2560 | 1280 | 3840 |
| 8 | Bataillons de train | 8 | Bataillons de train | 80 | 104 | 184 | 144 | 200 | 344 | 1488 | 2136 | 3624 | 1712 | 2440 | 4152 |
| 4 | Etats-maj. de l'art. de pos. | 5 | Etats-maj. de l'art. de pos. | 8 | 10 | 18 | — | — | — | — | — | — | 8 | 10 | 18 |
| 10 | Compagnies de position | 15 | Compagnies de position | 60 | 90 | 150 | 170 | 255 | 425 | 990 | 1485 | 2475 | 1220 | 1830 | 3050 |
| 2 | » d'artificiers | 2 | » d'artificiers | 4 | 4 | 8 | 24 | 24 | 48 | 292 | 292 | 584 | 320 | 320 | 640 |
| | | | Artillerie : Total | 736 | 320 | 1056 | 1296 | 703 | 1999 | 11938 | 6137 | 18075 | 13970 | 7160 | 21130 |
| 8 | Bataillons de génie | 8 | Bataillons de génie | 152 | 152 | 304 | 304 | 304 | 608 | 2688 | 2688 | 5376 | 3144 | 3144 | 6288 |
| 8 | Lazarets de campagne | 8 | Ambulances | 280 | 48 | 328 | 168 | 32 | 200 | 1208 | 240 | 1448 | 1656 | 320 | 1976 |
| | | 5 | Colonnes de transport de la réserve de l'armée | — | 10 | 10 | — | 10 | 10 | — | 50 | 50 | — | 70 | 70 |
| | | | Troupes sanitaires : Total | 280 | 58 | 338 | 168 | 42 | 210 | 1208 | 290 | 1498 | 1656 | 390 | 2046 |
| 8 | Compag. d'administration | 8 | Compagnies d'administ. | 80 | 80 | 160 | 56 | 56 | 112 | 272 | 272 | 544 | 408 | 408 | 816 |
| 2 | Offic. de Justice dispon. | — | — | 2 | — | 2 | — | — | — | — | — | — | 2 | — | 2 |
| | | | Total général | 4598 | 3692 | 8290 | 13859 | 13139 | 26998 | 86968 | 80223 | 167191 | 105425 | 97054 | 202479 |

[1] Après l'incorporation dans leurs unités tactiques.

Les hommes dont l'instruction spéciale doit être prise en considération, se répartissent de la manière suivante entre les différentes armes de l'élite :

*1. Fourriers.*

| | Nombre |
|---|---|
| Infanterie . . . . . . . . . . . . . . . . . | 424 |
| Cavalerie . . . . . . . . . . . . . . . . . | 24 |
| Artillerie . . . . . . . . . . . . . . . . . | 94 |
| Génie . . . . . . . . . . . . . . . . . . | 24 |
| Troupes sanitaires (chaque lazaret a un secrétaire) | — |
| Troupes d'administration . . . . . . . . . . . | 40 |
| Total . . . | 606 |

*2. Ouvriers.*

| | Sous-offic. d'armement | Armuriers | Maréchaux ferrants | Serruriers | Charrons | Selliers | Boulang. | | Bouchers | | Forgerons |
|---|---|---|---|---|---|---|---|---|---|---|---|
| | | | | | | | Sous-officiers | Soldats | Sous-officiers | Soldats | |
| Infanterie . . . | 106 | 212 | — | — | — | — | — | — | — | — | — |
| Cavalerie . . . | — | — | 60 | — | — | 24 | — | — | — | — | — |
| Artillerie . . . | — | — | 172 | 70 | 76 | 164 | — | — | — | — | — |
| Génie . . . . . | — | 8 | — | 16 | 8 | — | — | — | — | — | — |
| Troupes sanit. . | — | — | — | — | — | — | — | — | — | — | — |
| » d'admin. | — | — | — | — | — | — | 8 | 160 | 8 | 80 | 8 |
| Total . . . | 106 | 220 | 232 | 86 | 84 | 188 | 8 | 160 | 80 | 80 | 8 |

*3. Trompettes et tambours.*

| | Trompettes | | | Tambours |
|---|---|---|---|---|
| | Montés | Non-montés | | |
| | | Sous-officiers | Soldats | |
| Etats-maj. des corps comb. | 48 | — | — | — |
| Infanterie . . . . . . . | — | 106 | 1304 | 784 |
| Cavalerie . . . . . . . | — | — | 132 | — |
| Artillerie . . . . . . . | 304 | — | 44 | — |
| Génie . . . . . . . . . | — | — | — | 48 |
| Troupes sanitaires. . . . | — | — | — | — |
| » d'administration . | — | — | — | — |
| Total . . . | 352 | 106 | 1480 | 832 |

### 4. *Subdivisions de l'artillerie.*

| | | Sous-officiers | Appointés et soldats | Totaux |
|---|---|---|---|---|
| Canonniers | | 506 | 3578 | 4084 |
| Train | | 528 | 4656 | 5184 |
| Artificiers | | 24 | 286 | 310 |
| Parc | Canonniers du parc | 80 | 736 | 816 |
| | Train | 128 | 1328 | 1456 |
| Artillerie de montagne | Canonniers | 14 | 270 | 300 |
| | Train | 16 | | |
| Train de ligne | | 32 | 918 | 950 |
| | Total | 1328 | 11 772 | 13 100 |

### 5. *Subdivisions du génie.*

| | | Sous-officiers | Appointés et soldats | Totaux |
|---|---|---|---|---|
| Sapeurs | | 96 | 1056 | 1152 |
| Pontonniers | | 96 | 816 | 912 |
| Pionniers du génie | *a)* Pion. de la sect. du télég. | 40 | 192 | 232 |
| | *b)* Télégraphistes | 8 | 64 | 72 |
| | *c)* Pion. de la sec. des ch. de fer | 48 | 408 | 456 |
| | *d)* 1 serg.-maj. et 1 fourrier de la comp. des pionniers | 16 | — | 16 |
| Pionniers d'infanterie | | 106 | 1696 | 1802 |
| | Total | 410 | 4232 | 4642 |

### 6. *Subdivisions des troupes sanitaires.*

| | | Sous-officiers | Appointés et soldats | Totaux |
|---|---|---|---|---|
| Infirmiers | | 194 | 1186 | 1380 |
| Brancardiers | | 186 | 2272 | 2458 |
| Secrétaires | | — | 8 | 8 |
| | Total | 380 | 3466 | 3846 |

Nous joignons aux indications ci-dessus quelques notices statistiques sur la proportion numérique des officiers et sous-officiers, d'après les différentes armes, et comparativement aux armées des Etats qui nous avoisinent.

(Ces indications, pour ce qui concerne les autres Etats, sont puisées dans l'*Etude comparative des différents systèmes militaires*, Vienne, 1874.)

| | Un officier supérieur sur le nomb. d'offic. ci-dessous | | | Un officier sur le nombre d'hom. ci-dessous [1] | | | Par pièce il y a le nombre d'offic. ci-dessous | Un médecin sur le nombre d'hom. ci-dessous | Un vétérin. sur le nomb. de chev. ci-dessous | Par 1000 hom. le nomb. d'employés d'admin. ci-des. |
|---|---|---|---|---|---|---|---|---|---|---|
| | Infanterie | Cavalerie | Artillerie | Infanterie | Cavalerie | Artillerie | | | | |
| Suisse. . . . | 15,09 | 17 | 8,84 | 03,4 | 24 | 24,8 | 1,42 [2] | 206 | 150 | 3 |
| Autriche-Hong. | 10,64 | 11,53 | 18,84 | 23,05 | 28 | — | 1,5 | 296 | 593 | 1,48 |
| Emp. allemand | 10,4 | 10,5 | 11,4 | 32,4 | 33 | — | 0,66 | 239 | 159 | 1,5 |
| France . . . | 12,44 | 8,55 | 7,05 | 21,62 | 12,7 | — | 1,21 | 372 | 221 | 1,7 |
| Italie . . . . | 9 | 8 | 7 | 25 | 22 | — | 0,75 | 340 | 262 | 1,45 |

| | Un sous-officier par | | | Par pièce, le nombre de sous-officiers ci-dessous. |
|---|---|---|---|---|
| | Hommes | Chevaux | Hommes | |
| | Infanterie | Cavalerie | Artillerie | |
| Suisse . . . . . . . . | 5,5 | 24,8 | 8,8 | 2,5 |
| Autriche-Hongrie . . . | 11,4 | 8,6 | — | 1,6 |
| Empire-allemand . . . | 11,04 | 9 | — | 2,05 |
| France . . . . . . . . | 21,6 | 18,7 | — | 3,05 |
| Italie . . . . . . . . . | 5,05 | 4,06 | — | 3,05 |

## B. Effectifs réels.

Après avoir fait connaître les effectifs de l'armée, tels qu'ils sont prévus par les ordonnances, il nous reste à indiquer les effectifs réels, selon les registres de contrôle, au 1er janvier 1882. Cette récapitulation est faite en énumérant tous les corps de troupes organisés.

Pour constater le nombre d'hommes disponibles, il est nécessaire de réduire du 12 % les chiffres indiqués dans le tableau suivant.

[1] Pour les Etats étrangers, ce sont les chiffres du pied de paix qui sont pris en considération.

L'augmentation du nombre d'officiers qui, dans les armées permanentes, est nécessaire en temps de guerre, est très considérable ; elle atteint par exemple les proportions suivantes :

En Allemagne, de 17 033 à 30 618.
En Autriche, de 13 644 à 27 589.
En Italie, de 12 421 à 20 228.

Il ne faut pas perdre de vue que les officiers de réserve et de landwehr suffisent, en grande partie, aux besoins.

L'expérience a prouvé que, pour tenir compte de tous les hommes exemptés temporairement, absents, portés à double, etc., les effectifs des contrôles devaient être diminués dans cette proportion. Cependant, pour les officiers et la cavalerie, les proportions sont bien plus favorables, par le motif qu'ils appartiennent surtout à la population stable.

## Effectifs réels de l'armée fédérale au 1er Janvier 1882.

| I. ÉLITE | | Officiers | Sous-officiers | Appointés et soldats | Totaux | Officiers | Sous-officiers | Appointés et soldats | Totaux |
|---|---|---|---|---|---|---|---|---|---|
| Etat-maj. de l'arm. | | — | — | — | — | 26 | — | — | 26 |
| 8 états-majors de division . . . | | — | — | — | — | 119 | 23 | 20 | 162 |
| Infanterie | 16 états-maj. de brigades | 75 | 16 | 27 | 118 | | | | |
| | 32 états-maj. de régim. . | 116 | 50 | 61 | 227 | | | | |
| | 98 bataillons de fusiliers | 2458 | 9704 | 70311 | 82473 | 2861 | 10666 | 76284 | 89811 |
| | 8 batail. de carabiniers . | 212 | 896 | 5885 | 6993 | | | | |
| Cavalerie | 8 états-majors de régimts . | 31 | — | — | 31 | | | | |
| | 24 escadrons de dragons | 131 | 345 | 2008 | 2484 | 189 | 410 | 2423 | 3022 |
| | 12 compagnies de guides . | 27 | 65 | 415 | 507 | | | | |
| Artillerie | 8 états-majors de brigades | 35 | 8 | — | 43 | | | | |
| | 25 états-maj. de régim. . | 46 | — | — | 46 | | | | |
| | 8 étatts-maj. de parc de div. | 15 | 6 | — | 21 | | | | |
| | 48 bat. attelées | 378 | 782 | 8045 | 9205 | | | | |
| | 2 bat. de mont. | 15 | 40 | 357 | 412 | 722 | 1341 | 14577 | 16640 |
| | 16 col. de parc | 102 | 182 | 2563 | 2847 | | | | |
| | 8 bat. du train | 62 | 149 | 2073 | 2284 | | | | |
| | 4 étatts-maj. de div. de pos. | 8 | — | — | 8 | | | | |
| | 10 compag. de position . . | 60 | 146 | 1230 | 1436 | | | | |
| | 2 com. d'artif. | 5 | 24 | 309 | 338 | | | | |
| 8 batail. du génie | | — | — | — | — | 150 | 192 | 3429 | 3771 |
| 8 lazar. de camp. | | — | — | — | — | 241 | 101 | 1317 | 1659 |
| 8 comp. d'admin. | | — | — | — | — | 78 | 97 | 553 | 728 |
| Officiers dispon. | | — | — | — | — | 222 | 27 | — | 249 |
| Total . . | | — | — | — | — | 4608 | 12857 | 98603 | 116068 |

| II. LANDWEHR | | Officiers | Sous-officiers | Appointés et soldats | Totaux | Officiers | Sous-officiers | Appointés et soldats | Totaux |
|---|---|---|---|---|---|---|---|---|---|
| Infanterie | 16 états-maj. de brigades | 32 | 25 | — | 57 | 2032 | 11608 | 65728 | 79368 |
| | 32 états-maj. de régim. . | 92 | 5 | — | 97 | | | | |
| | 98 bataillons de fusiliers | 1723 | 10546 | 61196 | 73465 | | | | |
| | 8 batail. de carabiniers . | 185 | 1032 | 4532 | 5749 | | | | |
| Cavalerie | 24 escadrons de dragons | 55 | 335 | 1740 | 2130 | 69 | 428 | 1956 | 2453 |
| | 12 compag. de guides . . | 14 | 93 | 216 | 323 | | | | |
| Artillerie | 8 bat. attelées | 36 | 343 | 1748 | 2127 | 165 | 1528 | 6631 | 8324 |
| | 8 col. de parc | 39 | 500 | 1925 | 2464 | | | | |
| | 8 bat. du train | 37 | 229 | 1375 | 1641 | | | | |
| | 5 états-maj. de div. de pos. | 7 | — | — | 7 | | | | |
| | 15 compag. de position. . | 42 | 430 | 1523 | 1995 | | | | |
| | 2 com. d'artif. | 4 | 26 | 60 | 90 | | | | |
| 8 batail. du génie | | — | — | — | — | 77 | 176 | 1278 | 1531 |
| Sanit. | 8 ambulances | 76 | 38 | 189 | 303 | 85 | 49 | 248 | 382 |
| | 5 col. de trans. de réserve . | 9 | 11 | 59 | 79 | | | | |
| 8 comp. d'admin. | | — | — | — | — | 23 | 52 | 45 | 120 |
| Officiers dispon. | | — | — | — | — | — | — | — | — |
| Total : landwehr | | — | — | — | — | 2451 | 13841 | 75886 | 92178 |
| » élite . . | | — | — | — | — | 4608 | 12857 | 98603 | 116068 |
| Total général | | — | — | — | — | 7059 | 26698 | 174489 | 208246 |

| I. ÉLITE | Effectifs réglementaires. | Effectifs réels admissibles. 88 °/₀ des effectifs des contrôles. | Surnuméraires. | Manquants. |
|---|---|---|---|---|
| Etat-major de l'armée . | 77 | 23 | — | 54 |
| Etats-majors des Divis. | 184 | 143 | — | 41 |
| Infanterie . . . . . . | 82460 | 79034 | — | 3426 |
| Cavalerie . . . . . . | 3524 | 2695 | — | 829 |
| Artillerie . . . . . . | 13970 | 14643 | 673 | — |
| Génie . . . . . . . | 3144 | 3318 | 174 | — |
| Troupes sanitaires . . | 1656 | 1460 | — | 196 |
| Troupes d'administrat. | 408 | 641 | 233 | — |
| Offic. et secrét. disponib. | 2 | 219 | 217 | — |
| | 105425 | 102176 | 1297 | 4546 |
| Manquants | — | — | 3249 | |
| **II. LANDWEHR** | | | | |
| Infanterie . . . . . . | 82460 | 69844 | — | 12616 |
| Cavalerie . . . . . . | 3492 | 2159 | — | 1333 |
| Artillerie . . . . . . | 7160 | 7325 | 165 | — |
| Génie . . . . . . . | 3144 | 1347 | — | 1797 |
| Troupes sanitaires . . | 390 | 336 | — | 54 |
| Troupes d'administrat. | 408 | 106 | — | 302 |
| Offic. et secrét. disponib. | — | — | — | — |
| | 97054 | 81117 | 165 | 16102 |
| Manquants | — | — | 15937 | |
| Elite et Landwehr | 202479 | 183293 | Manquants : 19186 | |

Si on compare l'effectif réglementaire à l'effectif réel, qui peut être admis, on remarque que les différentes unités, soit de l'élite, soit de la landwehr, sont encore incomplètes. Cette lacune sera cependant comblée par l'incorporation des recrues de 1882 et les effectifs compteront alors des surnuméraires.

Depuis l'entrée en vigueur de la nouvelle loi sur l'organisation militaire, l'armée fédérale a subi une augmentation d'environ 5000 hommes, par suite d'une application plus rigoureuse de l'obligation de servir.

# III. Numérotage et répartition des corps de troupes[1].

## A. Elite.

Les divisions d'armée portent les numéros I-VIII.

On numérote, en suivant, dans l'armée active :

1. Les brigades d'infanterie de I-XVI, de manière que la Ire et la IIe appartiennent à la première division, la IIIe et la IVe à la deuxième et ainsi de suite.

2. Les régiments d'infanterie de 1-32, en sorte que les 1er et 2e régiments forment la Ire brigade, les 3e et 4e la IIe, etc.

3. Les bataillons de fusiliers de 1-99. 1-3 forment le premier régiment, 4-6 le deuxième, etc., ou, en d'autres termes, les bataillons 1-12 appartiennent à la première division, 13-24 à la seconde, et ainsi de suite. Les bataillons surnuméraires des Ire et Ve divisions portent les numéros les plus élevés, 98 et 99. Le numéro 97 est inoccupé.

4. Les bataillons de carabiniers de 1-8. No 1 à la première division et ainsi de suite.

5. Les régiments de cavalerie de 1-8. No 1 appartient à la première division, etc.

6. Les escadrons de dragons de 1-24. Nos 1 à 3 forment le premier régiment et ainsi de suite.

7. Les compagnies de guides de 1-12. Nos 1-8 appartiennent aux divisions dont les numéros correspondent; nos 9-12 sont à la disposition de l'état-major de l'armée.

8. Les brigades d'artillerie et les parcs de division de I-VIII font partie des divisions portant les mêmes numéros.

9. Les batteries d'artillerie Nos 1-6 appartiennent à la première, 7-12 à la deuxième division, et ainsi de suite.

10. Les colonnes de parc de 1-16. Nos 1 et 2 à la Ire division, etc.

[1] Voir ordonnance du 15 mars 1875. F. M. F., No 22 ; arrêté du Conseil fédéral du 28 mars 1875. F. M. F., 1875, No 29; ordonnance du 1er mars 1876. F. M. F., No 42 et arrêté fédéral du 3 mars 1876. F. M. F., No 43.

11. Les bataillons du train de 1-8 et font partie des divisions correspondantes.

12. Les compagnies de position de 1-10.

| | |
|---|---|
| 13. Les huit bataillons du génie,<br>14. Les huit lazarets de campagne,<br>15. Les huit compagnies d'administration, | sont répartis dans les divisions portant les mêmes n^os^. |

16. Les ambulances de 1-40. Les cinq premières forment le lazaret I et ainsi de suite.

Les numéros ne se suivent pas pour les corps indiqués ci-dessous :

1. Les régiments d'artillerie ; ils sont numérotés, dans chaque brigade, de 1-3.

Le premier régiment est composé des deux batteries portant les deux plus petits numéros, le second, des deux suivantes, et ainsi de suite.

Une transposition a lieu : *a*) dans la V^e^ division, où les batteries de campagne 25 et 28 forment le premier régiment et 26 et 27 le deuxième ; *b*) dans la VII^e^ division, le premier régiment se compose des batteries 37 et 41, le second, des batteries 38 et 39, et le troisième des batteries 40 et 42.

Les batteries de 10 *cm* sont réunies par deux, dans les divisions et régiments suivants : I², III¹, IV², V¹, VI², VII¹.

2. Les batteries de montagne ; elles portent les numéros 61 et 62, et suivent ainsi le numérotage des batteries de campagne, avec une interruption de 12 numéros, afin de permettre l'intercalation de batteries nouvellement organisées.

3. Les compagnies d'artificiers portent les n^os^ 1 et 2.

Nous essayons, par le tableau suivant, d'indiquer les rapports existant entre le numérotage, la division territoriale et les cantons :

| Division d'armée. | CANTONS | Unités de troupes des Cantons. | | | | | | Unités de troupes de la Confédération | | |
|---|---|---|---|---|---|---|---|---|---|---|
| | | Bataillons de fusiliers. | Bataillons de carabiniers. | Escadrons de dragons. | Batteries attelées [1]. | Batteries de montag. | Comp. de position [2]. | Comp. de guides | Colonnes de parc | Batail. du train Bat. du génie [3] Laz. de camp. Comp. d'admin. |
| I | Vaud. . . . . | 1—9 | 1 | 1—3 | 3, 4, 5, 6 | — | 8 et 9 | | | |
| | Genève . . . . | 10—11 | — | — | 1—2 | — | 10 | 1 | 1 et 2 | 1 |
| | Valais-le-Bas . | 12 et 98 | — | — | — | — | — | 9 | | |
| II | Fribourg . . . | 13—17 | 1 Comp. | 5 et 6 | 9 | — | 3 | | | |
| | Neuchâtel. . . | 18—20 | 2 » | — | 10 et 11 | — | — | 2 | 3 et 4 | 2 |
| | Berne . . . . | 21—24 | — } 2 | — | 12 | — | — | | | |
| | Genève . . . | — | 3 Comp. | — | — | — | — | — | — | |
| | Valais . . . | — | 4 » | — | — | — | — | — | — | |
| | Vaud . . . . | — | — | 4 | 7 et 8 | — | — | — | — | |
| III | Berne . . . . | 25—36 | 3 | 7—9 | **13, 14,** 15, 16, 17, 18 | — | 2 | 3 | 5 et 6 | 3 |
| IV | Berne . . . . | 37—40 | 1,2 Comp. | 10—12 | 19, 20, **21** | — | — | | | |
| | Lucerne . . . | 41—46 | 3 » | — | **22** | — | — | 10 | | |
| | Unterwald-le-Ht | 1,2,3 Cmp. } 47 | — } 4 | — | — | — | — | 4 | 7 et 8 | 4 |
| | Unterwald-le-Bs | 4 » | 4 Comp. | — | — | — | — | | | |
| | Zoug. . . . . | 48 | — | — | — | — | — | | | |
| | Argovie . . . | — | — | — | 23 et 24 | — | — | — | — | |
| V | Soleure. . . . | 49—51 | 2 Comp. | 14 | 29 et 30 | — | — | | | |
| | Bâle-Campagne | 52 et 53 | 4 » | — | 27 | — | — | | | |
| | Bâle-Ville . . . | 54 | — } 5 | — | **28** | — | 4 | 5 | 9 et 10 | 5 |
| | Argovie. . . . | 55—60 et 99 | 1,2 Comp. | 15 | **25** et 26 | — | 7 | | | |
| | Berne . . . | — | — | 13 | — | — | — | | | |
| VI | Schaffhouse . . | 64 | — | 16 | — | — | — | 11 | | |
| | Zurich . . . . | 62—71 | 6 | 17—18 | **33, 34,** 35, 36 | — | 1 | 6 | 11 et 12 | 6 |
| | Schwytz . . . | 72 | — | — | — | — | — | | | |
| | Argovie . . . | — | — | — | 31 et 32 | — | — | | | |
| VII | Turgovie . . . | 73—75 | 1 Comp. | 19 | 38 et 39 | — | — | | | |
| | St-Gall . . . . | 76—82 | 3 et 4 » | 20 et 21 | 41 et 42 | — | 6 | | | |
| | Appenzell R.-E. | 83 1 et 2 } 84 | 2 Comp. } 7 | — | 40 | — | 5 | 7 | 13 et 14 | 7 |
| | Appenzell R.-I. . | — 3 et 4 | — | — | — | — | — | | | |
| | Zurich . . . | — | — | — | **37** | — | — | — | — | |
| VIII | Glaris . . . . | 85 | 3 Comp. | — | — | — | — | 12 | | |
| | Schwytz . . . | 86 | 4 » | — | — | — | — | | | |
| | Uri . . . . . | 87 | — } 8 | — | — | — | — | | | |
| | Valais-le-Haut . | 88 et 89 | — | — | — | 62 | — | 8 | 15 et 16 | 8 |
| | Grisons. . . . | 90—93 | 1 Comp. | — | — | 61 | — | | | |
| | Tessin . . . . | 94—96 | 2 » | — | **48** | — | — | | | |
| | Lucerne . . | — | — | 22 | 45 et 46 | — | — | — | — | |
| | Argovie . . . | — | — | 23 | — | — | — | — | — | |
| | Zurich . . . | — | — | 24 | 47 | — | — | — | — | |
| | St-Gall . . . | — | — | — | 43 et 44 | — | — | — | — | |

[1] Les numéros des batteries de 10 *cm.* sont indiqués en caractères gras.

[2] Organisation des divisions d'artillerie de position :

| I. | II. | III. | IV. |
|---|---|---|---|
| 8. 9. 10. | 2. 3. | 4. 7. | 1. 5. 6. |

[3] Pour ce qui concerne le recrutement des bataillons du génie, voir page 36.

## B. Landwehr.

Les unités de troupes de la landwehr correspondent à celles de l'élite et sont numérotées de la même manière. Pour les distinguer, on a placé une petite étoile devant et derrière le numéro.

On a dû s'écarter du numérotage de l'élite pour les corps suivants :

| CANTONS | Batteries attelées N$^{os}$ | A la Division | Compagnies de position N$^{os}$ | Col. de parc et Ambulances Div. N$^{os}$ |
|---|---|---|---|---|
| Zurich . . . . . . . . . | 1 | VI | 1—2 | I = 1 |
| Berne . . . . . . . . . | 2 | III | 3—5 | II = 2 |
| Lucerne . . . . . . . . | 3 | IV | — | III = 3 |
| Fribourg . . . . . . . . | — | — | 6 | IV = 4 |
| Soleure . . . . . . . . | 4 | II | — | V = 5 |
| Bâle-Ville . . . . . . . | — | — | 7 | VI = 6 |
| Bâle-Campagne . . . . | — | — | — | VII = 7 |
| Appenzell Rh.-Ex. . . . | — | — | 8 | VIII = 8 |
| St-Gall . . . . . . . . | 5 | VIII | 9 | |
| Argovie . . . . . . . . | 6 | V | 10—11 | |
| Thurgovie . . . . . . . | 7 | VII | — | |
| Tessin . . . . . . . . . | — | — | 12 | |
| Vaud . . . . . . . . . | 8 | I | 13—14 | |
| Genève . . . . . . . . . | — | — | 15 | |

Organisation des divisions d'artillerie de position :

| I. | II. | III. | IV. | V. |
|---|---|---|---|---|
| 12—15. | 3—6. | 7, 10, 11. | 1, 2. | 8, 9. |

SEPTIÈME PARTIE

# FORMATION TACTIQUE DES TROUPES

## I. Infanterie[1].

### 1. La compagnie d'infanterie.

a) *Formation fondamentale.*

La ligne, sur deux rangs. La compagnie se divise en deux pelotons (le premier à droite, le second à gauche), quatre sections (numérotées de la droite à la gauche) et huit demi-sections. Chaque demi-section se partage en deux groupes. L'homme du premier rang forme une file avec son camarade du second rang; lorsqu'il est seul, il forme une demi-file (fausse-file). Le capitaine se place devant la compagnie; le sergent-major, le fourrier, l'infirmier, les tambours, les trompettes et les pionniers ont leurs places derrière le second rang (en serre-files).

Il reste ainsi en ligne, pour former chaque section :

1 officier, chef de section, à l'aile droite, sans camarade de file. Les premiers-lieutenants sont en même temps chefs de peloton et commandent les sections impaires, les lieutenants, les sections paires ;

[1] Règlements d'exercice pour l'infanterie suisse : I Ecole du soldat, II Ecole de compagnie, III Ecole de bataillon, adoptés par arrêté de l'Assemblée fédérale du 24 mars 1876, IV Ecole de régiment et de brigade, introduite à titre d'essai par ordonnance du Département militaire fédéral, du 2 mai 1878.

2 sergents, aux ailes de la section, au premier rang, en même temps chefs des groupes des ailes ;
2 caporaux, au centre, au premier rang, chefs des groupes du centre ;
2 caporaux, derrière les sergents, au second rang ;
36 soldats.

Total, 43 ou, y compris l'officier, 22 files.

Lorsque la section ne compte que 15 files, ou moins, elle ne forme que deux groupes, dont les chefs sont les sergents.

L'étendue du front d'une file est de 75 *cm.*

| | | |
|---|---|---|
| De la section, | 22 files | = 16,50 *m.* |
| Du peloton, | 44 » | = 33 » |
| De la compagnie, | 88 » | = 66 » |

b) *Formations de marche.*

Ce sont :

*a*) La colonne par files (quatre hommes de front, sans les serre-files). Elle s'obtient en mettant la compagnie par le flanc, à droite ou à gauche. Dans le premier cas, les numéros pairs se placent à la droite des numéros impairs du même rang, en faisant un pas en avant à droite, et dans le second cas, ils se placent à leur gauche, en faisant un pas en arrière à gauche.

*b*) La colonne par demi-sections, formée par une conversion des demi-sections.

c) *Formations de manœuvre.*

1. La colonne ouverte, par sections ou pelotons. La distance, d'une subdivision à l'autre, est égale à l'étendue de leur front.

2. La colonne serrée, par sections. La distance entre les subdivisions est de 8 *m.* ; elle peut être réduite, à volonté, mais pas au-dessous de la moitié de l'étendue de front des subdivisions.

Dans les formations ci-dessus, les chefs de section se placent devant le front de leur subdivision, lequel se trouve ainsi réduit de 75 *cm.* et sera le suivant :

Colonne de sections, 21 files = 15,75 *m.*
» pelotons, 42 » = 32,15 *m.*

d) *Evolutions.*

Formation de la colonne ouverte : *a)* de pied ferme et par le flanc, en faisant converser les sections ou pelotons ; *b)* dans la marche de front, en faisant rompre les subdivisions par la marche oblique ; *c)* dans la colonne par files, en mettant les subdivisions en ligne.

La colonne serrée peut aussi être transformée en colonne ouverte, en faisant prendre les distances par la tête de la colonne. On peut passer de la colonne de sections à la colonne de pelotons, en mettant ceux-ci en ligne, par une marche oblique des sections paires (impaires), de même qu'il est possible de transformer la colonne de pelotons en colonne de sections, en faisant rompre par sections.

Le passage de la ligne à la colonne serrée, s'obtient par le ploiement des subdivisions, au moyen d'une marche de flanc. Pour exécuter ce mouvement pendant la marche, on fait rompre (par la marche oblique) et serrer. Le passage de la colonne ouverte à la colonne serrée a lieu en faisant serrer les subdivisions.

Pour passer de la formation en colonne ouverte à la ligne, les sections arrivent par une conversion ou par la marche oblique. Dans la colonne serrée, le déploiement se fait par la marche oblique.

En faisant rompre par files les subdivisions d'une colonne ouverte ou serrée, on passe à la colonne par files.

A proximité du feu, on peut se mouvoir en essaim.

Espèces de pas : Pas de manœuvre 115 et pas gymnastique 160 à la minute.

Longueur du pas : 80 *cm.*

e) *Changements de direction.*

En mettant par le flanc, ou en faisant tourner successivement les subdivisions, lorsqu'elles sont arrivées au point de conversion.

f) *Formations de combat.*

Déploiement en tirailleurs, les groupes en ligne. L'étendue du front ne doit pas dépasser 5 pas (4 *m.*) par file. L'intervalle entre deux groupes est un peu moins grand que la moitié du front d'un groupe déployé. La distance d'un homme à l'autre est d'un pas (80 *cm.*)

Dans la formation normale, deux sections se déploient et les deux autres restent en colonne pour former le soutien.

Les étendues de front indiquées diminuent sensiblement, lorsqu'il s'agit de corps plus considérables. On admet comme moyenne, abstraction faite du terrain, 1 mètre par tirailleur, sans les intervalles.

1 section, 4 groupes à 10 hommes = 40 *m.*
3 intervalles de groupes à 5 *m.* = 15
55

Deux sections, avec un intervalle de 20 *m.* entre les groupes des deux sections = 130 *m.*

La distance entre les tirailleurs et le soutien est de 100-300 *m.*, normalement 200 *m.*

## 2. Le bataillon d'infanterie.

a) *Formation fondamentale.*

La ligne sur deux rangs, les compagnies numérotées de la droite à la gauche de 1-4. Au centre, entre les 2 et 3 compagnies, l'escorte du drapeau, composée du porte-drapeau (adjudant-sous-officier), placé au milieu, sans camarade de file et ayant à chacun de ses côtés une file. Etendue de front 266,25 *m.*

b) *Formations de marche.*

La colonne par file, sur quatre rangs, et la colonne de demi-section.

c) *Formations de manœuvre.*

La colonne ouverte ou serrée, par sections ou pelotons, comme dans la compagnie ; la colonne par sections est la formation normale.

En outre, *la colonne double*, formée normalement à partir de la ligne, en ployant sur le centre. Les compagnies sont en colonne de sections, celles à droite du drapeau, la gauche en tête, et celles à gauche du drapeau, la droite en tête. La deuxième et la troisième compagnie sont en tête, puis la première, derrière la deuxième, et la quatrième, derrière la troisième. La colonne double s'obtient aussi en plaçant par deux les compagnies, formées en colonnes de sections, n'importe de quelle manière, en arrière ou à côté les unes des autres.

L'escorte du drapeau est placée au centre, entre les deux subdivisions de tête. Derrière elle se trouve un vide, séparant les deux demi-bataillons.

Le guide est au centre (porte-drapeau).

*La colonne double par files.* Les compagnies, dans l'ordre ci-dessus, mais formées en colonne par files, celles de l'aile droite, la gauche en tête, celles de l'aile gauche, la droite en tête. Sans les officiers et les serre-files, le front est de 11 hommes, y compris l'escorte du drapeau, qui se trouve en tête, entre les deux ailes. Cette formation raccourcie permet de passer rapidement à la formation de combat.

Le front de la colonne double est de 34,50 *m.*, sa plus grande profondeur, de 70,40 *m.*

*La ligne de colonnes.* Les compagnies, en colonnes par sections, sur une seule ligne, avec intervalles de 50 *m.*

Etendue de front, 216 *m.*

d) *Evolutions.*

Formation de la colonne double : à partir de la ligne, en ployant sur les deux sections du centre, soit de pied ferme, soit en marche ; à partir du bataillon, formé en colonne par sections, en faisant avancer les deux compagnies d'arrière à côté des deux compagnies de tête. Les inversions sont admises. En outre, passage de la colonne double par files à la colonne double, en mettant les sections en ligne et en serrant.

Passage de la colonne double à la ligne, en déployant ; formation de la colonne double par files, en mettant le bataillon par le flanc sur le centre, et de la colonne par sections simple, en plaçant les compagnies les unes derrière les autres.

e) *Changements de direction.*

Pour la colonne double, analogues à ceux de la compagnie. Etant de front, les conversions s'opèrent en changeant successivement la direction du drapeau, ce qui oblige les ailes à allonger ou à raccourcir le pas, et non en faisant tourner les sections. (Il n'est cependant pas impossible d'exécuter les conversions, c'est-à-dire : « Tournez à droite [ou à gauche].) »

f) *Formations de combat.*

*Colonnes de compagnie.* Les compagnies qui sont en tête de la colonne double, ou de la colonne par sections, s'avancent en se séparant et prennent entr'elles un intervalle d'environ 150 *m.*, pour former l'avant-ligne (ligne des tirailleurs) ; les deux compagnies d'arrière forment la ligne principale et ont entr'elles un intervalle d'environ 50 *m.* (distance de déploiement). La distance entre les deux lignes, qui se compte depuis la dernière subdivision de l'avant-ligne à la première de la ligne principale, est de 100 *m.* (sur la place d'exercices). Suivant les cas, on fera avancer une seule compagnie. Le déploiement peut aussi se faire d'un seul côté, ou sur la ligne de front ; dans ce cas, la ligne principale se porte en arrière.

Le déploiement des tirailleurs de l'avant-ligne a lieu comme pour les compagnies isolées. Le front d'action est de 300 *m.* (Intervalle entre les tirailleurs des deux compagnies 40 *m.*).

Contre la cavalerie, le bataillon forme les masses.

### 3. Le régiment d'infanterie.

a) *Formation fondamentale.*

Formation de rassemblement : sur une seule ligne, avec des intervalles normaux de 20 *m.*, ou un bataillon en seconde ligne. La distance d'une ligne à l'autre est de 40 *m.*

Les trois bataillons peuvent aussi être placés les uns derrière les autres, à 40 *m.* de distance, par exemple, pour le rendez-vous de marche.

b) *Formations de marche.*

Comme pour les bataillons isolés, en observant une distance de 40 *m.*, comme ci-dessus.

c) *Formations de combat.*

Les bataillons séparés les uns des autres en colonnes de bataillon :

*a*) sur une seule ligne avec des intervalles de 300 *m.* de drapeau à drapeau ;

*b*) sur deux lignes, un bataillon formant la seconde ligne, à 300 *m.* de distance ;

*c*) enfin sur trois lignes, formées chacune par un bataillon.

Les bataillons de première ligne se déploient en colonnes de compagnie et en tirailleurs, comme il est dit pour le bataillon. Le bataillon de seconde ligne se forme en ligne de colonnes de compagnie.

Le front d'action des tirailleurs, avec les trois bataillons sur une ligne, est de 900 *m.*, avec deux bataillons en première ligne, 600 *m.*

Dans la formation sur deux lignes, la profondeur est :

| | |
|---|---|
| Des tirailleurs au soutien, | 200 *m.* |
| Des soutiens à la première ligne (ligne principale), | 100 » |
| De la première à la seconde ligne, | 300 » |
| | 600 *m.* |

## 4. La brigade d'infanterie.

a) *Formation fondamentale.*

Formation de rassemblement : les deux régiments l'un à côté de l'autre, sur trois lignes (formation par régiments accolés) ; ou bien chacun d'eux sur une ligne et l'un derrière l'autre (formation par régiments en ligne).

Formation par régiments accolés :

Etendue du front, 90 *m.*
Profondeur, 290 »

Formation par régiments en ligne :

Etendue du front, 145 *m.*
Profondeur, 180 »

b) *Formation de marche.*

Comme les régiments. Distance de 100 *m.* d'un régiment à l'autre.

c) *Formations de combat.*

En partant :

*De la formation par régiments accolés* : sur trois lignes de deux bataillons, dont un de chaque régiment ;

*De la formation par régiments en ligne* : sur deux lignes, formées chacune de trois bataillons du même régiment ;

*De l'une ou l'autre de ces formations* : sur deux lignes, formées par régiments accolés, avec deux bataillons en première et un en seconde ligne.

Dans la formation sur trois lignes, les bataillons de seconde ligne débordent en général les bataillons de première ligne.

Les bataillons de la dernière ligne prennent entr'eux une distance permettant le déploiement, en ligne de colonnes de compagnie.

La première ligne passe à la formation en colonnes de compagnie et au déploiement en tirailleurs comme dans le régiment.

Front d'action des tirailleurs :

Avec deux bataillons en première ligne, 600 *m.*
» trois » » » 900 »
» quatre » » » 1200 »

Profondeur, dans la formation sur trois lignes :

| | |
|---|---|
| De la ligne de feu à la première ligne (ligne principale), | 300 *m.* |
| De la première à la seconde ligne, distance | 300 » |
| Profondeur des bataillons de seconde ligne, | 70 » |
| De la seconde à la troisième ligne, distance | 300 » |
| Bataillons de troisième ligne, | 70 » |
| | 1040 *m.* |

# II. Cavalerie[1].

## 1. L'escadron de dragons.

L'escadron se divise en trois pelotons, composés de : 1 officier, 1 maréchal-des-logis, 4 brigadiers, 30 dragons et 1 trompette.

### a) *Formation fondamentale.*

La ligne sur deux rangs. Chaque cavalier occupe un front de 1 *m.* et une profondeur de 2,40 *m.* La distance entre les rangs, en ligne, est de 1,60 *m.* et en colonne, de 0,80 *m.*

L'officier se place devant le premier rang, le maréchal-des-logis derrière le second et à côté de lui le trompette. Aux ailes et au centre sont placés quatre brigadiers, dont un à chaque aile et deux au centre ; ceux des ailes sont au premier rang et forment une file creuse ; ceux du centre forment une file.

Le front du peloton est 16 ²/₃ files = 18 *m.*

Le peloton se subdivise en trois escouades. On les numérote à partir de la droite en 1re, 2e et 3e escouades, et dans chaque escouade les files sont numérotées de même, de droite à gauche. Si le nombre des files n'est pas divisible par trois, la dernière escouade comprend deux ou quatre files.

Le front de l'escadron est de 54 *m.*

### b) *Formations de marche.*

La colonne de marche par escouades (par trois). La longueur du peloton est de 32 *m.* et celle de l'escadron, avec les trompettes, le fourrier et ouvriers formant la dernière escouade, 108 *m.*

La colonne par files (par deux).

### c) *Formations de manœuvre.*

La colonne de conversion, comme formation transitoire. Lorsque la conversion s'est faite à droite ou à gauche, les deux rangs

[1] Règlement d'exercice pour la cavalerie suisse, arrêté du Conseil fédéral du 13 décembre 1880.

de chaque escouade se trouvent côte à côte ; lorsqu'elle s'est faite deux fois à droite ou deux fois à gauche, c'est le second rang qui se trouve en avant.

La colonne de pelotons. D'un peloton à l'autre la distance doit être égale à la largeur du front, c'est-à-dire autant de mètres qu'il y a de files. On mesure cette distance de la tête des chevaux du 1er rang du peloton de devant à la tête des chevaux du 1er rang du peloton qui suit. La profondeur de cette colonne, pour l'escadron, est de *44 m*.

L'essaim, sans forme précise. Le chef de peloton se porte en tête et les guides à l'extérieur.

d) *Evolutions*.

Passage de la formation en ligne à la colonne par pelotons :

*a*) En rompant par pelotons : par la droite, par la gauche ou par le centre. Les pelotons se placent les uns derrière les autres en obliquant.

*b*) Par une conversion simultanée des pelotons.

Passage de la colonne de marche et par files à la colonne par pelotons : en mettant les pelotons en ligne ; le mouvement peut s'exécuter simultanément ou successivement par chaque peloton.

Passage de la colonne de marche à la colonne par files : les cavaliers du premier rang de chaque escouade marchent les uns à la suite des autres, ceux du second rang à leurs côtés, à droite ou à gauche.

Passage de la colonne par files à la colonne de marche : les premiers rangs, dans chaque escouade, se mettent en ligne à gauche (droite), lorsque la colonne a rompu à droite (gauche) ; les seconds rangs serrent sur les premiers à l'allure indiquée.

Passage de la colonne par pelotons à la ligne :

*a*) En avant, en se mettant en ligne, par la marche oblique, à droite ou à gauche ou simultanément des deux côtés.

*b*) Obliquement (sur le 1/2 flanc) ; les pelotons exécutent, avec pivot fixe, un huitième de conversion, puis les pelotons d'arrière arrivent en ligne en obliquant.

*c*) En conversant de côté (par le flanc).

e) *Formations de combat.*

L'attaque (charge) en rangs serrés, s'exécute de deux manières, en ligne ou, si le temps manque pour se former en ligne, en colonne (échelons) ; les échelons se suivent à 100 pas de distance.

Attaque en fourrageurs, avec un peloton en réserve.

Dans une charge, sur un espace de 1000 *m.*, les allures se modifieront à peu près comme suit : 520 *m.* sont franchis successivement au pas et au trot, 400 *m.* au galop et 80 *m.* en carrière.

Rapidité de l'allure (en une minute) :

| | |
|---|---|
| Au pas, | 100 *m.* |
| » trot, | 240 » |
| » galop, | 360 » |

## 2. Le régiment de dragons.

a) *Formation fondamentale.*

Le régiment déployé en ligne, les escadrons ayant entr'eux un intervalle de 8 *m.* — Front du régiment, 178 *m.*

b) *Formations de marche.*

Les mêmes que pour l'escadron, en conservant un intervalle de 8 *m.* d'un escadron à un autre. Longueur de la colonne, y compris les chevaux de main et les voitures, environ 530 *m.*, et pour la colonne par deux, environ 690 *m.*

c) *Formations de manœuvre.*

La colonne de conversion.

La ligne de colonnes : les escadrons, formés en colonne par pelotons, sont tous à la même hauteur, mais séparés par un intervalle égal à la largeur de deux pelotons, plus 8 *m.*, pour permettre le déploiement.

La colonne par escadrons, ouverte ou serrée.

La masse : les escadrons sont placés comme dans la ligne de colonne, mais les intervalles sont réduits à 8 *m.*

Le régiment en colonne par pelotons : la distance entre un escadron et celui qui le précède est égale à la largeur d'un peloton, plus 8 *m.*

d) *Formations de combat.*

Le régiment en ligne déployée, ou en échelons et l'attaque en fourrageurs, suivant les mêmes principes que pour l'escadron isolé.

## III. Artillerie[1].

### 1. La batterie attelée.

L'état-major comprend : le capitaine, le médecin avec l'infirmier et les brancardiers, le vétérinaire, les quatre sous-officiers supérieurs (adjudant, sergent-major, fourrier, maréchal-des-logis du train). A chaque section est attribué un officier, 1er lieutenant pour la 1re et la 3e sections, lieutenant pour la 2e, comme chef de section, un brigadier du train ; un trompette et un soldat du train surnuméraire.

La batterie a un caisson par pièce ; pour une pièce et un caisson on compte : un sergent de canonniers, comme chef de pièce, 2 appointés de canonniers, dont l'un comme n° 1 de droite et l'autre chef de caisson, 6 canonniers (n° 2-3 de droite et n° 1-3 de gauche et 1 surnuméraire), 2 appointés du train (cavaliers de devant) et 5 soldats du train, dont 1 surnuméraire. La pièce et le caisson sont attelés de 6 chevaux.

Deux pièces, avec leurs caissons, forment une section ; la batterie compte par conséquent trois sections, qui forment la batterie de manœuvre ; celle-ci se partage pour les manœuvres et pour le combat en deux lignes ou colonnes, celle des pièces et celle des caissons, chacune à 3 sections (sections de pièces, sections de caissons).

La batterie possède en outre la réserve de batterie, composée de 4 voitures à 4 chevaux et de 2 voitures à 2 chevaux : affût de rechange, forge, chariot de batterie, fourgon et 2 chars à approvisionnements. Il est réparti à cette réserve 1 officier, 2 sous-officiers, 36 hommes, y compris les ouvriers, et 8 chevaux de rechange.

[1] Projet de 1880.

a) *Formation fondamentale.*

La ligne, à intervalles ouverts, soit 15 *m.* de milieu à milieu. Les pièces forment la première ligne, les caissons la seconde et la réserve la troisième ligne. D'une ligne à l'autre, il y a 20 *m.*, mesurés d'essieu de devant à essieu de devant des voitures. Les hommes sont placés derrière ou sur les pièces, caissons ou voitures, auxquels ils sont répartis.

b) *Formations de marche.*

La colonne par voitures. Elle peut être formée de deux manières :

*aa*) Chaque pièce suivie de son caisson et ensuite les voitures de la réserve. Colonne de marche.

*bb*) D'abord toutes les pièces, puis tous les caissons et enfin les voitures de la réserve, — employée à proximité de l'ennemi. Colonne de manœuvre et colonne de marche à proximité de l'ennemi.

c) *Formations de manœuvre.*

*La ligne,* les pièces en ligne, les caissons derrière leurs pièces, à une distance de 75 *m.* Intervalles ouverts de 15 *m.* ou serrés de 5 *m.* de milieu à milieu. Front de la batterie ouverte 75 *m.*, serrée 25 *m.*

*Colonne par voitures,* comme la formation de marche *bb.*

*Colonne par sections,* colonne par deux; intervalles ouverts de 15 *m.* de milieu à milieu et distances ouvertes, soit de 15 *m.*, entre l'arrière-train d'une voiture et les chevaux de devant de celle qui la suit; par exception, intervalles serrés, soit de 5 *m.* ou distances serrées de 3 *m.*, d'abord les trois sections de pièces et ensuite celles des caissons. Profondeur totale, 160 *m.*

La colonne par sections à distances et intervalles ouverts est la colonne de manœuvre par excellence. L'intervalle peut, suivant les besoins ou les circonstances, être serrée (transitoirement en passant un défilé court ou dans une marche de flanc sous le feu de l'ennemi). La formation à distances serrées avec intervalles ouverts ou non ne s'emploie qu'en position de rendez-vous ou exceptionnellement dans les mouvements, quand le manque de place oblige à raccourcir transitoirement les colonnes.

### d) *Evolutions.*

Etant en ligne, former la colonne par voitures en avant, ou par le flanc, en rompant par pièce, soit par caisson.

Etant en ligne, former la colonne par sections en avant, ou par le flanc, en rompant ou en conversant par section.

Passer de la colonne par voitures à la colonne par sections et vice-versa.

Passer de la colonne par sections à distances ou à intervalles ouverts à la colonne à distance et à intervalles serrés et vice-versa.

Etant en colonne, se mettre en ligne, en avant, par un « à gauche (à droite) en ligne » ; par le flanc, en conversant par pièce ou par section ; en ligne de front oblique à la colonne, en changeant la direction de la tête de colonne avant de mettre en ligne.

### e) *Formations de combat.*

Les pièces désembrelées, en ligne à intervalles ouverts (de combat) ; les caissons autant que possible à couvert et hors de la vue de l'ennemi, à 100-150 *m.* en arrière et de côté ; en cas de nécessité seulement, droit derrière la ligne des pièces ; un caisson, pour le ravitaillement des munitions, se trouve immédiatement derrière le centre de la ligne des avant-trains.

Lorsque la batterie prend position pour ouvrir son feu, la réserve de la batterie se tient à distance et se place à 500-800 *m.* en arrière.

### *Allures.*

Le pas : vitesse 100 *m.* à la minute ; le trot : 200 *m.* à la minute (trot de marche) et 240 *m.* (trot de manœuvre) ; le galop, vitesse 300-400 *m.* environ, selon la qualité des chevaux. Cette dernière allure ne s'emploie qu'exceptionnellement.

## 2. Le régiment d'artillerie.

### a) *Formation fondamentale.*

Les batteries sont placées dans leur formation fondamentale, la ligne, avec un intervalle de 20 *m.*, si les intervalles dans les batteries sont ouverts. Cet intervalle peut être réduit jusqu'à 10 *m.*, si les intervalles dans les batteries sont serrés.

### b) *Formations de marche.*

Pareilles à celles de la batterie. Une batterie suit l'autre dans la même formation de marche : formation de marche ordinaire, ou formation de marche à proximité de l'ennemi. Dans ce dernier cas, les réserves des deux batteries marchent réunies derrière la dernière batterie.

### c) *Formations de manœuvre.*

*La ligne.* Les batteries formées en ligne ouverte, l'une à côté de l'autre, avec un intervalle de 20 *m.* Si la ligne est employée comme formation de rassemblement, les intervalles peuvent être réduits à 5 *m.* entre les voitures et à 10 *m.* entre les batteries ; les caissons serrent.

*La ligne de colonnes* (principale formation de manœuvre). Les batteries, formées chacune en colonne par sections (exceptionnellement en colonne par voitures) marchent l'une à côté de l'autre, à la même hauteur, à un intervalle de 80 *m.* (intervalle de déploiement ; ligne de colonne ouverte). On peut aussi suivant les besoins réduire cet intervalle à 20 *m.*, lorsque le régiment n'est pas exposé au feu, ou sur la place de rassemblement (ligne de colonnes serrée).

*La colonne par batteries.* Les batteries, chacune dans leur formation en ligne serrée, placées l'une derrière l'autre, chaque ligne de caissons serrée à 3 *m.* de sa ligne de pièces. Distance entre les batteries 65 *m.* Cette colonne ne doit pas être employée sous le feu ennemi. Si elle est utilisée comme formation de rassemblement, la batterie d'arrière peut serrer à 15 *m.*

*La colonne par voitures.* Les batteries se suivent formées chacune en colonne par voitures ; les réserves détachées de leurs batteries marchent réunies; ne s'emploie que par exception et lorsque le régiment n'a à sa disposition qu'un seul chemin étroit.

*La colonne par sections.* Les batteries, chacune en colonne par sections, se suivent à une distance de 15 *m.*; dans la règle, les intervalles entre les sections sont ouverts et la distance entre elles est de 15 *m.* aussi. — Colonne à intervalles serrés, dans les mouvements de flanc et pour franchir de courts défilés; colonne à distances serrées, hors du feu de l'ennemi et sur la place de rassemblement seulement.

d) *Evolutions.*

Analogues aux évolutions de la batterie. En outre: étant en ligne, former la colonne par batteries, en rompant ou en conversant par batterie; passer de la colonne par batteries à la ligne, au moyen d'un déploiement; passer de la ligne de colonnes ouverte à la ligne de colonnes serrée et inversement.

e) *Formations de combat.*

Les batteries, dans leur formation de combat, l'une à côté de l'autre, séparées par un intervalle d'au moins 20 *m.*; chaque batterie prend un emplacement distinct pour ses caissons; les réserves de batteries réunies à 500-800 *m.* en arrière.

### 3. Le parc de division et les colonnes de parc.

Le parc de division fait partie de l'artillerie de campagne. Quoique corps non combattant, il est cependant considéré comme une des unités de la brigade d'artillerie: la quatrième. Les régiments forment les trois unités combattantes.

Il se divise en deux colonnes: A et B.

Chaque colonne se fractionne en trois sections et une réserve.

La première section, commandée par un premier lieutenant, forme la colonne de munitions d'infanterie, comprenant toutes les voitures chargées de munitions et d'outils à l'usage de l'infanterie et de la cavalerie.

La deuxième et la troisième sections, cette dernière sous les ordres d'un premier lieutenant, forment la colonne de munitions d'artillerie et comprennent toutes les voitures de munitions, d'outillage et de rechange appartenant à cette arme. Ces voitures sont réparties de manière à ce que la troisième section soit essentiellement la colonne de *munitions* d'artillerie.

La réserve comprend toutes les voitures affectées au service de la colonne de parc en général.

### 4. Le train d'armée.

Sous cette dénomination, on comprend tout le train attaché aux états-majors des corps combinés, ou adjoint aux différentes unités de troupes. Dans notre armée, il est classé dans l'artillerie. Il se divise en : train de ligne et bataillons du train.

#### a) *Le train de ligne.*

Il comprend tous les lieutenants, sous-officiers et soldats du train isolés, incorporés dans les états-majors des corps combinés et dans les unités de troupes de l'infanterie et de la cavalerie, ainsi que les voitures faisant partie de l'équipement de corps de ces états-majors, ou de ces unités.

Les caissons réunis des bataillons d'infanterie d'une brigade, sous les ordres du lieutenant du train attaché à l'état-major de brigade, forment le premier échelon de munitions. Les deux chefs de caissons des régiments sont les subordonnés immédiats et les aides du chef d'échelon.

Les autres voitures : fourgons, chars à bagage et à approvisionnement (y compris le fourgon d'état-major), sont réunies par régiment. Elles forment le train de bagage, sous la conduite de l'adjudant-sous-officier du train détaché à l'état-major du régiment.

#### b) *Les bataillons du train.*

Ces bataillons sont destinés à fournir les attelages et les conducteurs aux voitures du bataillon du génie, du lazaret de campagne et de la compagnie d'administration.

Le bataillon d'élite comprend deux divisions : la première est adjointe au génie et la seconde à la compagnie d'administration. Le bataillon de landwehr, par contre, en comprend trois, lesquelles sont réparties comme suit : La 1re au génie de landwehr; la 2e (en cas de guerre) au lazaret de campagne de l'élite, et la 3e à la compagnie d'administration de landwehr. Pour les ambulances de la landwehr, on aura recours aux hommes et au matériel surnuméraires ou à des attelages et à des voitures de réquisition.

Le commandant du bataillon du train est sous les ordres directs du divisionnaire, et son autorité s'étend sur tout le train d'armée de la division.

## Service de sûreté [1].

Dans l'application du service de sûreté, les règles essentielles à observer sont :

### 1. Service de sûreté en marche.

Généralement on ne donne aux corps de sûreté guères plus du $^1/_3$ ou $^1/_6$ de l'infanterie et de l'artillerie; en fait de cavalerie, tout ce qui paraît être disponible. Quant aux autres troupes (génie, troupes sanitaires), on y adjoint ce qu'exige la situation.

Les unités organisées ne doivent pas être inutilement morcelées.

Les détachements, chargés de veiller à la sécurité d'une troupe qui se dirige vers l'ennemi, s'appellent *avant-gardes*, ceux qui protègent une troupe qui s'en éloigne, se nomment *arrière-gardes* et et enfin, dans une marche de flanc, c'est la *flanc-garde* qui couvre la troupe marchant parallèlement au front de l'ennemi.

La répartition des forces doit se faire de telle sorte que les subdivisions les plus rapprochées de l'ennemi soient les plus faibles, et les plus rapprochées du corps principal les plus fortes.

Toute subdivision plus faible sert de protection ou d'avant-garde spéciale à la subdivision plus forte qui la suit immédiatement. Toute subdivision plus forte sert de soutien et de repli, ou encore de gros, à celle qui la précède immédiatement.

Pour former les subdivisions, il faut procéder comme pour le corps de sûreté en général et ne pas morceler les unités.

Avec cette organisation, on obtient pour le régiment d'infanterie

[1] Instruction sur le service des troupes suisses en campagne. Arrêté du Conseil fédéral du 31 mars 1882.

ou celui de cavalerie, une série de détachements qui, à partir du corps principal, se suivent dans l'ordre ci-après :

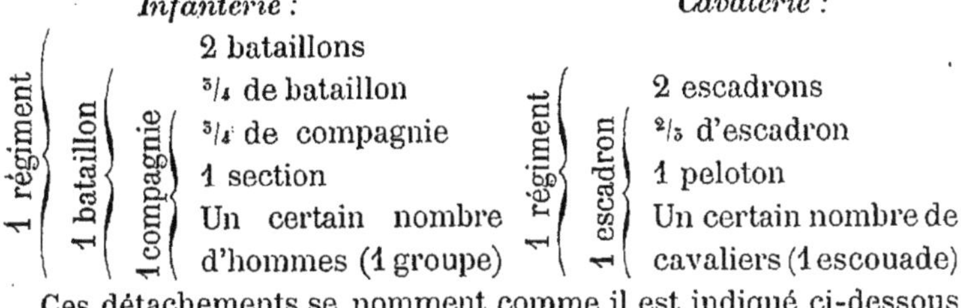


Ces détachements se nomment comme il est indiqué ci-dessous et conservent entr'eux les distances suivantes :

Gros de l'avant- (arrière ou flanc) garde.

*500 m.*

Gros de l'extrême avant- (arrière) garde.

*250 à 300 m.*

Tête

*150 à 200 m.*

Pointe

*100 à 150 m.*

Eclaireurs.

La nomenclature des différentes subdivisions qui composent une flanc-garde sera celle d'une avant-garde, lorsque la marche du corps principal se dirige vers l'ennemi, et celle d'une arrière-garde, lorsqu'elle s'en éloigne.

La cavalerie peut prendre des distances plus grandes.

Les subdivisions qui marchent sur la route principale, doivent couvrir leurs flancs, lorsque la situation ou le terrain le demande.

La pointe doit pouvoir détacher des éclaireurs à droite et à gauche, la tête envoie sur ses flancs des sections de flanqueurs de droite ou de gauche, et le gros de l'extrême avant-garde doit pouvoir détacher à droite et à gauche, sur ses flancs, des compagnies de flanqueurs; enfin, une avant-garde doit être numériquement assez forte pour pouvoir détacher sur ses flancs un corps de flanqueurs. Lorsqu'il s'agit de protéger un des flancs d'une manière plus efficace encore, la colonne principale détache un corps de flanqueurs d'un effectif plus considérable, lequel accompagne l'avant-garde sur une route parallèle. — Les arrière-gardes et leurs subdivisions procèdent d'une manière analogue. — Pour couvrir une marche de flanc, il n'est pas toujours nécessaire d'accompagner le corps principal avec une flanc-garde; souvent, il sera préférable d'occuper successivement des positions défensives situées entre l'ennemi et la route à suivre. La répartition des forces de la flanc-garde se fera donc suivant les circonstances.

Lorsque la situation est telle, qu'il est possible d'explorer le terrain sans avoir recours à l'organisation d'un corps de sûreté complet, on se contentera de détacher des patrouilles plus ou moins fortes. Ce sera surtout le cas pour les détachements faibles, marchant isolément, lesquels doivent être plus circonspects dans l'emploi de leurs forces et doivent les éparpiller moins que des détachements qui sont appuyés; ils remplaceront les subdivisions réglementaires par de faibles patrouilles. La cavalerie suisse surtout devra suivre ces recommandations, en raison de son faible effectif.

### 2. Service d'avant-postes.

Les règles, applicables à la force et à la composition des corps de sûreté en marche, sont valables aussi pour les corps de sûreté en position.

Les avant-postes se subdivisent en plusieurs détachements, qui sont rangés dans l'ordre suivant :

Les *grand'gardes* (détachant des petits postes),

*les soutiens*, et

*le gros des avant-postes*.

Les grand'gardes ont généralement la force d'une section ou d'un peloton. Elles placent, suivant les circonstances, 1-3 « petits postes. »

Les compagnies auxquelles on a assigné un certain secteur à

couvrir, disposent leurs sections sur deux lignes, ou aussi sur une seule ligne. Dans le premier cas, les compagnies, qui sont placées les unes à côté des autres, forment, chacune pour son compte, les grand'gardes et les soutiens ; dans le second cas, au contraire, une compagnie formera uniquement les grand'gardes et une autre compagnie fournira les soutiens.

Lorsqu'il s'agit, avant tout, d'observer l'ennemi et qu'il n'est pas nécessaire d'avoir de forts soutiens, on suivra de préférence le premier système ; mais, si la question principale est plutôt de renforcer les positions avancées de la ligne des avant-postes, pour augmenter la force de résistance, il vaut mieux procéder d'après le deuxième moyen.

Si les avant-postes se composent de plus d'un bataillon, on disposera les bataillons en formation accolée ou en ligne. La formation accolée doit être considérée comme la formation normale ; en cas d'engagement, on évitera plus longtemps le mélange des unités, ce qui est très important.

La distance entre deux grand'gardes voisines ne doit pas dépasser, en moyenne, 500 *m.*, et celle entre deux petits-postes 250 *m.* ; ceux-ci ne devront pas être placés à plus de 250 *m.* de la grand'garde.

La distance qui sépare les soutiens de la grand'garde ne doit pas être supérieure à 500 *m.* et le gros des avant-postes se placera en arrière des soutiens, à une distance à peu près égale et à 1000 *m.* en avant du corps principal.

Pour étendre le champ d'observation, les grand'gardes expédient des patrouilles d'infanterie, appelées *« patrouilles de découverte. »* Les soutiens et le gros des avant-postes envoient des patrouilles de cavalerie.

Par exception, la cavalerie peut aussi être appelée à former des grand'gardes (pour protéger les flancs, pour relier deux lignes d'avant-postes, etc.). En raison de sa faiblesse numérique, il faut ménager ses forces pendant le repos du corps principal, cela lui permettra de reprendre son service avec activité, dès qu'on se mettra en mouvement.

L'artillerie et le génie ne seront appelés aux avant-postes que lorsqu'il s'agira d'occuper fortement une position.

## RÉCAPITULATION DE QUELQUES MESURES DE FRONT ET DE PROFONDEUR

| | Etendue du front | Profondeur de la formation | |
|---|---|---|---|
| | m. | | m. |
| La file d'*infanterie* en ordre serré . . . . | 0,75 | | 1,80 |
| La section en ligne . . . . . . . . . . . | 16,50 | | — |
| Le peloton en ligne . . . . . . . . . . | 33,00 | | — |
| La compagnie en ligne . . . . . . . . . | 66,00 | | — |
| La compagnie en colonne de sections . . | 15,75 | | 31,00 |
| La compagnie en colonne de pelotons . . | 32,25 | | 19,60 |
| Le bataillon déployé en ligne . . . . . . | 266,00 | | — |
| La colonne double (chiffre rond) . . . . | 35,00 | | 70,00 |
| Un groupe déployé en tirailleurs . . . . | 10,00 | | — |
| Une section déployée en tirailleurs . . . | 55,00 | | — |
| Une compagnie avec 2 sections en tirailleurs et 2 sections comme soutien . . . | 130,00 | | — |
| Le bataillon en formation de combat, 4 sections en tirailleurs et 4 comme soutien . | 300,00 | | — |
| Des tirailleurs aux soutiens . . . . . | — | 200 | |
| Des soutiens à la ligne principale . . | — | 100 | 300,00 |
| Le régiment d'infanterie en formation de *rassemblement :* | | | |
| *Intervalles* . . . . . . . . . . . | *20,00* | | — |
| Distances entre les lignes (le vide) . . | — | | *40,00* |
| Déploiement de l'infanterie en colonnes de bataillons : | | | |
| Intervalles de la 1re ligne, de drapeau *à drapeau* . . . . . . . . . . . | *300,00* | | — |
| Distances entre les lignes (le vide) . . | — | | *300,00* |
| Formation de combat de l'infanterie, avec 2 bataillons en 1re ligne . . . . . . . | 600,00 | | — |
| Des tirailleurs aux soutiens . . . . . | — | 200 | |
| Des soutiens à la 1re ligne . . . . . | — | 100 | |
| De la 1re à la 2e ligne . . . . . . . . | — | 300 | 600,00 |
| Brigade d'infanterie : Formation par ailes (rassemblement) | 90,00 | | 290,00 |
| Formation par lignes (rassemblement) | 145,00 | | 180,00 |
| Formation de combat sur 3 lignes (par ailes et par régiment) . . . . . . | 600,00 | | — |
| De la ligne de feu à la 1re ligne . . . | — | 300 | |
| De la 1re ligne à la 2e ligne . . . . . | — | 300 | |
| Bataillons de la 2e ligne . . . . . . | — | 70 | |
| De la 2e à la 3e ligne . . . . . . . | — | 300 | |
| Bataillons de la 3e ligne . . . . . . | — | 70 | 1040,00 |

| | Etendue du front | Profondeur de la formation |
|---|---|---|
| *Cavalerie :* | m. | m. |
| Cavalier isolé | 1,00 | 2,40 |
| Distance entre les rangs, en ligne | — | 1,60 |
| Distance entre les rangs, en colonne | — | 0,80 |
| Le peloton | 18,00 | — |
| L'escadron en ligne | 54,00 | — |
| L'escadron en colonne de peloton | — | 50,40 |
| Régiment en ligne | 178,00 | — |
| *Artillerie :* | | |
| Batterie à intervalles ouverts | 75,00 | — |
| Batterie à intervalles serrés | 25,00 | — |
| Avec la réserve de la batterie | — | 86,00 |
| Sans la réserve de la batterie | — | 58,00 |
| Col. par sections à intervalles ouverts | — | 160,00 |
| Colon. par sections à intervalles serrés et avec les hommes sur les voitures | — | 110,00 |
| Avec les hommes derrière les voitures | — | 125,00 |
| Eléments pour calculer la longueur des colonnes de marche (pour les corps de troupes il est tenu compte de l'emplacement des voitures) ; la distance d'une voiture à l'autre est 2,50 *m.* | | |
| *1 bataillon en colonne par files* | — | *310,00* |
| 1 batterie | — | 280,00 |
| 1 escadron | — | 120,00 |
| 1 régiment d'infanterie | — | 1000,00 |
| 1 régiment d'artillerie | — | 600,00 |
| *1 régiment de cavalerie (colonne par files)* | — | 530,00 |
| 1 brigade d'infanterie | — | 2100,00 |
| 1 brigade d'artillerie | — | 2000,00 |
| 1 voiture à 2 chevaux | — | 12,00 |
| 1 voiture à 4 chevaux | — | 15,00 |
| 1 voiture à 6 chevaux | — | 18,00 |
| 1 paire de chevaux de main | — | 6,00 |
| *Distances à observer :* | | |
| Après une compagnie | — | 10,00 |
| Après un escadron, batterie ou détachement du train | — | 20,00 |
| Après un bataillon, régiment d'artillerie, ou une colonne du train | — | 40,00 |
| Après un régiment d'infanterie, ou de cavalerie, ou une brigade d'artillerie | — | 100,00 |
| Après une brigade d'infanterie | — | 200,00 |

## HUITIÈME PARTIE

# LE SERVICE DES ÉTATS-MAJORS

*(Texte allemand par M. A. Keller, lieutenant-colonel à l'état-major général).*

Les commandants de corps de troupes combinés (armée, division, brigade, régiment), ont besoin d'*aides*, pour la préparation et la surveillance de tout ce qui rentre dans leurs nombreuses attributions. D'un côté, tout le génie et toute l'activité d'un homme ne pourraient suffire à cette besogne, et de l'autre, si ces aides lui faisaient défaut, le commandant négligerait la direction des forces qui lui sont confiées et ne pourrait conserver intacte toute la vivacité d'esprit dont il a besoin pour élaborer ses ordres.

Ces aides lui sont fournis par l'*état-major*.

On distingue dans les états-majors trois catégories d'officiers :

I. *Les officiers d'état-major général.*

II. *Les représentants des différentes armes et branches de service.*

III. *Les adjudants.*

Auxquels il faut ajouter :

IV. Les sous-officiers et soldats attachés à l'état-major.

L'organisation la plus complète d'un état-major, au point de vue du personnel, se trouve dans l'état-major de l'armée. Elle se trouve réduite, dans les états-majors subordonnés, au fur et à mesure que le champ d'activité du commandant devient plus restreint. Elle atteint sa plus simple expression dans l'état-major du régiment d'artillerie et dans celui de la division d'artillerie de position, où le personnel adjoint se réduit à *un* adjudant.

Dans les états-majors réduits, les affaires concernant les branches de service non représentées, sont réparties entre les officiers présents; leur importance est du reste proportionnée à la sphère d'action de l'état-major.

## I. L'état-major général.

Selon Clausewitz, l'état-major général est destiné « à transformer en ordres les idées du général en chef ». Ce principe est intimément lié à l'obligation d'avoir constamment en vue « tout ce qui peut contribuer à préparer les troupes à la guerre et tout ce qui concerne leur bien-être. »

L'état-major vouera particulièrement son activité aux travaux ci-après:

### 1. En temps de paix.

En temps de paix, le chef du bureau d'état-major, section de l'état-major général, est placé à la tête de l'état-major général. Les travaux de ce bureau se répartissent entre le bureau du commandant, la section géographique, la section tactique et la section des chemins de fer. Ils comprennent surtout: l'élaboration du plan de mobilisation, des marches et des dislocations, pour la concentration des divisions et de l'armée, en admettant différentes éventualités de guerre; la collection et la rédaction de mémoires sur le pays en général et sur sa défense, sur la préparation du théâtre de la guerre, sur les travaux de destruction ou de rétablissement d'ouvages à la frontière et à l'intérieur; la collection et l'étude du matériel, des stations et des lignes de chemins de fer; l'approvisionnement de cartes étrangères et de celles du pays; l'étude des armées appartenant aux Etats qui nous environnent, au point de vue de l'organisation, du service, de la méthode de combat et du degré d'instruction; l'étude de l'histoire militaire tant nationale qu'étrangère ; la collection et l'étude des ordonnances et règlements, ainsi que celles des publications les plus importantes dans la littérature et la statistique militaire ; la rédaction des règlements, manuels, instructions, etc., ayant trait à l'état-major et aux commandements supérieurs.

Le corps d'état-major général perfectionne ses connaissances dans les cours de répétition des divisions et brigades, ainsi que dans les cours d'état-major, les reconnaissances, les missions spéciales, tant à l'intérieur qu'à l'extérieur, et en prenant part aux travaux du bureau d'état-major.

### 2. En temps de guerre.

Le champ d'activité de l'état-major général, en temps de guerre, comprend : l'élaboration des dispositions concernant les dislocations, la sécurité, les marches et le combat et, suivant l'état des choses, la rédaction des ordres, d'après les directions du commandant ; l'organisation et la conduite des reconnaissances ; la réunion des mémoires sur le théâtre de la guerre et sur l'ennemi ; la désignation des ouvrages à détruire ou à rétablir ; le service des renseignements ; les négociations avec l'ennemi ; toutes les mesures à prendre pour le maintien du bon état et du bon esprit des troupes ; la tenue du journal de l'armée ; les rapports de combat ; la collection des matériaux devant servir plus tard à l'histoire de la guerre, etc.

### 3. La position personnelle de l'officier d'état-major général.

L'attitude de cet officier, en présence de son chef, des officiers appartenant à son état-major et des commandants de corps qui en dépendent, doit être celle d'un conseiller et d'un aide, toujours prêt à rendre service. De vastes connaissances militaires, un caractère ferme, de la *modestie* dans la manière d'agir, telles sont les qualités essentielles qu'on doit lui supposer.

Vis-à-vis de *son chef*, l'officier d'état-major se comportera conformément au rang inférieur qu'il occupe. Il doit, par une activité infatigable, qui ne cesse ni de jour ni de nuit, chercher à obtenir sa confiance pleine et entière, sans laquelle il ne peut être question d'un travail fructueux. Dans l'accomplissement de son service, l'officier d'état-major doit bien se pénétrer qu'il ne suffit pas d'exécuter d'une manière convenable les ordres reçus, mais que, dans certains cas, il a l'obligation d'en donner lui-même. L'officier d'état-major qui manque d'initiative, qui ne sait pas tout prévoir et tout préparer, n'est pas à la hauteur de sa mission. Ce n'est que lorsque le commandant a rejeté ses propositions que sa responsabilité est dégagée.

Dans l'exécution des ordres, l'officier d'état-major est autorisé à faire ses observations, s'il a la conviction intime qu'ils ne sont pas conformes au but. Dans certains cas urgents, il est même de son devoir d'exposer à son chef les motifs pour lesquels il ne partage pas sa manière de voir. Il va sans dire que, dans ces circonstances, il doit user de beaucoup de tact. Si, malgré cela, le commandant persiste dans ses idées premières, ce sera pour l'officier d'état-major un devoir strict et d'honneur, de faire exécuter les ordres tels qu'ils ont été donnés. Il est tenu de fermer l'oreille à toutes les critiques, quelle qu'en soit la source.

L'officier d'état-major ne doit pas oublier que ses appréciations, quoique basées sur une grande connaissance des détails, ne sont pas toujours assez convaincantes pour faire pencher la balance, car c'est en s'étayant de son expérience plus complète et à l'aide de son coup d'œil embrassant l'ensemble que le commandant aura pris ses décisions.

Avant d'émettre son opinion personnelle, l'officier d'état-major doit bien supputer le conseil qu'il va donner à son chef. Quoique ce dernier soit responsable des ordres donnés, il n'est pas moins vrai qu'une grande responsabilité morale sera assumée par le premier. L'expérience montre qu'en cas d'insuccès des opérations ou de la campagne, l'armée, de même que l'histoire, feront toujours supporter, en premier lieu, à l'état-major sa part de fautes.

L'officier d'état-major tiendra son chef au courant de tout ce qui se passe dans la troupe et de tout ce qui peut toucher aux besoins matériels et moraux de celle-ci. Il le nantira de même en ce qui concerne l'ennemi. De son côté, il est en droit de demander que son chef lui donne constamment connaissance de tout ce qui lui est communiqué sur la situation de la guerre, ainsi que sur ce qu'on a l'intention d'exécuter. Ces renseignements lui sont indispensables pour l'accomplissement de son service dans tous ses détails.

Vis-à-vis de ses collègues dans un état-major, l'officier d'état-major doit se comporter en bon camarade. Dans toutes ses relations, il règlera sa conduite d'après le grade qu'il occupe et n'élèvera aucune autre prétention. Ceci ne l'empêchera nullement, s'il sait agir avec le tact voulu, d'avoir une heureuse influence sur les rapports personnels des officiers de l'état-major entr'eux et avec leur chef. Sitôt qu'un différend surgira, il ne négligera rien pour le faire disparaître dès son origine. Cela est d'autant plus nécessaire que, pour la bonne marche du service, il faut que l'entente règne entre tous les officiers qui composent un état-major. Dans l'accomplissement de leur service, les officiers d'un état-major seront, plus ou moins, matériellement dépendant de l'officier de l'état-major général. Ce sera particulièrement le cas lorsque ceux-ci ne seront pas parfaitement au courant de l'ensemble de la situation et de l'état momentané des opérations. Dans ces circonstances, il est du devoir de cet officier de s'appliquer sans relâche à instruire et à stimuler ses camarades. Ceci lui sera surtout facile dans les états-majors de division ou de brigade, où il remplit les fonctions de chef de bureau. Toutefois, pour agir avec efficacité, cet officier doit posséder la confiance pleine et entière de son chef, et il faut qu'un esprit de camaraderie bien entendue domine dans toutes les relations. Si cela n'existe pas, la position devient intenable.

C'est dans ce même esprit que l'officier d'état-major se comportera avec les *commandants et les officiers* des unités de troupes appartenant à son corps; il doit être pour eux un ami toujours bienvenu. Pour pouvoir constamment renseigner son chef sur l'état et l'esprit de la troupe, il devra fréquemment se mettre en relation avec elle. Dans ses courses au quartier-général, souvent éloigné, ou en regagnant son quartier, ou aussi en visitant les avant-postes, etc., il aura quelquefois l'occasion de s'arrêter au bivouac ou au cantonnement et d'y passer un certain temps; une réception amicale, dans ces moments-là, lui fera toujours plaisir. Ses relations avec les officiers et la troupe doivent être cordiales et sans raideur. Il faut tenir compte de tous les facteurs qui peuvent contribuer à inspirer aux troupes une confiance absolue en l'état-major général. Lorsqu'il se trouvera personnellement en contact avec la troupe, l'officier d'état-major évitera de prendre des airs mystérieux. S'il est interrogé, il communiquera modestement ce qu'il peut divulguer, mais il refusera poliment et avec tact de donner des renseignements qui doivent être tenus secrets. Il aura quelquefois l'occasion d'observer dans la troupe des choses blâmables. Il cherchera à y porter remède de sa propre autorité, en faisant, confidentiellement et à propos, ses remarques au commandant que cela concerne. En adressant son rapport à son chef, il s'abstiendra de toute sévérité inutile. Si le commandant en question fait preuve d'obstination ou de mauvaise volonté, l'officier d'état-major interviendra alors avec énergie et rappellera à son devoir l'officier inculpé. Il fera immédiatement et sans ménagement rapport à son chef.

L'état-major général n'a pas pour mission de donner directement des ordres aux troupes; les officiers appartenant à ce corps ne revêtent aucun commandement. C'est pourquoi, à l'occasion des manœuvres de campagne, ils doivent bien se garder d'empiéter sur les attributions d'un commandant, en donnant directement n'importe quel ordre aux troupes. Ils n'y sont aucunement autorisés, même lorsque l'officier de troupe est leur inférieur en grade. D'un autre côté, ils ne se renfermeront pas dans un mutisme complet et prétentieux. Leur devoir sera de se rendre auprès de l'officier qui a pris des dispositions contraires aux règles de la tactique, ou qui est en chemin de le faire, et là, même sans y être invité, ils l'assisteront de tout leur savoir et le rendront surtout attentif sur les intentions de son supérieur.

### 4. L'officier d'état-major dans les divers états-majors.

a) *Dans l'état-major de l'armée.*

Le *chef d'état-major* est placé à la tête de l'état-major de l'armée. Il est l'aide et le conseiller immédiat du général pour ce qui concerne les grandes opérations; il en est l'organe central, pour tout ce qui a trait à la direction de l'armée dans son ensemble. Le service des renseignements, pour lequel il lui est adjoint deux officiers d'état-major, à titre d'adjudants, est placé directement sous ses ordres.

Dans l'état-major de l'armée, le service de l'état-major proprement dit constitue une subdivision distincte (*Bureau de l'état-major*), laquelle est indépendante du bureau du chef d'état-major. Ce bureau a son chef spécial, remplissant en même temps les fonctions de sous-chef d'état-major.

Le bureau de l'état-major se répartit en trois sections :

1. La chancellerie ;
2. La section des opérations ;
3. La section technique.

La *chancellerie* est chargée de l'expédition et de la réception de toutes les écritures, elle tient le journal de la correspondance, ainsi que celui des expéditions, elle collectionne les ordres généraux, les circulaires, les adresses et soigne les archives. Le chef de cette section a sous ses ordres, outre le personnel de bureau subalterne, les directeurs des postes et télégraphes de campagne.

La *section des opérations*. — C'est la section la plus importante de l'état-major de l'armée; elle constitue en même temps la section spéciale de l'état-major. C'est elle qui élabore tous les ordres concernant les mouvements et les dislocations, le combat, l'instruction et l'emploi des troupes. Elle organise et dirige aussi les reconnaissances nécessaires, tient le journal des opérations, etc. Elle veille à ce que les dispositions du droit des gens et des traités internationaux soient observées. Cette section se compose de quatre officiers d'état-major.

La *section technique* a entre les mains et utilise pour le bien de l'armée tous les mémoires sur les reconnaissances et la défense du pays, sur la destruction ou le rétablissement d'ouvrages; elle détient aussi les statistiques sur les ressources du pays et l'approvisionnement des cartes.

Le *bureau des chemins de fer*, quoique touchant de très près au bureau de l'état-major, forme une subdivision distincte, placée sous les ordres du chef de l'exploitation. Elle se compose de trois officiers appartenant à l'état-major (section des chemins de fer). L'officier chargé du commandement supérieur du service des étapes (*Generaletappenkommandant*), est en relations directes avec le chef de ce bureau et celui du bureau de l'état-major.

b) *Dans l'état-major de division.*

*Le premier officier d'état-major, en même temps chef d'état-major*, est placé à la tête de l'état-major de division. Il est l'adjoint direct du divisionnaire, dans le rayon de service de la division. Il est en même temps chef de bureau et chef du service d'état-major. Les intentions de son chef et le but final des opérations doivent lui être connus, afin qu'il puisse élaborer tous les travaux propres à lui faciliter l'accomplissement de ses projets. Le service des renseignements est organisé et dirigé par lui et il transmet les renseignements qu'il a pu recueillir à l'état-major de l'armée. En qualité d'officier d'état-major, il s'occupera surtout des mouvements, des dislocations de troupes et des dispositions du combat; son aide est le *second officier d'état-major*.

L'état-major de division se subdivise en deux sections : l'une, s'occupant de tous les travaux concernant particulièrement l'état-major, se nomme la *section d'état-major;* l'autre, appelée *section du service*, comprend toutes les autres branches du ressort de l'état-major. Le travail de la section d'état-major se répartit encore entre le bureau du chef d'état-major, la chancellerie de la division et le bureau de l'état-major proprement dit. Cette répartition, *faite uniquement dans le but de faciliter à chacun sa besogne*, n'implique nullement, surtout pour le service de campagne, une séparation des locaux affectés aux bureaux.

Pendant les marches et le combat, le 1er et le 2e officier d'état-major accompagnent le divisionnaire. C'est au chef d'état-major qu'incombe tout particulièrement, pendant l'action, le devoir de réunir toutes les informations et tous les renseignements parvenus, de les communiquer au divisionnaire et d'en faire rapport au commandant supéaieur, de maintenir le contact entre les différents corps de troupes, de veiller au ravitaillement des munitions par le parc de division et de donner les dispositions générales pour l'emploi et le placement des ambulances. C'est lui aussi qui, en cas de victoire, donnera les dispositions pour la poursuite, et, en cas de défaite, ordonnera les mesures nécessaires pour couvrir la retraite. En général, après chaque combat, il doit s'occuper de la subsistance, des dislocations et du logement des troupes, ainsi que du rétablissement de l'ordre. Il peut remettre une partie de ces fonctions, pour l'accomplissement desquelles il a la plupart du temps besoin de l'autorisation du divisionnaire, au 2e officier d'état-major.

### c) *Dans la brigade d'infanterie.*

L'officier d'état-major adjoint à l'état-major de brigade est le subordonné immédiat et l'aide du commandant de brigade. En cette qualité, il est chef du bureau de brigade et a la responsabilité de la bonne marche du service. Il soigne aussi les affaires concernant particulièrement l'état-major. Pour autant qu'il en est autorisé par le brigadier, il rédige les ordres et les dispositions, prend toutes les mesures de détail qui en découlent, dirige les reconnaissances, surveille le dépôt de cartes, tient le journal de la brigade et rédige les rapports de combat.

Pendant l'action, il veillera surtout au maintien des communications, soit entre les différentes unités de la brigade, soit entre celles-ci et les autres corps de la division. Il veillera de même au ravitaillement des munitions par le premier échelon de munitions[1], à l'établissement de l'ambulance et à ce que les blessés

[1] Formé par la réunion des caissons d'infanterie de la brigade, placés sous les ordres du lieutenant du train.

soient mis à l'abri. C'est lui qui reçoit tous les rapports et les transmet au divisionnaire. Lorsque le combat est terminé, il s'occupe du ralliement de la brigade, fait en sorte que les subsistances arrivent, que la munition soit complétée, etc.

En marche ou en stationnement, il a la surveillance du service d'avant-postes ou du service de sûreté en marche, si sa brigade est en première ligne.

## II. Les représentants des différentes armes et branches administratives attachés aux états-majors.

Ces officiers sont, en premier lieu, les conseillers du commandant dans les questions relatives à leur spécialité. En second lieu, ce sont eux qui préparent toutes les dispositions techniques ou administratives concernant leur arme ou leur branche. Mais, lorsqu'il s'agit d'utiliser dans le service les troupes appartenant à ces armes ou à ces branches spéciales, c'est le commandant sous les ordres duquel elles sont placées, au point de vue tactique, qui seul en dispose. Dans les questions purement techniques, par contre, elles dépendent de leurs représentants dans les états-majors ; c'est à eux qu'elles s'adressent et c'est d'eux qu'elles recevront les instructions voulues. Il va sans dire que ces rapports doivent suivre la voie du service.

Ces représentants des différentes armes et branches administratives attachés aux états-majors, sont :

### 1. Dans l'état-major de l'armée.

a) *Un colonel d'artillerie.*

Cet officier a la haute surveillance et la direction générale de l'artillerie pour tout ce qui a trait à sa répartition et à son instruction. Toutes les questions techniques et particulières à cette arme relèvent de lui. Il inspecte les troupes d'artillerie attachées aux divisions, et il a sous son commandement supérieur les unités non incorporées dans celles-ci.

Lorsque le cas se présente que plusieurs brigades d'artillerie sont réunies dans le combat, le général les place directement sous les ordres de ce colonel. Dans l'état-major de l'armée, il est à la tête du *bureau de l'artillerie,* dont dépendent le *directeur du train* et le *directeur du parc.* Ces deux officiers ont la haute surveillance et la direction des inspections, de l'entretien, des mutations et du remplacement des munitions, de même que du matériel et des chevaux de l'armée (ceux de cavalerie exceptés).

b) *Un colonel du génie.*

Cet officier a la surveillance et la haute direction des troupes du génie et des pionniers d'infanterie, pour ce qui concerne leur répartition et leur instruction. Toutes les questions techniques particulières à l'arme du génie relèvent de lui. Il élabore les projets de travaux du génie à exécuter en dehors des divisions. Leur exécution a lieu sous sa direction. Lorsqu'il s'agit de travaux importants, il les dirige personnellement. Les ingénieurs de division et les officiers du génie chargés de missions spéciales reçoivent de lui les instructions et les ordres ayant trait à l'exécution technique de leurs travaux. Il veille à ce que l'armée soit pourvue d'outillage, de dynamite, de poudre de mine, etc.

c) *Le commissaire des guerres de l'armée*
*(Commissaire de campagne).*

Le commissaire des guerres de l'armée est à la tête de l'administration. Celle-ci comprend la subsistance, le logement, l'habillement, la comptabilité et la caisse de l'armée. Il soumet au chef d'état-major ses propositions sur la manière de faire subsister la troupe, sur les moyens de se procurer les approvisionnements nécessaires, sur l'établissement de dépôts et de magasins, etc. Dans l'état-major de l'armée, il fonctionne en qualité de chef du *bureau du commissariat,* dont dépendent les sections ci-après : 1) subsistance ; 2) logement, habillement et équipement ; 3) comptabilité ; 4) caisse.

d) *Le médecin de l'armée.*

Chef du service sanitaire de l'armée.

e) *Le vétérinaire de l'armée.*

Chef du service vétérinaire de l'armée.

f) *L'auditeur de l'armée.*

Chef de l'administration de la justice militaire.

L'infanterie et la cavalerie sont représentées par l'*adjudant-général,* dont il sera question plus loin.

### 2. Dans l'état-major de division.

a) *L'ingénieur de division.*

L'ingénieur de division est l'aide du divisionnaire pour la partie technique des travaux du génie. En cette qualité, il dirige, selon les indications générales du commandant de division, soit de son chef d'état-major, les travaux nécessaires pour renforcer certaines parties de terrain, ainsi que les travaux de destruction exigés par les circonstances. Il donne aux troupes du génie de la division les instructions concernant la partie technique et veille à l'approvisionnement de l'outillage nécessaire. C'est lui qui dispose des quatre chariots de pionniers et du chariot à outils de pionniers de la division.

b) *Le commissaire des guerres de la division.*

Cet officier dirige l'administration et le service des subsistances de la division. La comptabilité et la caisse sont placées sous ses ordres. Il passe les contrats pour la fourniture des vivres et fourrages, et veille à ce que les approvisionnements en munitions de bouche, objets d'habillement et d'équipement suivent les corps d'étape en étape. Il donne au commandant des troupes d'administration de la division les instructions et les ordres relatifs au service des subsistances et il contrôle les caisses.

c) *Le médecin de division.*

Le médecin de division dirige et surveille le service sanitaire. Il donne les instructions relatives à la partie technique et scientifique de ce service, et ordonne les mesures hygiéniques propres au maintien de la santé des troupes ; il organise aussi le service sanitaire pour les états-majors et les unités qui n'ont pas de médecin attitré. Sur le champ de bataille, il désigne, selon les indications générales du chef d'état-major, les places de pansement principales, celles pour les ambulances et prend les mesures voulues pour l'évacuation des blessés ; il fait en sorte qu'un matériel de transport suffisant soit à disposition.

Son inférieur immédiat est le chef du lazaret de campagne.

d) *Le vétérinaire d'état-major.*

Il dirige le service vétérinaire dans la division, surveille l'état de santé des chevaux et du bétail de boucherie, et donne les instructions techniques au personnel vétérinaire. Il prend des mesures pour les soins à donner aux chevaux des états-majors et des unités qui n'ont pas de vétérinaire attitré.

e) *Le grand-juge.*

Cet officier veille à l'application de la justice, en conformité de la loi sur la justice pénale.

Est adjoint à l'état-major de la division :

f) *Le commandant du bataillon du train.*

Dès que le bataillon du train a réparti ses divisions entre le bataillon du génie, la compagnie d'administration et le lazaret de campagne, son chef se rend auprès de l'état-major de division. Il est chargé de l'inspection du train de ligne et du train d'armée. Pendant la marche et le combat, il prend le commandement des colonnes de train réunies. Il doit tout particulièrement faire en sorte d'avoir à disposition le nombre voulu de voitures et de chevaux de réquisition, et veiller à leur entretien.

### 3. Dans la brigade d'infanterie.

a) *L'auditeur de la brigade.*

Il est chargé de l'administration de la justice pénale.

b) *Le lieutenant du train.*

Cet officier a la surveillance du service des soldats du train ; il veille aussi à ce que les chevaux de la brigade soient convenablement soignés et logés. Pendant les marches et le combat, il dirige la colonne de caissons de la brigade.

### 4. Dans l'état-major de la brigade d'artillerie.

a) *Le chef d'état-major de la brigade d'artillerie.*

Cet officier est le subordonné immédiat du commandant de la brigade et sa position est analogue à celle de l'officier d'état-major attaché à une brigade d'infanterie, avec ces différences cependant, que son service concerne plus spécialement l'arme de l'artillerie et que son chef (au moins dans des conditions normales) ne sera pas appelé à exercer un commandement sur des corps composés de différentes armes, ainsi que cela se présente pour le commandant de brigade d'infanterie.

b) *Le quartier-maître.*

Le quartier-maître soigne la comptabilité et le service d'administration de la brigade.

Puis, comme dépendant de la brigade d'artillerie :

c) *Le commandant du parc de division.*

Cet officier a sous son commandement les deux colonnes de parc. Il veille au ravitaillement des munitions et à la réparation ou au remplacement des voitures de guerre endommagées.

### 5. Dans l'état-major du régiment d'infanterie.

*a*) Le quartier-maître, comptable du régiment ;
*b*) L'aumônier;
*c*) L'officier de pionniers, en qualité de chef des pionniers réunis du régiment.

**6. Dans l'état-major du régiment de cavalerie.**

*a*) Un quartier-maître ;

*b*) Un médecin, pour les trois escadrons du régiment.

## III. Les adjudants.

Le service des adjudants a une certaine analogie avec celui des officiers d'état-major. Il s'étend aussi à l'ensemble, mais a particulièrement en vue *le service,* soit dans les états-majors, soit dans la troupe. Les officiers d'état-major, par contre, s'occupent plutôt de la partie active et se meuvent dans une sphère supérieure. Au point de vue personnel, l'adjudant doit inspirer à son chef une confiance absolue et pouvoir, en cas d'absence, remplacer l'officier d'état-major. Ce dernier a même l'autorisation, en cas de nécessité, de se faire seconder dans ses travaux par les adjudants. Il va sans dire que, lorsque les circonstances l'exigeront, l'officier d'état-major prêtera de même son concours aux adjudants, sans se laisser arrêter par des idées mesquines, surtout lorsqu'il s'agira de transmettre des ordres. Pour les questions de priorité et de rang, qui peuvent surgir entre les officiers d'un état-major, la loi sur l'organisation militaire a prévu que les officiers d'état-major n'occuperaient pas un grade *inférieur* à celui de capitaine, tandis que le grade *le plus élevé* d'un adjudant sera celui de capitaine aussi. A égalité de grade, l'ancienneté prévaut. La bonne marche du service, soit pour les travaux de bureau, soit pour le service de campagne, exige d'une manière absolue que les relations entre les adjudants et les officiers d'état-major soient amicales. En général, les adjudants se comporteront vis-à-vis de leur chef et de leurs collègues, ainsi que cela a été indiqué précédemment pour les officiers d'état-major.

Le service des adjudants, selon ce qui a été dit plus haut, consistera en résumé :

1. A établir les rapports (rapports tactiques);
2. A transmettre les ordres et les rapports ;

3. A seconder l'état-major général.

Au point de vue du service, on peut distinguer deux espèces d'adjudants :

1. Les adjudants fonctionnant auprès d'un état-major et placés par conséquent sous les ordres du commandant de corps ;

2. Les adjudants attachés à certains officiers, tels que les représentants des différentes armes ou branches d'administration dans les états-majors.

Les premiers appartiennent surtout à l'infanterie et à la cavalerie, c'est-à-dire aux armes composant les corps combinés respectifs. C'est à eux surtout que s'applique en plein ce qui a été dit plus haut au sujet de ces fonctions. Les derniers appartiennent sans exception à l'arme ou à la branche de service représentée par leur chef. Leurs fonctions ont un caractère spécial et c'est surtout au point de vue technique qu'ils seconderont l'officier auprès duquel ils sont placés. Ils peuvent être appelés à établir des rapports et à transmettre des ordres relatifs à leur branche, mais ils seront rarement employés à des travaux d'état-major ; c'est pourquoi il vaudrait mieux les appeler adjoints ou substituts, si ces termes étaient admis dans le langage militaire.

Les adjudants mentionnés sous le chiffre 1, c'est-à-dire les officiers qui remplissent *réellement* ce service dans un état-major, occupent, pour la transmission des ordres, le rang correspondant à l'état-major dont ils dépendent. Toutefois cette transmission d'échelons en échelons n'a pas lieu d'adjudant à adjudant, mais toujours d'un commandant à l'autre.

Ces adjudants sont :

### 1. Dans l'état-major de l'armée.

C'est dans le bureau à la tête duquel est placé *l'adjudant-général* (colonel d'infanterie), que se concentrent toutes les affaires relatives au service des adjudants. Cet officier est placé sous les ordres directs du général, soit du chef d'état-major. Il a la direction supérieure sur tout ce qui concerne l'état du personnel, la police et la discipline de l'armée. Il accompagne le général dans ses inspections et profitera de ces occasions pour examiner tout particulièrement les branches de service indiquées plus haut. Il a sous ses ordres directs la *section du service* et le *commandant* du quartier-général.

La *section du service* est au bureau de l'adjudant-général, ce qu'est la section d'état-major au bureau d'état-major; elle a donc une grande importance. C'est à cette section que parviennent pour être collectionnés les rapports sommaires et effectifs de l'état-major de l'armée, des divisions et des corps détachés, les rapports et les communications relatifs à la police et à la discipline, aux inspections, à l'habillement et à l'équipement. Elle émet son préavis pour le remplacement des pertes en hommes ou en matériel. Elle établit et distribue le mot d'ordre, elle délivre les laissez-passer, les sauf-conduits, les sauve-gardes, les feuilles de route, etc.

### 2. Dans l'état-major de division.

Toutes les affaires concernant le service des adjudants relèvent du *premier adjudant* de division. Il remplit dans sa sphère des fonctions analogues à celles de l'adjudant-général dans l'état-major de l'armée. En général, il cumule encore les fonctions de commandant de place du quartier-général et a sous ses ordres le chef de la compagnie de guides, dont la majeure partie reste attachée à l'état-major de la division.

Le *second adjudant* est spécialement chargé de la comptabilité de l'état-major de division et de la surveillance du service des soldats du train et des domestiques qui dépendent de l'état-major.

### 3. Dans l'état-major de brigade.

L'*adjudant de brigade* remplit les fonctions de commandant de place du quartier de la brigade. Il est chargé de tout ce qui concerne les rapports, la transmission des ordres, le service intérieur et la police. Il tient aussi la comptabilité de l'état-major.

### 4. Dans l'état-major de régiment.

L'*adjudant de régiment* est chargé d'un service analogue à celui des adjudants de division et de brigade, pour les affaires relatives au service intérieur, à la police, aux rapports, etc. Il seconde en outre son chef dans tous les travaux qui, dans les autres unités, incombent à l'officier d'état-major. Il tient le journal et rédige les rapports de combat.

## IV. Les sous-officiers et soldats attachés aux états-majors.

Les deux catégories principales sont les secrétaires d'état-major et les soldats du train. Les premiers sont placés sous les ordres de leur chef de bureau respectif; les seconds dépendent, dans l'état-major de l'armée, du capitaine du train; dans celui de division, du second adjudant; dans celui de brigade, du lieutenant du train; dans celui de régiment, de l'adjudant-sous-officier du train.

NEUVIÈME PARTIE

# L'INSTRUCTION DE L'ARMÉE FÉDÉRALE

L'*instruction militaire* est donnée, aux frais de la Confédération, par les corps d'instructeurs dont il est parlé dans la première partie de cet ouvrage, avec l'aide des officiers et sous-officiers.

Le concours des officiers et sous-officiers est indispensable, non seulement dans l'intérêt du perfectionnement de leur instruction, mais aussi pour compléter le corps d'instructeurs, lequel, par motifs d'économie, est tout à fait trop réduit.

Les plans d'instruction sont préparés par les instructeurs en chef, puis soumis aux chefs d'arme ou de service. Ceux-ci les transmettent, avec leurs propositions, au Département militaire fédéral, pour ratification.

## 1. Des différentes espèces de cours d'instruction et de leur durée.

Les divers cours d'instruction consistent en :

a) *Ecole de recrues ;*
b) *Cours de répétition ;*
c) *Ecoles préparatoires d'officiers ;*
d) *Ecoles spéciales ;*
e) *Exercices de tir et inspections.*

Ad. *a.* Le but des *écoles de recrues* est de donner à l'homme une première instruction (abstraction faite de l'instruction préparatoire), suffisante pour en faire un soldat. Tous les citoyens aptes au service y sont astreints, même lorsqu'ils ont atteint l'âge d'être incorporés dans la landwehr. Cependant, cette disposition n'est pas applicable, pour le moment, en raison de la loi fédérale du 5 juillet 1876, laquelle laisse aux hommes nés avant 1855 et n'ayant pas encore reçu l'instruction militaire, la faculté de choisir entre le service personnel ou la libération, en payant la taxe [1].

La durée des écoles de recrues a été fixée pour chaque arme, et sans tenir compte des jours d'entrée et de licenciement, de la manière suivante :

| | | |
|---|---|---|
| Infanterie | 45 | jours. |
| Cavalerie | 80 [2] | » |
| Artillerie : | | |
| Artillerie de campagne (batteries et colonnes de parc) et artillerie de position | 55 | » |
| Artificiers | 42 | » |
| Train d'armée (bataillon du train et train de ligne) | 42 | » |
| Génie | 50 [3] | » |
| Troupes sanitaires | 46 [4] | » |
| Troupes d'administration | 45 [5] | » |

La proportion dans laquelle les cadres sont appelés aux écoles de recrues peut être fixée normalement, selon le tableau des écoles pour 1882, comme suit :

[1] F. M. F., 1876, No 95.

[2] Loi fédérale du 16 juin 1882 modifiant l'art. 107 de la loi sur l'organisation militaire. F. F., No 33.

[3] Les pionniers d'infanterie reçoivent la même instruction que les sapeurs du génie.

[4] Y compris un cours préparatoire de 11 jours, pour le service d'infanterie; il reste 35 jours.

[5] La durée de ces écoles n'est pas fixée par la loi; elle est actuellement de 45 jours.

Proportion pour cent recrues.

| | a) Officiers sans médecins ou quartiers-maîtres | b) Sous-officiers et appointés de la même arme. |
|---|---|---|
| Infanterie . . . . . . . . | 4,2 | 14,5 |
| Cavalerie (dragons) . . . | 3,3 | 11,7 |
| Artillerie (de campagne) . . | 5,9 | 14,5 |
| Génie . . . . . . . . . | 4,3 | 18,0 |

Les cadres de l'infanterie ont à suivre un cours préparatoire de huit jours, avant l'entrée des recrues; les commandants de bataillon et les adjudants ne sont appelés à ces écoles que pour la seconde moitié du service, en conformité de la loi suspensive dn 21 février 1878.

Les écoles de recrues de cavalerie sont précédées d'un cours de cadres de quatre jours, conformément à la loi suspensive du 21 février 1878. Elles se subdivisent en deux cours, dont un de vingt jours, en hiver. Ce cours a pour but l'enseignement de l'équitation, en se servant de chevaux déjà dressés et habitués au service.

Selon le tableau des écoles, il existe aussi pour les écoles de recrues du génie un cours préparatoire de huit jours.

Ad. *b*. Si l'on fait abstraction du service actif, c'est uniquement à l'occasion des *cours de répétition,* que les corps de troupes organisés sont appelés sous les armes.

Les cours de répétition de l'élite ont lieu toutes les années pour la cavalerie et pour les autres armes tous les deux ans. Ceux de la landwehr [1] ont lieu tous les quatre ans pour les bataillons d'infanterie, les batteries de campagne, les compagnies de position et les cadres des bataillons du génie.

Leur durée, non compris les jours d'entrée et de licenciement ou de marche pour se rendre sur la place d'armes, a été fixée comme suit :

[1] Loi fédérale concernant les exercices et les inspections de la landwehr du 7 juin 1881. F. M. F., N° 10.

| | ÉLITE | LANDWEHR Cours préparatoire pour les cadres | LANDWEHR Cours de répétition pour tout le corps |
|---|---|---|---|
| Infanterie . . . . . . . . | 16 jours | 4 | 5 |
| Cavalerie . . . . . . . . | 10[1] » | — | — |
| Artillerie : | | | |
| Batteries . . . . . . . | 18 » | — | 6 |
| Colonnes de parc et compagnies d'artificiers . . | 16 » | — | — |
| Compagnies de position . | 16 » | — | 6 |
| Train d'armée (bataillon du train et train de ligne) . | 14 » | — | — |
| Génie . . . . . . . . . . | 16 » | — | — |
| Id. (cadres) . . . . . . | — | 6 | — |

Troupes sanitaires : Elles sont appelées par subdivisions pour les manœuvres de corps plus considérables (divisions, brigades).

Troupes d'administration : 28 jours, mais les cours n'ont lieu que lorsque la nécessité s'en fait sentir.

Pour toutes les armes, les cadres et la troupe entrent au service simultanément.

Les bataillons d'infanterie de landwehr, dont les cours de répétition sont précédés d'un cours de cadres et les bataillons du génie de landwehr, qui n'ont qu'un cours de cadres, font exception à cette règle.

Sont appelés à ces cours : Tous les officiers incorporés dans le corps et, normalement, les sous-officiers des dix et les soldats des huit premières classes d'âge seulement [2].

Les dix classes d'âge de la cavalerie sont toujours appelées régulièrement aux exercices.

[1] Chaque année. — Les cours préparatoires de cadres de 4 jours, prévus par la loi sur l'organisation militaire de 1874, ont été supprimés par la loi du 21 février 1878. F. M. F., No 28.

[2] En discutant le budget, l'assemblée fédérale a interprété la loi de telle sorte que les recrues de l'année ne sont pas appelées aux cours de répétition, à l'exception de celles proposées pour l'avancement. Ce sont donc les huit ou dix classes d'âge suivant immédiatement, qui prendront part à ces cours.

L'Assemblée fédérale peut, lors de la fixation du budget, décider l'appel au service d'un plus grand nombre de classes, et même de toute l'élite. Elle n'a pas encore usé de ce droit et, cependant, il serait fort à désirer, dans l'intérêt de l'instruction, que les sous-officiers, au moins, fussent tous présents et que, pour les manœuvres de corps de troupes considérables, les unités eussent les effectifs de campagne. Pour ce qui concerne les sous-officiers, il a été pris une mesure qui satisfait en partie à ce désir : c'est que, pour les grades qui n'ont qu'un représentant, tels que le sergent-major ou le fourrier, on peut, au besoin, appeler des sous-officiers plus âgés.

Pour la landwehr, l'Assemblée fédérale fixe chaque année, en établissant le budget, le nombre des plus anciennes classes d'âge qui sont dispensées des cours de répétition. Actuellement, il est limité aux trois dernières classes.

L'organisation des cours de répétition, pour l'infanterie d'élite, est faite de manière à réunir successivement les bataillons, les régiments, les brigades et les divisions. Pour ce dernier cours, toutes les troupes appartenant à la division seront appelées sous les armes. Il sera aussi fait en sorte d'adjoindre des armes spéciales aux exercices par brigade ou régiment. Afin de faciliter l'établissement des programmes annuels pour l'instruction, le Conseil fédéral a adopté, sous date du 18 décembre 1875, un *tour de rôle pour les cours de répétition de l'infanterie*, suivant lequel les unités seront appelées au service d'après le tableau ci-après :

| | 1877 | 1878 | 1879 | 1880 | 1881 | 1882 | 1883 | 1884 |
|---|---|---|---|---|---|---|---|---|
| Cours de répétit. par batail. isolés | IV* | VIII | V | II | I | III | VII | VI |
| Cours de répétit. par régim. isolés | VII | VI | IV | VIII | V | II | I | III |
| Cours de répétit. par brig. isolées | I | III | VII | VI | IV | VIII | V | II |
| Cours de répétit. par divisions . | V | II | I | III | VII | VI | IV | VIII |

Le Conseil fédéral, par décision du 4 novembre 1881[1], a réglé les cours de répétition de la landwehr de la manière suivante :

| | Infanterie | | Artillerie | | Batail. du génie |
|---|---|---|---|---|---|
| | Brigades de landwehr | Carabiniers et bataillons surnumér. | Batter. de camp. | Compagnies de position | |
| 1882 | I VII IX XIII | 1 4 5 | 6 8 | Ire div. 12-15. | 1 4 |
| 1883 | III V XI XV | 2 3 | 1 2 | IIe » 3-6. | 2 3 |
| 1884 | II VIII X XIV | 7 98 99 | 3 7 | IIIe » 7, 10 et 11. | 5 7 |
| 1885 | IV VI XII XVI | 6 8 | 4 5 | IVe et Ve 1, 2, 8, 9 | 6 8 |

Ad. *c.* Les *écoles préparatoires d'officiers,* pour l'infanterie, ont lieu annuellement et dans chaque arrondissement de division. Leur durée est de 42 jours.

Pour la cavalerie, les officiers sont formés dans une seule école, dont la durée est de six semaines.

Les écoles préparatoires d'officiers d'artillerie sont organisées de manière à réunir, dans un premier cours de 42 jours, tous les élèves qui n'ont pas fait un service suffisant en qualité de sous-officiers.

Dans un deuxième cours, durant 63 jours, on appelle tous les aspirants qui ont terminé la première partie avec succès, ainsi que les sous-officiers qui en ont été dispensés en raison du service fait.

Pour le génie, la durée de ces écoles est de 63 jours.

Pour les troupes sanitaires elle est de 28 jours et pour celles d'administration de 35 jours.

Ad. *d.* Sous le nom d'*écoles spéciales,* sont compris tous les services d'instruction, pour l'élite, d'une durée de plusieurs jours, non énumérés ci-dessus. Ce sont :

### *Etat-major.*

L'*école d'état-major,* divisée en deux cours.

Le premier cours est destiné à former les lieutenants et les capi-

[1] F. M. F. 1881, No 45.

taines qui désirent entrer dans ce corps. Il dure 70 jours, y compris un voyage d'état-major.

Le second cours, pour les capitaines et majors qui ont suivi le premier avec succès, a une durée de 42 jours, y compris aussi un voyage d'état-major.

Les officiers d'état-major sont en outre astreints aux travaux de subdivisions. Ils y sont convoqués par séries de six officiers au moins.

*Infanterie.*

Les *écoles de tir*. On y appelle les officiers nouvellement nommés, en règle générale, dans l'année qui suit celle de leur nomination, de même qu'un certain nombre de sous-officiers. Ces dernières années, le chiffre de ceux-ci a été d'environ 250.

Pour l'instruction technique des armuriers, il est organisé des cours spéciaux, lorsque le besoin s'en fait sentir.

Les écoles centrales, dont il est question plus loin, sont aussi destinées à l'infanterie.

*Cavalerie.*

Une *école de cadres* de 42 jours, à laquelle tous les sous-officiers doivent assister, ainsi que les premiers-lieutenants proposés comme capitaines.

*Artillerie.*

*Ecole de sous-officiers*, durée 35 jours.

Tous les soldats et appointés proposés comme brigadiers du train, sergents-canonniers, sergents-artificiers ou sergents du parc, doivent assister à cette école. Les simples soldats qui y sont appelés, sont promus appointés.

Ces cours sont aussi suivis par des officiers.

Les cours pour maréchaux-ferrants, serruriers et selliers ont lieu en même temps que les écoles de recrues.

*Génie.*

Les officiers du génie sont appelés à assister aux écoles d'état-major et aux travaux de subdivisions, de même qu'à des cours techniques spéciaux.

Il est organisé des cours particuliers pour l'instruction technique des serruriers, charrons et armuriers des bataillons du génie.

*Troupes sanitaires.*

Après leur école de recrues, les infirmiers suivent un cours de trois semaines dans un hôpital.

Les sous-officiers infirmiers et brancardiers sont appelés à un service d'instruction d'une durée de trois semaines.

Pour les médecins militaires, il est organisé des cours spéciaux, appelés *cours d'opérations.*

*Troupes d'administration.*

Des écoles spéciales de 21 jours ont lieu chaque année pour les sous-officiers et soldats de toutes les armes, proposés comme fourriers, ainsi que pour les soldats des troupes d'administration proposés pour l'avancement.

*Ecoles centrales.*

Les officiers d'infanterie, de même que les officiers de toutes les armes, mais surtout des armes combattantes, complètent leur instruction dans les écoles centrales. Ces écoles sont commandées par l'instructeur en chef de l'infanterie et sont organisées de la manière suivante :

I. Ecole centrale pour les officiers subalternes de toutes les armes et cours spécial pour les adjudants. Durée 42 jours. Elle a lieu chaque année.

Comme les circonstances ne permettent pas d'y appeler tous les officiers subalternes, on désigne en général, au moins pour l'infanterie, les officiers qualifiés pour l'avancement. Les cours ont surtout en vue le développement de l'instruction tactique. Les élèves y reçoivent des leçons d'équitation.

II. Ecole centrale pour les capitaines nouvellement brevetés, de toutes les armes, mais particulièrement de l'infanterie.

On y appelle en premier lieu les capitaines aptes à être promus majors. Les élèves y reçoivent une instruction tactique appropriée à leur grade et suivent un cours d'équitation.

III. Ecole centrale pour les commandants de bataillon d'infanterie. Elle a lieu tous les quatre ans.

Répétition générale. Exposition des changements qui ont pu survenir dans le domaine de la tactique. Reconnaissances, combinées avec des exercices tactiques pour des corps de troupes plus considérables. Cours d'équitation.

IV. Ecole centrale pour les lieutenants-colonels nouvellement promus. Elle a lieu lorsque le besoin s'en fait sentir. Durée 42 jours. Ce cours a pour but l'enseignement supérieur de l'art militaire.

*Ad e.* Dans les années où ils n'ont pas d'autre service militaire (école de recrues, cours de répétition, écoles centrale ou de tir), les officiers de compagnie, les sous-officiers portant fusil[1] et les soldats d'infanterie d'élite sont tenus de prendre part à *des exercices de tir.* Cette obligation s'étend aussi à l'infanterie de la landwehr, à l'exception des bataillons appelés aux cours de répétition et des classes d'âges dispensées du service par l'Assemblée fédérale, à l'occasion de la fixation du budget.

Selon l'ordonnance du Conseil fédéral du 20 janvier 1880[2], les hommes doivent tirer 30 cartouches à balle. Ils peuvent le faire dans une société de tir subventionnée par la Confédération, ou dans un tir organisé à cet effet, ou enfin dans un exercice de tir obligatoire d'un jour, non compris les jours d'entrée et de licenciement. (Dans ces derniers exercices, les hommes reçoivent la subsistance, mais ils ne perçoivent ni solde, ni indemnité de route.)

Les militaires qui voudront profiter de la faculté qui leur est donnée de tirer, soit dans une société, soit dans un tir particulier, devront faire inscrire leurs résultats dans leur livret de tir, lequel

[1] Les sergents-majors d'infanterie ne sont pas considérés comme portant fusil, et sont, par conséquent, exemptés des exercices de tir. F. M. F., 1880, No 34.

[2] F. M. F., 1880, No 1.

servira de pièce justificative. Il sera envoyé jusqu'au 1er juillet, au plus tard, au chef de section. Une bonification de fr. 1,80 est accordée à chaque homme ayant fourni cette preuve.

Tous les deux ans, les bataillons de fusiliers et de carabiniers d'élite doivent en outre se présenter à *une inspection d'un jour*.

Les troupes de la landwehr qui n'ont pas assisté à un cours de répétition, ou à un cours de cadres, doivent de même se présenter, chaque année, à une inspection d'un jour.

Le Conseil fédéral est, en outre, tenu d'organiser des exercices spéciaux pour toute la landwehr, lorsque sa mise sur pied est à prévoir.

Pour compléter l'énumération des cours d'instruction prévus par la loi, nous avons cru devoir indiquer encore l'ordre dans lequel les écoles et services se suivaient pour les officiers et sous-officiers des différentes armes.

*Infanterie.*

Il est admis ici que les cours de répétition ont lieu les années impaires.

| Année de service. | | Jours de service. Sergent. | Soldat. |
|---|---|---|---|
| 1re | Ecole de recrues, en qualité de recrue | 45 | 45 |
| 2e | » » » caporal . | 53 | — |
| 3e | Ecole de tir (facultative) . . . . . | (28) | — |
| 3e | Cours de répétition . . . . . . . | 16 | 16 |
| 4e et 5e | » » . . . . . . . | 16 | 16 |
| 6e et 7e | » » . . . . . . . | 16 | 16 |
| 8e et 9e | » » . . . . . . . | 16 | 16 |
| 10e et 11e | » » . . . . . . . | 16 | — |
| 12e | » » . . . . . . . | — | — |
| | Total, élite . . . | 178 | 109 |
| 13e à 16e | Cours de répétition (landwehr) . . . | 9 | 5 |
| 17e à 20e | Cours de répétition . . . . . . . | 9 | 5 |
| | Total . . . | 196 | 119 |

Le sergent qui est promu sergent-major est en tous cas astreint à suivre une deuxième école de recrues en qualité de sous-officier.

*Capitaine.*

*a*) Jusqu'à sa promotion au grade de 1er lieutenant.

| Année de service. | | Jours de service. |
|---|---|---|
| 1re | Ecole de recrues, en qualité de recrue . | 45 |
| 2e | Ecole de recrues, en qualité de sous-officier . . . . . . . . . . | 53 |
| 3e | Cours de répétition . . . . . . . | 16 |
| | Ecole préparatoire d'officiers . . . . | 42 |
| 4e | Ecole de tir [1] . . . . . . . . . . | 28 |
| | Ecole de recrues, en qualité d'officier . | 53 |
| 5e | Ecole centrale I . . . . . . . . | 42 |
| | Cours de répétition . . . . . . . | 16 |
| | *b*) En qualité de 1er lieutenant. | |
| 6e et 7e | Cours de répétition . . . . . . . | 16 |
| 8e | Ecole de recrues, en qualité de chef de compagnie (mais avec grade de Ier lieutenant) . . . . . . . . | 53 |
| | *c*) En qualité de capitaine. | |
| 9e | Cours de répétition . . . . . . . | 16 |
| 10e | Ecole centrale II (facultative) . . . . | (42) |
| 11e | Cours de répétition . . . . . . . | 16 |
| 12e et 13e | Cours de répétition . . . . . . . | 16 |
| 14e et 15e | Cours de répétition . . . . . . . | 16 |
| | Total, élite . . . | 428 |
| 16e-20e | Cours de répétition (landwehr) . . . | 9 |
| 20e-24e | Cours de répétition (landwehr) . . . | 9 |
| | Total . . . | 446 |

Pour le lieutenant ou le 1er lieutenant qui n'obtient pas d'avancement, il y a normalement à déduire : Les deux écoles centrales, une école de recrues en qualité de chef de compagnie et, au lieu de deux cours de répétition dans l'élite, il ne fera qu'un seul cours dans la landwehr.

Son temps de service est par conséquent réduit à 328 jours.

[1] Les officiers doivent assister à une école de tir avant d'être appelés en cette qualité à une école de recrues. Ils en sont dispensés s'ils ont suivi l'école de tir comme sous-officiers.

Pour un major, il faut ajouter au service du capitaine, y compris l'école centrale II : l'école centrale III et encore 1 à 2 cours de répétition.

*Cavalerie.*

| Année de service. | | Jours de service. Maréchal-des-logis. | Soldat. |
|---|---|---|---|
| 1re | Ecole de recrues, en qualité de recrue | 80 | 80 |
| 2e | Cours de répétition en qualité de soldat . . . . . . . . . . . | 10 | 10 |
| | Ecole de recrues, en qualité de brigadier . . . . . . . . . . . . | 64 | — |
| 3e | Ecole de sous-officier, en qualité de brigadier . . . . . . . . . . | 42 | — |
| | Cours de répétition . . . . . . . | 10 | 10 |
| 4e | Cours de répétition . . . . . . . | 10 | 10 |
| 5e | Ecole de recrues, comme maréchal-des-logis . . . . . . . . . . | 64 | — |
| | Cours de répétition . . . . . . . | 10 | 10 |
| 6e-10e | Quatre cours de répétition . . . . . | 40 | 40 |
| | Total . . . | 330 | 160 |

Pour le maréchal-des-logis-chef, il faut ajouter encore une école de recrues.

*Capitaine.*

| Année de service. | | Jours de service. |
|---|---|---|
| 1re | Ecole de recrues, en qualité de recrue | 80 |
| 2e | Cours de répétition, en qualité de soldat | 10 |
| 3e | Ecole de recrues, en qualité de brigadier | 64 |
| | Cours de répétition . . . . . . . . | 10 |
| | Ecole préparatoire d'officiers . . . . | 60 |
| 4e | Cours de répétition . . . . . . . . | 10 |
| 5e | Ecole de recrues, en qualité d'officier . | 64 |
| 6e | Ecole de cadres, en qualité de 1er lieutenant . . . . . . . . . . . . . | 42 |
| | Cours de répétition . . . . . . . . | 10 |
| | Suivant les circonstances, école centrale | (42) |
| 7e-10e | Quatre cours de répétition . . . . . | 40 |
| | Ecole de recrues, en qualité de capitaine | 64 |
| | Total . . . | 454 |

Pour les officiers qui passent à la landwehr avec le grade de 1er lieutenant, il y a à déduire une école de recrues et une école de cadres, ce qui réduit le service à environ 362 jours.

*Artillerie* [1].

| Année de service. | | Jours de service. Pour les sous-officiers supérieurs (sergent-major, adjudant sous-officier maréchal-des-logis du train). | Soldat. |
|---|---|---|---|
| 1re | Ecole de recrues, en qualité de recrue | 55 | 55 |
| 2e | Cours de répétition, en qualité de soldat | 18 | 18 |
| 3e | Ecole de sous-officiers . . . . . | 35 | — |
| | Ecole de recrues, en qualité de sous-officier . . . . . . . . . . . | 55 | — |
| 4e | Cours de répétition . . . . . . . | 18 | 18 |
| 5e | Ecole de recrues, pour l'avancement ultérieur . . . . . . . . . . | 55 | — |
| 6e | Cours de répétition . . . . . . . | 18 | 18 |
| 7e et 8e | Cours de répétition . . . . . . . | 18 | 18 |
| 9e et 10e | Cours de répétition . . . . . . . | 18 | — |
| | Total, élite . . . | 290 | 127 |
| | 2 Cours de répétition de landwehr . | 12 | 12 |
| | Total . . . | 302 | 139 |

Pour les sous-officiers subalternes (brigadiers du train, sergents de canonniers, du parc, ou artificiers), il faut retrancher l'école de recrues pour l'avancement ultérieur et le service sera réduit à 235 jours.

*Capitaine.*

| Année de service. | | Jours de service. |
|---|---|---|
| 1re | Ecole de recrues, en qualité de recrue | 55 |
| | Ecole préparatoire d'officiers, Ier cours . | 42 |
| | Ecole préparatoire d'officiers, IIe cours . | 63 |
| | A reporter . . . | 160 |

[1] Ces chiffres sont basés sur le service dans les batteries. Pour les colonnes de parc, les compagnies de position ou d'artificiers et le train d'armée, le service se réduit en proportion de la durée des cours de répétition et des écoles de recrues.

| Année de service. | | Jours de service. |
|---|---|---|
| | Report . . . | 160 |
| 2e | Ecole de recrues, en qualité de lieutenant . . . . . . . . . . . . . | 55 |
| | Cours de répétition . . . . . . . . | 18 |
| 3e et 4e | Cours de répétition . . . . . . . . | 18 |
| | Ecole centrale ou école de sous-officiers (facultative) . . . . . . . . . . | 35 |
| | Cours de répétition . . . . . . . . | 18 |
| 5e et 6e | Ecole de recrues en qualité de 1er lieutenant (pour l'avancement au grade de capitaine) . . . . . . . . . . . | 55 |
| 7e à 15e | Quatre cours de répétition . . . . . | 72 |
| | Ecole centrale IIe (facultative) . . . . | 42 |
| | Total . . . | 473 |
| | 2 Cours de répétition de landwehr . . | 12 |
| | Total . . . | 485 |

Pour l'officier qui ne parvient pas au grade de capitaine, il faut déduire : l'école de recrues en qualité de 1er lieutenant, l'école de sous-officiers, l'école centrale et deux cours de répétition. Il restera donc 317 jours.

*Génie.*

| Année de service. | | Jours de service. Sergent. | Soldat. |
|---|---|---|---|
| 1re | Ecole de recrues, en qualité de recrue | 50 | 50 |
| 2e | Ecole de recrues, en qualité d'appointé | 58 | — |
| | Cours de répétition . . . . . . . . | 16 | 16 |
| 3e et 4e | Cours de répétition . . . . . . . . | 16 | 16 |
| 5e et 6e | Ecole de recrues, en qualité de sergent | 58 | — |
| | Cours de répétition . . . . . . . . | 16 | 16 |
| 7e à 11e | Cours de répétition . . . . . . . . | 32 | 16 |
| | Total . . . | 246 | 114 |
| | 2 Cours de cadres de landwehr . . . | 12 | — |
| | Total . . . | 258 | 114 |

Pour les appointés, il y a à retrancher une école de recrues et un cours de répétition, ce qui réduit le service à 184 jours.

Pour le sergent-major, il faut ajouter une école de recrues au service du sergent, ce qui fait 316 jours.

*Capitaine.*

| Année de service. | | Jours de service. |
|---|---|---|
| 1re | Ecole de recrues, en qualité de recrue | 50 |
| 2e | Ecole de recrues, en qualité d'appointé | 58 |
| | Cours de répétition . . . . . . . | 16 |
| 3e | Ecole préparatoire d'officiers . . . | 63 |
| 4e | Ecole de recrues, en qualité de lieutenant . . . . . . . . . . . . | 58 |
| | Cours de répétition . . . . . . . | 16 |
| 5e et 6e | Ecole de recrues, en qualité de 1er lieutenant . . . . . . . . . . . | 58 |
| | Cours de répétition . . . . . . . | 16 |
| 7e à 15e | Quatre cours de répétition . . . . | 64 |
| | Une école centrale (facultative) . . | (42) |
| | Total . . . | 441 |
| | 2 Cours de cadres de landwehr . . . | 12 |
| | Total . . . | 453 |

Pour le premier lieutenant, il y a à retrancher une école de recrues, une école centrale et deux cours de répétition. Il reste donc 321 jours.

Pour le lieutenant, il faut encore déduire une école de recrues, ce qui réduit le service à 263 jours.

Le choix des élèves, pour l'école préparatoire d'officiers se fait, autant que possible, immédiatement après l'école de recrues. Ils passent ensuite la deuxième école de recrues en qualité d'appointés dans une autre subdivision de leur arme ; par exemple, les élèves qui ont fait leur première école de recrues avec les pontonniers ou les pionniers, seront appelés à une école de sapeurs et vice-versa.

Ces données ne comprennent que les armes combattantes et ne peuvent être qu'approximatives, car elles sont basées sur un service non interrompu et sur une instruction individuelle normale. A ce point de vue là déjà, il se produit dans la réalité une quantité d'exceptions, les connaissances n'étant pas toujours suffisantes. Ces mêmes remarques peuvent aussi se faire dans les écoles spéciales et dans les cours de cadres. Les hommes qui restent plus ou moins longtemps sous-officiers avant d'être promus officiers, font naturellement plus de service que ceux qui passent leur école préparatoire d'officiers au sortir de l'école de recrues.

### 2. Surveillance de l'instruction, inspections, application des peines pour service manqué.

Dans l'infanterie, les inspections des écoles de recrues, des écoles préparatoires d'officiers, des écoles d'officiers et de sous-officiers, ainsi que celles des cours spéciaux, ont lieu par les soins des divisionnaires. Dans les armes spéciales, elles sont confiées au chef de l'arme.

Le chef de l'arme de l'infanterie s'assure, par des inspections, que l'instruction est donnée d'une manière uniforme dans tous les arrondissements. Il surveille aussi les inspections faites par les divisionnaires.

Les différentes unités sont, en général, inspectées par le chef sous les ordres duquel elles sont placées. Ainsi, le bataillon est inspecté par le chef de régiment, le régiment, par le commandant de brigade et ainsi de suite. Les armes spéciales placées directement sous les ordres du divisionnaire ou non incorporées dans les divisions sont inspectées par les chefs d'armes. Pour les manœuvres de divisions ou de corps de troupes plus considérables, le Département militaire désigne un inspecteur spécial.

Les rapports des inspecteurs mentionnent l'effectif du corps, son degré d'instruction militaire, l'état de l'habillement, de l'équipement et de l'armement. Ils parviennent tous au Département militaire suisse.

Une circulaire de ce Département, du 3 février 1881 [1], fixe d'une manière précise les peines à infliger aux hommes qui manquent un service auquel ils sont appelés.

[1] F. M. F., 1881, N° 8.

L'application stricte de ces dispositions est d'une importance capitale pour une armée de milices.

## 3. Cours militaires à l'école polytechnique, instruction militaire de la jeunesse et exercices volontaires.

Le temps dont on dispose pour instruire les milices, n'est pas suffisant, cela se comprend, pour donner à notre armée une instruction comparable à celle des armées permanentes des pays qui nous avoisinent. C'est pourquoi le législateur s'est appliqué à chercher, par d'autres moyens, à compléter autant que possible l'éducation militaire des citoyens.

A cet effet, il a institué et organisé :

1. Une *section militaire à l'école polytechnique fédérale ;*
2. Des *cours préparatoires pour les jeunes gens ;*
3. Des *subventions pour les sociétés de tir ;*
4. Des *travaux particuliers pour les officiers de l'élite.*

### 1. La section militaire à l'école polytechnique [1].

L'année scolaire de cette section comprend deux semestres, dans lesquels on donnera généralement les cours suivants : organisation de l'armée, tactique, géographie militaire et étude de la situation stratégique de la Suisse, histoire militaire, balistique, théorie de tir avec exercices pratiques, étude des armes et des fortifications.

La commission de l'examen se compose du premier professeur des sciences militaires, qui est en même temps chef de la section des sciences militaires, en qualité de président, d'un délégué du Département militaire fédéral et d'un délégué du Département fédéral de l'intérieur.

Les élèves qui ont obtenu les notes générales 1 ou 2 (très bien, bien) et qui font ensuite leur instruction militaire avec distinction, peuvent être incorporés dans l'armée avec le grade de premier lieutenant. Les officiers nouvellement brevetés, auxquels il est délivré

[1] Arrêté du Conseil fédéral du 26 octobre 1877, F. M. F., N° 83. Règlement pour les examens de la section militaire, du 4 septembre 1879, F. M. F., N° 39.

les mêmes notes, sont recommandés pour l'avancement aux autorités compétentes.

## 2. Cours préparatoires pour les jeunes gens.

Ces cours, prévus par la loi sur l'organisation militaire (art. 81), ont pour but de préparer les jeunes gens au service, en leur apprenant un certain nombre d'exercices élémentaires et en leur enseignant même le tir, de manière à pouvoir gagner un temps précieux pendant les écoles de recrues. Par ce moyen, il sera permis de vouer plus de soins à l'enseignement des autres branches de service et des connaissances tactiques.

L'autorité a pris successivement les mesures propres à amener l'application complète de cet article. La mise en vigueur de « l'école de gymnastique pour l'instruction préparatoire de la jeunesse suisse, de 10 à 20 ans, » approuvée par le Conseil fédéral, sous date du 1er septembre 1876, a été le premier pas accompli dans cette voie. Ce règlement prescrit un certain nombre d'exercices qui peuvent être appris dans chaque école. Les différents mouvements s'exécutent simultanément par un certain nombre d'élèves. Dans les commandements et les formations, il est tenu compte des exercices prévus par les règlements militaires. L'enseignement est divisé en trois degrés : le premier pour les jeunes gens de 10 à 12 ans, le second pour ceux de 13 à 15 ans, et le troisième pour ceux de 16 à 19 ans.

Une deuxième mesure prise dans ce sens a été l'appel au service de tous les instituteurs et aspirants instituteurs reconnus aptes au service. Ils assistent à une école de recrues dans laquelle on cherche surtout à les former pour l'enseignement de la gymnastique. Dans la période de 1875-1879, soit pendant 5 ans, 1751 maîtres d'écoles ont suivi ces cours. On évalue à 5750 le nombre des instituteurs primaires (non compris 1724 institutrices dirigeant des écoles de garçons).

Enfin, le 13 septembre 1878, le Conseil fédéral a adopté une « ordonnance sur l'introduction de l'enseignement de la gymnastique pour la jeunesse masculine [1] ». Aux termes de cette ordonnance, la gymnastique doit être considérée comme branche d'instruction obligatoire pour les garçons de 10 à 15 ans. Cet enseignement doit être donné, non seulement aux élèves fréquentant les écoles publiques, mais aussi à ceux des établissements scolaires privés, ainsi qu'aux garçons qui ne fréquentent aucune école. Les maladies et infirmités, pour lesquelles les jeunes gens peuvent être dispensés de suivre les leçons de gymnastique, sont indiquées d'une manière précise par l'instruction du 13 septembre 1878.

Cette branche doit être enseignée conformément aux prescriptions de « l'école de gymnastique ». Les élèves du premier degré (10-12 ans) sont astreints à deux heures de leçons par semaine, et ceux du second degré (13-15 ans) de 1 ½ à 2 heures.

Les cantons et les communes fourniront, à proximité des maisons d'école, une place convenable à cet enseignement; l'étendue de cette place doit être proportionnée au nombre d'élèves (8 *m.*² par élève) et elle doit être pourvue des engins ci-après [1] :

*a)* un jeu de perches à grimper avec cordes;
*b)* une poutre d'appui (barre fixe), avec tremplin;
*c)* un appareil pour le saut avec corde et deux tremplins;
*d)* des cannes en fer.

Une ordonnance ayant pour but de préparer les instituteurs à l'enseignement de la gymnastique a été adoptée par le Conseil fédéral. Elle sert de complément à l'ordonnance précitée, du 13 septembre 1878. A teneur de ces prescriptions, la gymnastique est obligatoire pour les élèves des écoles normales et ils doivent être formés à l'enseignement de cette branche.

Pour ce qui concerne l'instruction préparatoire à donner aux jeunes gens, depuis leur sortie des écoles jusqu'au moment où ils seront appelés au service militaire, il n'existe actuellement aucune prescription. Elles sont encore à l'état de projet, et leur adoption sera le couronnement de l'édifice. Cependant, on prévoit qu'elles se borneront à n'astreindre aux exercices qu'une partie seulement des jeunes gens, c'est-à-dire ceux qui ont fréquenté les leçons de

[1] L'instruction du 1er juillet 1879 sur cette matière, donne la description exacte de ces engins. F. M. F., No 34.

gymnastique données dans les écoles, selon l'ordonnance du 13 septembre 1878, pendant une année entière au moins.

### 3. Sociétés volontaires de tir.

Dans le but de vulgariser de plus en plus les exercices volontaires de tir, la Confédération accorde des subventions aux Sociétés qui remplissent les conditions prévues par l'ordonnance du 29 novembre 1876 [1].

Ces conditions sont, en substance, les suivantes:

Les sociétés doivent accepter en qualité de membres, ou tout au moins admettre à leurs exercices, tous les citoyens incorporés dans la milice.

Elles doivent compter 20 membres au moins.

Les exercices de tir auront lieu avec les armes et la munition d'ordonnance. Tous les hommes incorporés et portant fusil, sont obligés de tirer avec leur arme militaire.

Il est interdit aux sociétés de tir de porter dans leurs tabelles officielles les résultats d'un exercice où il aura été fait usage d'armes d'amateurs, lors même que la généralité des tireurs se sera servie d'armes d'ordonnance [2].

Les sociétés sont tenues d'organiser chaque année un tir aux exercices ci-après, et d'affecter à chacun d'eux 10 cartouches:

Un exercice à 300 *m.* sur la cible de 1,8/1,8 *m.*;
» » 400 *m.* » » » »
» » 225 *m.* » » de 1,0/1,0 *m.*

Plus, pour le tir au mousqueton:

Un exercice à 225 *m.* sur la cible de 1,8/1,8 *m.*;
» » 300 *m.* » » » »

Pour avoir droit au subside annuel, chaque membre doit avoir assisté à trois tirs au moins et avoir tiré au minimum 50 cartouches, dont au moins 10 à un des exercices précités.

[1] F. M. F. de 1876, No 143.

[2] Voir circulaire du Département militaire fédéral, du 19 août 1880. F. M. F., No 27.

Les formulaires pour la récapitulation du tir individuel seront exactement remplis et transmis, dûment visés, jusqu'au 15 novembre au plus tard.

Le subside de la Confédération consiste dans la bonification de 50 cartouches pour chaque membre ayant rempli les conditions ci-haut. La Confédération s'est réservé le droit de remettre cette bonification *en nature;* mais elle préfère, pour des motifs d'administration, et aussi parce que les sociétés le désirent, remettre ces subsides en espèces. Les 50 cartouches sont évaluées actuellement à fr. 3.

La Confédération vient encore en aide aux sociétés, en obligeant les communes à leur fournir gratuitement une place de tir convenable (art. 225 de la loi sur l'organisation militaire).

La récapitulation suivante indique dans quelles proportions les sociétés ont concouru au subside et quels ont été les montants alloués par la Confédération :

| | 1875 | 1876 | 1877 | 1878 | 1879 | 1880 | 1881 |
|---|---|---|---|---|---|---|---|
| Nombre des sociétés . | 1153 | 1202 | 1356 | 1340 | 1564 | 1712 | 1806 |
| Nombre de membres . | 46977 | 48073 | 56982 | 51179 | 56959 | 65343 | 65565 |
| Nomb. des ayants-droit au subside. . . . . | 36556 | 36592 | 42643 | 38412 | 43965 | 49261 | 48739 |
| Montants alloués . Fr. | 45748 | 92647 | 140721 | 126759 | 145084 | 147783 | 146717 |

Il y a eu en outre des tirs particuliers, organisés spécialement pour les exercices obligatoires :

En 1879, il y a eu 175 tirs, fréquentés par 19 535 hommes ;
» 1880 » 571 » » » 75 555 »
» 1881 » 492 » » » 72 630 »

La récapitulation des tabelles de tir des sociétés a été établie aussi exactement que les données fournies, souvent incomplètes, le permettaient. Elle a donné les résultats suivants pour les années 1877 à 1880 aux exercices des distances ordinaires et sur les cibles de 1,8/1,8 *m*.

| | 225 m. | | | | 300 m. | | | | 400 m. | | | |
|---|---|---|---|---|---|---|---|---|---|---|---|---|
| | Nombre de cartouches tirées | Coups touchés. Pour cent. | | | Nombre de cartouches tirées | Coups touchés. Pour cent. | | | Nombre de cartouches tirées | Coups touchés. Pour cent. | | |
| | | Centres | Manne-quins | Cibles | | Centres | Manne-quins | Cibles | | Centres | Manne-quins | Cibles |
| 1877 | 285280 | 5 | 30 | 70 | 1164137 | 5 | 26 | 68 | 695732 | 3 | 20 | 60 |
| 1878 | 228462 | 7 | 35 | 77 | 1121162 | 6 | 32 | 69 | 631858 | 4 | 21 | 57 |
| 1879 | 245303 | 6 | 34 | 74 | 1337302 | 5 | 30 | 70 | 689506 | 3 | 22 | 57 |
| 1880 | 252220 | 6 | 35 | 76 | 1463019 | 5 | 29 | 70 | 708075 | 3 | 20 | 57 |

*Exercices sur la cible de 1 mètre, à différentes distances, mais principalement à 225 mètres.*

| | Nombre de coups | Pour cent des touchés Mannequins | Pour cent des touchés Cibles |
|---|---|---|---|
| 1877 | 714 754 | 25 | 53 |
| 1878 | 658 187 | 29 | 56 |
| 1879 | 632 224 | 31 | 60 |
| 1880 | 672 973 | 31 | 50 |

Ces chiffres prouvent que les sociétés volontaires de tir contribuent par leur activité d'une manière indéniable au développement du système militaire. En dehors de ces sociétés, il en existe encore une grande quantité qui veulent être complètement indépendantes. Quoiqu'échappant ainsi aux statistiques, elles contribuent néanmoins à répandre le goût du tir dans la nation.

Il est juste de mentionner ici les *sociétés d'officiers* et de *sous-officiers*, et de les remercier des efforts que leurs membres font pour compléter leurs connaissances militaires, en s'instruisant mutuellement. Les exercices pratiques organisés par la *société des pontonniers* et par celle d'*équitation* (Reitverein), dans l'intérêt de l'instruction militaire, méritent aussi d'être signalés et encouragés.

Pour une armée de milices, plus que pour toute autre, il est nécessaire que chacun cherche à acquérir des connaissances militaires dans la vie civile, même en dehors du service. Cette activité aura une heureuse influence, non seulement au point de vue de l'instruction, par l'émulation qu'elle provoque, mais aussi au point de vue patriotique, car la patrie n'est jamais oubliée dans ces réunions. Aussi longtemps que le peuple suisse sera animé de ces sentiments, personne ne parviendra à modifier son organisation militaire, de manière à affaiblir la nation et à préparer sa perte.

### 4. Travaux particuliers pour les officiers.

Les officiers de l'élite peuvent être chargés de *travaux particuliers* en dehors du service réglementaire. Pour l'infanterie, ils s'exécutent sous la direction des divisionnaires, et, pour les armes spéciales, sous celle des chefs respectifs, d'après les principes suivants:

Les travaux exécutés librement, au bénéfice de sociétés militaires, ne peuvent tenir lieu de travaux obligatoires. Les officiers qui, dans le courant de la même année, ont assisté à une école de recrues, à un cours de répétition ou à une école centrale, en sont exemptés. Dans la répartition des tâches, on procédera avec système, en commençant par des questions faciles pour arriver graduellement à des travaux plus difficiles. Pour les officiers qui doivent assister l'année suivante à un rassemblement de troupes, le divisionnaire fera en sorte que les questions à résoudre se rattachent aux manœuvres projetées. Il organisera à cet effet des reconnaissances volontaires. En cas d'excursions militaires, on évitera d'agir par contrainte.

A la fin de chaque année, les officiers chargés de la direction de ces travaux adresseront un rapport sur leur exécution au Département militaire fédéral.

## DIXIÈME PARTIE

# DU RECRUTEMENT
## DES OFFICIERS ET SOUS-OFFICIERS

La question du recrutement des officiers et sous-officiers rentre dans la quatrième partie de cet ouvrage, mais il a paru préférable de la traiter séparément. Le mode de procéder aux nominations ne pouvait être exposé qu'après avoir examiné le chapitre ayant trait à l'instruction de l'armée, instruction qui, en temps de paix, a une influence considérable sur l'avancement.

L'ordonnance du 8 janvier 1878[1], concernant la nomination et la promotion des officiers et des sous-officiers, indique d'une manière précise les prescriptions à suivre.

### 1. Sous-officiers.

La nomination des sous-officiers est du ressort des chefs de compagnie, pour les troupes organisées en compagnies. Lorsque la compagnie fait partie d'un bataillon, les nominations sont soumises à la ratification de son commandant.

[1] F. M. F., de 1878, N° 2.

Il est fait exception à cette règle pour les fourriers des bataillons d'infanterie, du train et du génie, dont la nomination est réservée au commandant de bataillon.

Les officiers de compagnie ont le droit de faire leurs propositions, sauf pour les armes où les sous-officiers reçoivent leur instruction dans des écoles spéciales. C'est au capitaine seul qu'appartient le droit de désigner les hommes qui doivent suivre ces écoles et de les nommer sous-officiers lorsqu'ils ont terminé leur instruction avec succès.

L'officier de pionniers du régiment doit être consulté pour la nomination des appointés de pionniers d'infanterie.

Les commandants de corps nomment les sous-officiers attachés à leur état-major. Cependant, lors du choix de l'appointé du train du bataillon d'infanterie ou de l'adjudant sous-officier du régiment, on entendra les propositions du commandant du bataillon du train. Pour cette dernière promotion, l'assentiment du chef de l'arme de l'artillerie est nécessaire. La nomination du sous-officier de pionniers a lieu sur la présentation de l'officier de pionniers du régiment.

Les secrétaires d'état-major, ayant grade d'adjudant sous-officier, sont nommés par le Conseil fédéral.

Les conditions exigées pour obtenir un grade de sous-officier sont les suivantes :

*Infanterie : a*) Caporal, y compris le caporal trompette : avoir obtenu un certificat de capacité dans une école de recrues ou un cours de répétition.

*b*) Sergent : le grade de caporal.

*c*) Sous-officier d'armement (caporal ou sergent) : Certificat d'aptitude d'une école de tir ou d'un cours d'armuriers. Le grade de caporal ne doit pas être éludé.

*d*) Sergent-major : le grade de sergent ou de caporal.

*e*) Adjudant-sous-officier : le grade de sergent ou de sergent-major. Les adjudants-sous-officiers, chefs de caissons, sont choisis parmi les sous-officiers d'armement.

*Cavalerie : a*) Brigadier (dragon) : avoir obtenu un certificat de capacité dans une école de recrues ou un cours de répétition.

*b*) Maréchal-des-logis :

Pour les dragons : le grade de brigadier.

Pour les guides : avoir obtenu un certificat de capacité dans une école de recrues ou un cours de répétition.

*c*) Maréchal-des-logis-chef : le grade de maréchal-des-logis ou de brigadier.

*Artillerie: a*) Brigadier du train et sergent de canonniers ou du parc : avoir obtenu un certificat de capacité à l'école de sous-officiers, pour laquelle les chefs de batterie (ou de compagnie) désignent comme élèves les hommes ayant été recommandés pour l'avancement au grade de sous-officier dans une école de recrues ou un cours de répétition. Les simples soldats appelés à une école de sous-officiers sont en même temps nommés appointés.

*b*) Maréchal-des-logis du train, sergent-major et adjudant-sous-officier : le grade de brigadier du train pour le premier. et de sergent de canonniers pour le second. avoir fait du service en cette qualité et avoir obtenu un certificat de capacité dans une école de recrues ou une école de sous-officiers ; ou aussi, pour le grade de sergent-major ou d'adjudant-sous-officier, être recommandé par suite d'un service comme maréchal-des-logis du train ou sergent-major.

*Génie, y compris les pionniers d'infanterie: a*) Appointé : avoir obtenu un certificat de capacité dans une école de recrues ou un cours de répétition.

*b*) Caporal de pionniers d'infanterie : le grade d'appointé et avoir obtenu un certificat de capacité dans une école de recrues.

*c*) Sergent :

Pionniers d'infanterie : le grade de caporal et avoir obtenu un certificat de capacité dans une école de recrues.

Pour le génie : le grade d'appointé et le même certificat que ci-dessus.

*d*) Sergent-major : le grade de caporal ou de sergent et le certificat ci-dessus.

*e*) Adjudant-sous-officier de la compagnie de pionniers : le grade d'appointé et le certificat ci-dessus.

*Troupes sanitaires: a*) Caporal : être proposé par le commandant d'un cours d'instruction, par le chef d'une unité de troupes sanitaires ou d'un hôpital militaire, ou enfin par un médecin de troupes.

*b*) Sergent : le grade de caporal et être proposé par un des officiers indiqués ci-dessus.

*c*) Sergent-major : le grade de caporal ou de sergent.

*Troupes d'administration.* Sergent : avoir obtenu un certificat de capacité dans une école de fourriers (art. 132 de l'organisation militaire).

*Fourriers de toutes les armes.* On ne pourra nommer à ce grade que des soldats ou sous-officiers ayant suivi avec succès une école de fourriers.

Les fourriers des compagnies d'administration sont nommés parmi les sergents qui ont assisté au moins à un cours de répétition ou à une seconde école de fourriers (art. 48 de l'organisation militaire).

*Secrétaires d'état-major.* On pourra nommer à ce grade des soldats (après leur école de recrues) ou des sous-officiers possédant l'instruction nécessaire.

A la fin de chaque école, il est établi des listes qualificatives. Les hommes reconnus aptes à l'avancement, y reçoivent une mention spéciale. La classification des hommes est faite d'après les notes suivantes, adoptées pour toute l'armée :

1 = très bien;
2 = bien;
3 = suffisant;
4 = faible;
5 = insuffisant.

Les notes obtenues, aussi bien pour la conduite que pour le progrès et le zèle, sont portées dans les contrôles. Pour cette opération, on aura soin de procéder comme suit : la note concernant la conduite sera placée au-dessus de la ligne et celles pour le zèle et le progrès au-dessous; on aura ainsi la forme d'une fraction, ex. : $\frac{1}{2,\ 3}$ (conduite 1, progrès 2, zèle 3).

Les listes qualificatives sont aussi transmises aux officiers ayant le droit de nommer les sous-officiers, pour les écoles qu'ils n'ont pas personnellement commandées. Cette transmission se fait par l'intermédiaire des cantons.

## 2. Officiers.

Les nominations et les promotions d'officiers sont du ressort :

1. Du Conseil fédéral, pour les officiers de l'état-major de l'armée et des états-majors des corps de troupes combinés, pour les officiers dépendant directement de l'autorité fédérale (art. 58), pour les officiers des unités de troupes de la Confédération, pour les officiers des bataillons de carabiniers et ceux des bataillons de fusiliers combinés Nos 47 et 84, et enfin pour les secrétaires d'état-major ayant grade d'officier.

2. Des cantons, pour les officiers des unités de troupes cantonales. (Dans quelques cantons, les majors sont nommés par le Grand Conseil.)

L'avancement a lieu aux conditions ci-après :

Nul ne peut être promu officier s'il n'a suivi avec succès l'école préparatoire des officiers de son arme. Ce n'est qu'à cette condition que l'autorité compétente peut procéder à la nomination.

Pour être admis à suivre cette école, les élèves doivent être proposés par le corps des instructeurs, à la fin d'une école de recrues, ou par le corps d'officiers, à la fin d'un cours de répétition.

Pour les écoles préparatoires d'officiers des troupes sanitaires, on n'admettra que des médecins ou pharmaciens ayant terminé leurs études et suivi une école de recrues dans une arme combattante.

Quant aux troupes d'administration, les propositions sont faites par les commandants des différentes unités de troupes que cela concerne.

Les élèves à envoyer aux écoles préparatoires sont choisis par le Département militaire fédéral, pour les troupes de la Confédération, et par les autorités militaires cantonales, pour les unités fournies par les cantons, dans le nombre d'aspirants proposés.

Pour les promotions, la loi exige :

1. Que l'intéressé possède un certificat de capacité [1] ;

2. Qu'il ait fait un service avec le grade qui précède celui auquel il doit être nommé.

Les certificats de capacité sont délivrés, en premier lieu, par le chef sous les ordres duquel l'officier qui doit être promu est placé directement (donc pour les premiers lieutenants, par les chefs de compagnie ; pour les capitaines, par les chefs de bataillons, ou de régiment, ou de division ; par le commandant du parc, par le chef de la compagnie d'administration et par le commissaire des guerres de la division ; pour les adjudants, par les commandants des corps de troupes combinés), et en second lieu, par l'instructeur en chef de l'arme à laquelle l'officier appartient. Ces certificats sont en outre revêtus du visa du divisionnaire, pour l'infanterie, et de celui du chef d'arme ou de service, pour les autres officiers.

Le certificat ne peut être délivré qu'aux officiers ayant obtenu en moyenne la note 3 (suffisant), pour la conduite, le zèle et le service en général.

Pour ce qui concerne le service à faire dans le grade précédent, il doit consister en une école de recrues, un cours de répétition, une école spéciale ou un service actif d'une durée de deux semaines au moins.

Du reste, on a adopté à ce sujet, pour ainsi dire dans chaque arme, un mode de procéder qui se rapporte à ce qui est indiqué sommairement aux pages 53 à 57.

Il doit cependant être fait mention de quelques dispositions spéciales :

Pour l'*infanterie*, l'école de tir est considérée comme nécessaire, pour compléter l'instruction reçue à l'école préparatoire et, au point de vue pratique, on ne peut apprécier les connaissances

[1] Ordonnance du 8 janvier 1878. F. M. F., No 2.

tactiques d'un jeune officier qu'après l'avoir vu à l'œuvre dans une école de recrues. C'est pour ces motifs qu'à l'avenir il ne sera plus délivré de certificat de capacité aux lieutenants qui n'ont pas suivi ces deux écoles en qualité d'officier. Quant au certificat nécessaire pour être promu capitaine, il ne peut être remis, en connaissance de cause, qu'aux premiers lieutenants qui ont eu l'occasion de commander une compagnie dans une école de recrues. Ce service devra donc, en général, précéder la promotion au grade de capitaine. Pour obtenir le grade de major, les capitaines doivent non seulement avoir commandé une compagnie, mais ils doivent encore avoir suivi une école centrale (cours supérieur de tactique et équitation).

Dans la *cavalerie*, le grade de premier lieutenant ne peut être obtenu que par les lieutenants qui ont assisté à une école de recrues en qualité d'officier. Pour l'avancement au grade de capitaine, le premier lieutenant est astreint à suivre préalablement une école de cadres et une école de recrues comme chef d'escadron ou de compagnie.

Pour l'*artillerie*, l'école de recrues est envisagée comme indispensable à l'instruction de tout officier, et il ne peut être question d'avancement au grade de premier lieutenant sans ce service. Pour être promu capitaine, une seconde école de recrues, en qualité de chef d'unité, est exigée et même, si possible, une école de cadres ou une école centrale.

Dans le *génie*, on exige aussi du lieutenant qu'il ait suivi une école de recrues avant la promotion au grade de premier lieutenant. Quant au premier lieutenant, il devra assister de même à une école de recrues et y remplir les fonctions de chef de compagnie, pour pouvoir être nommé capitaine.

Les certificats de capacité doivent toujours être transmis aux chefs d'arme dans la dernière quinzaine du mois de novembre et dans le courant du mois de juillet[1].

La loi a adopté un mode de procéder particulier pour la nomi-

[1] Ordonnance du 27 décembre 1879. F. M. F., N° 52.

nation des commandants de corps de troupes combinés (régiments, brigades, divisions). Le certificat de capacité n'est plus exigé et les nominations ont lieu sur la présentation d'une commission. Lorsqu'il s'agit d'un commandant de régiment ou de brigade, la présentation est faite à double et l'autorité ne peut s'en écarter. Cette commission, présidée par le chef du Département militaire fédéral, est composée du divisionnaire, du chef de l'arme, de l'instructeur en chef, ainsi que du commandant sous les ordres duquel doit être placé l'officier à nommer.

Les présentations pour la nomination d'un divisionnaire sont faites par une commission composée de tous les divisionnaires et présidée par le chef du Département militaire. Ces présentations n'obligent pas le Conseil fédéral.

ONZIÈME PARTIE

# ARMES ET MUNITIONS

## I. Armes.

### 1. Les armes à feu portatives.

Les armes à feu portatives en usage dans l'armée suisse sont les suivantes :

1. Le *fusil à répétition*, modèles 1869, 1878 et 1881 (ordonnances du 9 janvier 1869, du 30 avril 1878 et du 1er novembre 1881, avec hausse jusqu'à 1600 *m.*), pour les fusiliers de l'élite et les six plus jeunes classes d'âge de la landwehr. Chaque année on peut y ajouter une nouvelle classe.

2. La *carabine à répétition*, modèles 1871, 1878 et 1881, pour les carabiniers de l'élite et les plus jeunes classes d'âge de la landwehr (de même que pour les fusils). La seule différence entre le fusil et la carabine modèle 1881 consiste dans la double détente.

3. Le *mousqueton à répétition*[1], modèles 1871, 1878 (ordon-

[1] Voir note page 186.

nances du 20 février 1871 et du 30 avril 1878), pour les maréchaux-des-logis, les brigadiers et les soldats des régiments de dragons.

4. Le *fusil Peabody*, modèle 1867, pour les troupes du génie, les pionniers d'infanterie et les soldats du parc.

5. Le *fusil d'infanterie transformé*, modèle 1867, pour les plus anciennes classes d'âge des fusiliers de la landwehr.

6. La *carabine transformée*, modèle 1867, pour les plus anciennes classes des carabiniers de la landwehr.

7. Le *revolver* [1] (à six coups), modèle 1878 (27 septembre), système Chamelot, Delvigne et Schmidt (transformé pour l'inflammation centrale avec la fermeture Warnant), pour les officiers de cavalerie et d'artillerie, les maréchaux-des-logis chefs, les fourriers et les trompettes des escadrons de dragons, les sous-officiers, trompettes et soldats des compagnies de guides et les sous-officiers et trompettes montés de l'artillerie.

Cette arme est facultative pour tous les officiers en général (calibre 10.4 *mm.*)

Les officiers des troupes non montées ont un revolver plus petit et plus léger, du calibre de 7.5 *mm.* (modèle du 5 mai 1882. construction Schmidt).

L'administration fédérale du matériel de guerre (S. A.) fournit des revolvers aux officiers au prix de 27 fr., équivalant au 60 % du prix de facture.

Toutes ces armes sont au calibre unique de 10.4 *mm.* et utilisent la même munition, sauf les revolvers, pour lesquels on se sert d'une munition particulière (même pour celui de 10.4 *mm.*)

Il est impossible de donner ici une description détaillée de toutes les armes à feu portatives de l'armée suisse, mais la récapitu-

[1] Arrêté fédéral du 24 décembre 1870, concernant les armes à feu des troupes montées, et arrêté du Conseil fédéral du 27 avril 1880, au sujet de la remise des revolvers aux officiers. F. M. F., 1880, N° 15, et arrêté du Conseil fédéral du 5 mai 1882. F. M. F., N° 26.

lation[1] ci-dessous indique sommairement les dimensions et les poids les plus importants :

| | Armes à répétition | | | | | Fusil Peabody | Fusil d'infant. transformé | Revolver | |
|---|---|---|---|---|---|---|---|---|---|
| | Fusil | | Carabine 71/78 | Fusil et carab. modèle 1881 | Mousqueton | | | Pour troupes montées | Pour troupes non-montées |
| | 1869 | 1878 | | | | | | | |
| Longueur totale avec baïonnette . . . . | 1780 | 1790 | 1720 | 1790 | — | 1800 | 1860 | — | — |
| Long. sans baïonnette | 1300 | 1320 | 1240 | 1320 | 930 | 1320 | 1380 | 280 | 235 |
| Poids total avec baïonnette . . . . . . | 5kg,0 | 5kg,2 | 4kg,9 | 5,2 | — | 4kg,35 | 4kg,8 | — | — |
| Poids sans baïonnette | 4kg,7 | 4kg,6 | 4kg,6 | 4,6 | 3kg,2 | 4kg,05 | 4kg,3 | 1 | 0,751 |
| Canon. Longueur totale. . . | 843 | | 783 | 843 | 470 | 849 | 926 | 150 | 115 |
| Longueur de la chambre à cart. | 68 mm | | | | | 66 | 66 | — | — |
| Long. de la ligne de mire, la feuille de hausse étant baissée. . . . | 807 | 776,5 | 738 | 782 | 425 | 780 | 839 | 175 | 144,5 |
| Haut du guidon au dessus du canon | 6,4 | 6,4 | 6,2 | 6,4 | 6,4 | 6,4 | 6,4 | 7 | 7,5 |
| Diamèt. au guidon | 18,0 | | | 18,2 | 16,0 | 18,0 | 18,0 | 16 | 13 |
| Diamètre près du bout fileté . . | 26 | | | 26,0 | 25 | 26,4 | 25 | 17,5 | 14 |
| Rayures. Nombre | 4 | | | 4 | 4 | 3 | 4 | 4 | 4 |
| Profondeur | 0,22 | | | 0,22 | 0,22 | 0,25 | 0,2 | 0,2 | 0,2 |
| Largeur . | 4,5 | | | 4,5 | 4,5 | 5,5 | 4 | 4,5 | 3,0 |
| Pas . . . | 660 | | | 660 | 550 | 720 | 810 | 250 | 430 |
| Calibre de toutes les armes . . . . . . | 10,38 à 10,55 mm | | | | | | | | 7,1-7,5 |

Pour ce qui concerne la trajectoire du fusil à répétition, nous nous bornerons aux indications suivantes :

(Voir tableau page 188.)

*c*) Vitesse initiale 430 m.

*d*) ***Dispersion,*** mesurée au moyen du diamètre des zones verticales et horizontales, contenant chacune la moitié des coups, et par le diamètre du cercle contenant un nombre de points d'impact égal à la moitié des coups tirés.

(Voir tableau page 189.)

[1] Voir Instruction pour le tir à l'usage de l'infanterie suisse, du 8 février 1881.

## Ordonnées de la trajectoire aux diverses distances.

(Les valeurs négatives se rapportent à la trajectoire, en dessous de la ligne de mire, à 100 *m*. en arrière du but.)

| DISTANCES | FUSIL ET CARABINE | | | | | | | | | | | | | | | | | DISTANCES | Espaces dangereux — But 1,80 *m*. de hauteur | | |
|---|---|---|---|---|---|---|---|---|---|---|---|---|---|---|---|---|---|---|---|---|---|
| | 100 | 200 | 300 | 400 | 500 | 600 | 700 | 800 | 900 | 1000 | 1100 | 1200 | 1300 | 1400 | 1500 | 1600 | 1700 | | Derrière le but | Devant le but | Total |
| 100 | 0 | -0,79 | — | — | — | — | — | — | — | — | — | — | — | — | — | — | — | 225 | 225 | 69 | 294 |
| 200 | 0,40 | 0 | -1,32 | — | — | — | — | — | — | — | — | — | — | — | — | — | — | 291 | 291 | 55 | 346 |
| 300 | 0,84 | 0,88 | 0 | -1,92 | — | — | — | — | — | — | — | — | — | — | — | — | — | 300 | 106 | 54 | 160 |
| 400 | 1,32 | 1,84 | 1:44 | 0 | -2,64 | — | — | — | — | — | — | — | — | — | — | — | — | 400 | 52 | 40 | 92 |
| 500 | 1,85 | 2,90 | 3,03 | 2,11 | 0 | -3,47 | — | — | — | — | — | — | — | — | — | — | — | 500 | 36 | 30 | 66 |
| 600 | 2,42 | 4,05 | 4,76 | 4,43 | 2,90 | 0 | -4,43 | — | — | — | — | — | — | — | — | — | — | 600 | 26 | 24 | 50 |
| 700 | 3,06 | 5,32 | 6,66 | 6,96 | 6,06 | 3,80 | 0 | -5,53 | — | — | — | — | — | — | — | — | — | 700 | 20 | 19 | 39 |
| 800 | 3,75 | 6,70 | 8,74 | 9,72 | 9,52 | 7,94 | 4,84 | 0 | -6,79 | — | — | — | — | — | — | — | — | 800 | 16 | 15 | 31 |
| 900 | 4,50 | 8,21 | 11,00 | 12,74 | 13,29 | 12,47 | 10,12 | 6,03 | 0 | -8,21 | — | — | — | — | — | — | — | 900 | 13 | 12 | 25 |
| 1000 | 5,32 | 9,85 | 13,46 | 16,02 | 17,39 | 17,39 | 15,86 | 12,60 | 7,39 | 0 | -9,83 | — | — | — | — | — | — | 1000 | 11 | 10 | 21 |
| 1100 | 6,22 | 11,64 | 16.14 | 19,60 | 21,86 | 22,76 | 22,12 | 19,75 | 15,44 | 8,94 | 0 | -11,65 | — | — | — | — | — | 1100 | 9 | 9 | 18 |
| 1200 | 7,19 | 13.58 | 19,06 | 23,48 | 26,72 | 28,58 | 28,92 | 27,52 | 24,17 | 18.65 | 10,68 | 0 | -13,70 | — | — | — | — | 1200 | 7,5 | 7,5 | 15 |
| 1300 | 8,24 | 15,69 | 22,22 | 27,70 | 31,99 | 34,91 | 36,30 | 35,95 | 33.66 | 29,19 | 22,28 | 12,65 | 0 | -16,02 | — | — | — | 1300 | 6,5 | 6,5 | 13 |
| 1400 | 9,39 | 17,98 | 25,65 | 32,28 | 37,71 | 41,77 | 44,30 | 45,10 | 42,96 | 40,63 | 34,86 | 26,38 | 14,87 | 0 | -18,59 | — | — | 1400 | 5,5 | 5,5 | 11 |
| 1500 | 10,63 | 20,46 | 29,37 | 37,23 | 43,90 | 49,21 | 52,98 | 55,02 | 55,11 | 53,02 | 48,49 | 41,24 | 30,98 | 17,35 | 0 | -21,47 | — | 1500 | 4,5 | 4,5 | 9 |
| 1600 | 11,97 | 23,14 | 33,39 | 42,60 | 50,61 | 57,26 | 62,37 | 65,75 | 67,19 | 66,44 | 63,25 | 57,35 | 48,43 | 36,13 | 20,13 | 0 | -24,67 | 1600 | 4 | 4 | 8 |

**Dispersion.**

| DISTANCES | Latérale | Verticale | Rayon |
|---|---|---|---|
| *m.* | *m.* | *m.* | *m.* |
| 225 | 0,14 | 0,16 | 0,15 |
| 300 | 0,17 | 0,20 | 0,17 |
| 400 | 0,24 | 0,28 | 0,23 |
| 500 | 0,31 | 0,38 | 0,30 |
| 600 | 0,38 | 0,50 | 0,39 |
| 700 | 0,46 | 0,66 | — |
| 800 | 0,55 | 1,86 | — |
| 900 | 0,65 | 1,12 | — |
| 1000 | 0,75 | 1,45 | — |
| 1100 | 0,86 | 1,84 | — |
| 1200 | 0,98 | 2,32 | — |
| 4300 | 1,12 | 2,96 | — |
| 1400 | 1,26 | 3,74 | — |
| 1500 | 1,40 | 4,62 | — |
| 1600 | 1,56 | 5,70 | — |

Les résultats du tir de la troupe avec le fusil à répétition, dans les années 1878 à 1881, ont été les suivants, sur une cible de 1,80/1,80 *m.* avec mannequin de 1,65 *m.* de hauteur, ayant une surface de 6745 *cm.* [2], y compris le centre blanc de 0,30 *m.* de diamètre :

## RÉSULTATS DE TIR DE 1878 A 1881

| ECOLE OU COURS | | 225 m. debout. | | | | | 300 m. à genoux. | | | | | 600 m. couché cible 2,40/3 m. | | |
|---|---|---|---|---|---|---|---|---|---|---|---|---|---|---|
| | | Nombre d'hommes | Nombre de coups | Pour cent Centres | Pour cent Manne. | Pour cent Total | Nombre d'hommes | Nombre de coups | Pour cent Centres | Pour cent Manne. | Pour cent Total | Nombre d'hommes | Nombre de coups | Pour cent |
| Cours de répétition (élite) | 1878 | 22012 | 110060 | 4 | 25 | 65 | 22072 | 110360 | 3 | 19 | 55 | — | — | — |
| | 1879 | 24077 | 120385 | 4 | 27 | 68 | 24000 | 120000 | 3 | 20 | 55 | — | — | — |
| | 1880 | 21321 | 106605 | 5 | 31 | 71 | 21292 | 106460 | 3 | 23 | 60 | — | — | — |
| | 1881 | 23287 | 83135 | 5 | 33 | 73 | 23287 | 119135 | 3 | 23 | 61 | — | — | — |
| Exercices obligatoires d'un jour (élite et landwehr) | 1879 | 6510 | 32550 | 3 | 21 | 57 | 6506 | 32530 | 2 | 15 | 47 | — | — | — |
| | | 305 | 1525 | 5 | 37 | 78 | 305 | 1525 | 3 | 30 | 70 | — | — | — |
| | 1880 | — | 30155 | 3 | 18 | 52 | — | 30155 | 2 | 13 | 43 | — | — | — |
| | | — | 970 | 6 | 34 | 81 | — | 970 | 3 | 28 | 73 | — | — | — |
| Fusiliers 1881 | élite | 2128 | 12455 | 3 | 25 | 64 | 1623 | 8400 | 2 | 22 | 61 | — | — | — |
| | landw. | 2260 | 14755 | 3 | 20 | 56 | 1572 | 8540 | 2 | 18 | 58 | — | — | — |
| Carabiniers 1881 | élite | 122 | 625 | 6 | 47 | 87 | 109 | 575 | 5 | 39 | 81 | — | — | — |
| | landw. | 101 | 535 | 6 | 37 | 76 | 91 | 470 | 3 | 31 | 76 | — | — | — |
| Ecoles de tir | 1878 | 418 | 4025 | 6 | 36 | 80 | 418 | 4960 | 4 | 31 | 75 | 408 | 4080 | 68 |
| | 1879 | 522 | 4270 | 7 | 40 | 86 | 521 | 5925 | 5 | 31 | 74 | 506 | 5060 | 66 |
| | 1880 | — | 7890 | 6 | 37 | 81 | — | 5395 | 3 | 29 | 73 | — | 5090 | 62 |
| | 1881 | — | 7205 | 7 | 40 | 82 | — | 4065 | 5 | 33 | 78 | — | 4710 | 65 |

Pour les cours de répétition les résultats de tir des carabiniers ne sont pas compris dans ces chiffres, par le motif qu'ils ont exécuté leur tir dans d'autres conditions.

## Cours de répétition des carabiniers.

| ÉCOLE OU COURS | 225 m. debout | | | | | 300 m. à genou | | | | | 400 m. couché | | | | |
|---|---|---|---|---|---|---|---|---|---|---|---|---|---|---|---|
| | Nombre d'hommes | Nombre de coups | Pour cent | | | Nombre d'hommes | Nombre de coups | Pour cent | | | Nombre d'hommes | Nombre de coups | Pour cent | | |
| | | | Centres | Mannequins | Total | | | Centres | Mannequins | Total | | | Centres | Mannequins | Total |
| **1878** (Bat. 3, 6 et 8) | 1312 | 6560 | 5 | 37 | 79 | 1312 | 6560 | 5 | 36 | 79 | 1312 | 6560 | 3 | 25 | 69 |
| **1879** (Bat. 1, 4, 5 et 7) | 2031 | 10155 | 6 | 39 | 82 | 2030 | 10150 | 6 | 38 | 83 | 2027 | 10135 | 4 | 29 | 74 |
| **1880** (Bat. 2, 3, 6 et 8) | 1798 | 8990 | 8 | 44 | 84 | 1798 | 8990 | 6 | 38 | 83 | 1795 | 8975 | 5 | 31 | 76 |
| **1881** (Bat. 1, 4, 5 et 7) | 1970 | 9850 | 7 | 42 | 87 | — | 7165 | 5 | 39 | 85 | — | 9850 | 3 | 28 | 78 |

## Tir comparatif des écoles de tir. 300 m. debout.

| | Premier | | | | | Deuxieme | | | | | Troisième | | | | |
|---|---|---|---|---|---|---|---|---|---|---|---|---|---|---|---|
| **1878** | 418 | 2090 | 1 | 18 | 55 | 418 | 2090 | 4 | 27 | 71 | 414 | 2070 | 3 | 31 | 75 |
| **1879** | 523 | 2615 | 2 | 18 | 53 | 522 | 2610 | 4 | 27 | 70 | 514 | 2578 | 5 | 31 | 82 |

Le premier tir comparatif indique l'adresse des élèves à leur arrivée à l'école et ainsi la force moyenne des officiers et sous-officiers de l'armée.

Le second tir a lieu au milieu de l'école, et le troisième à la fin. Cette comparaison entre le premier tir et les deux suivants, fait ressortir la nécessité d'améliorer encore l'instruction du tir; elle prouve en même temps que la troupe est susceptible de perfectionnement.

Dans les écoles de tir et dans les écoles de recrues, le tir s'exécute avec conditions, tandis que dans les cours de répétition et les exercices d'un jour il est prescrit pour chaque homme un exercice avec un nombre de cartouches déterminé (5) à différentes distances.

La double détente a une certaine influence sur les résultats de tir des carabiniers dans le tir au Stand. Cependant, la grande différence existant entre carabiniers et fusiliers ne provient pas uniquement de ce fait, ni des positions variées des tireurs, mais elle est surtout la conséquence d'un recrutement plus soigné et du zèle que mettent les carabiniers à s'exercer en dehors du service. Ceci est une nouvelle preuve de la nécessité de faire encore davantage pour l'instruction du tir de l'infanterie, si, en cas sérieux, on veut tirer tout le parti possible de notre excellent armement.

**2. Les bouches à feu.**

Les bouches à feu en usage sont:

a) *pièces de campagne.*

1. La pièce de 8 *cm.* à charg. par la culasse (anc. et nouv. mod.)
2. » 10 *cm.* » » » »
3. » 7,5 *cm.* » » » (de montagne)

b) *pièces de position.*

1. La pièce de 10 *cm.* à chargement par la culasse en bronze;
2. » 12 *cm.* » » » » (un certain nombre en acier);
3. La pièce de 15 *cm.* » » » »
4. L'obusier de 16 *cm.* » par la bouche (lisse);
5. Le mortier de 22 *cm.* » » »

Le matériel de l'artillerie de position est tout à fait insuffisant, soit sous le rapport de la qualité, soit sous celui du nombre de pièces; mais on vient enfin, après de longs essais, avec différents modèles de pièces, d'arrêter un nouvel armement. Il s'agit de faire l'acquisition d'un nombre assez considérable de fortes pièces de 12 *cm.* en acier fondu ou éventuellement en bronze, lançant un projectile de 18 *kg.* avec une charge de 4 *kg.* On aurait en outre des mortiers du même calibre, à chargement par la culasse. Les obusiers et mortiers lisses existant encore seraient supprimés.

Dans ces conditions, nous nous bornerons à donner quelques indications sur l'artillerie de campagne, et nous laisserons intacte la question des pièces de position, jusqu'à ce qu'elle soit réglée définitivement.

| | | Pièce[1] ancien modèle | Pièce nouveau modèle | Pièce de | Pièce de montagne |
|---|---|---|---|---|---|
| Calibre | | 8,4 *cm.* | 8,4 *cm.* | 10,5 *cm.* | 7,5 *cm.* |
| Métal de la bouche à feu | | Bronze | Acier fretté | Acier | — |
| Poids | de la pièce avec équipement et munition | 1640 *kg.* | 1715 *kg.* | 1975 *kg.* | L'affût et la limonière avec 2 caisses à munitions contenant 40 coups chacune sont répartis sur 4 bêtes de somme. |
| Poids | de la pièce avec équipement, munition et les servants montés sur la pièce | 2040 *kg.* (5 hommes) | 2115 *kg.* | 2375 *kg.* (5 hommes) | |
| Poids par cheval | | 340 *kg.* (6 chevaux) | 353 *kg.* | 396 *kg.* (6 chevaux) | |
| Nombre de coups par pièce | | 40 | 42 | 32 | — |
| Vitesse initiale | | 390 *m.* | 465 *m.* | 385 *m.* | 274 *m.* |
| Espace dangereux contre un but de 1,8 *m.*: | | | | | |
| à la distance de | 1000 *m.* | 39 *m.* | 51 *m.* | 37 *m.* | 23 *m.* |
| | 2000 » | 16 » | 19 » | 14 » | 9 » |
| | 3000 » | 8 » | 10 » | 7 » | 5 » |
| vitesse restante à | 1000 » | 320 » | 344 » | 300 » | — |
| | 2000 » | 265 » | 277 » | 240 » | — |
| | 3000 » | 215 » | 234 » | 190 » | — |
| 50 % de touchés exige : | | | | | |
| pour un but vertical une hauteur de | 1000 » | 0,9 » | 0,4 » | 0,8 » | 0,8 » |
| | 2000 » | 2,3 » | 1,4 » | 2,6 » | 3,2 » |
| | 3000 » | 6,5 » | 3,6 » | 7,7 » | 9,0 » |
| pour un but horizontal une longueur de | 1000 » | 18 » | 13 » | 15 » | 10,0 » |
| | 2000 » | 19 » | 14 » | 20 » | 16,0 » |
| | 3000 » | 27 » | 19 » | 27 » | 25,0 » |
| Pour cent des touchés : | | | | | |
| Sur un but de 1,8 *m.* de hauteur | 1000 » | 82 % | 99 % | 85 % | 85 % |
| | 2000 » | 40 » | 62 » | 35 » | 29 » |
| | 3000 » | 15 » | 26 » | 12 » | 10 » |

[1] La nouvelle pièce de 8 *cm.* est destinée à remplacer avec le temps les anciens modèles de 8 *cm.* et de 10 *cm.*

### 3. Les armes blanches.

1. Le *sabre pour officiers montés,* à l'usage de tous les officiers et adjudants-sous-officiers montés. Les officiers à pied qui deviennent officiers montés peuvent conserver leur ancien sabre [1];

2. Le *sabre pour officiers à pied,* pour tous les officiers et adjudants-sous-officiers à pied;

3. Le *sabre pour la troupe montée:* cavalerie; sous-officiers montés, appointés et soldats du train, trompettes, maréchaux-ferrants et selliers de l'artillerie, à l'exception du bataillon du train et du train de ligne;

4. Le *sabre de pionniers,* pour les sous-officiers et soldats du bataillon du génie, ainsi que pour les pionniers d'infanterie;

5. Le *coutelas* ou *sabre pour la troupe à pied,* dont sont armés: es fourriers, les tambours et trompettes d'infanterie; les sergents, appointés et soldats canonniers, les serruriers et charrons des batteries de campagne; les sous-officiers non montés, appointés, ouvriers, trompettes et soldats des batteries de montagne; les sergents, appointés et soldats du parc; les appointés, soldats, maréchaux-ferrants, charrons et selliers des bataillons du train; les appointés et soldats du train de ligne; les sous-officiers, soldats, ouvriers et trompettes des compagnies de position et de celles d'artificiers; les troupes sanitaires et celles d'administration;

6. Le *sabre pour les sergents-majors d'infanterie:* sabre-baïonnette modifié;

7. Le *sabre-baïonnette:* pour tous les sous-officiers et soldats d'infanterie portant fusil. Les hommes, armés du fusil, modèle 1869, ont encore la baïonnette.

[1] Circulaire du 8 avril 1881. F. M. F., No 21.

# II. Munitions.

## 1. La munition des armes à feu portatives.

La cartouche à balle de l'infanterie, à inflammation périphérique, se compose :

de la douille en métal (tombak, soit 94 % cuivre, 6 % zinc), du fulminate (0,1 *gr.*), de la poudre (3,7 *gr.*), du projectile (20,2 *gr.*) et de l'enveloppe de la balle, en papier.

| | | | |
|---|---|---|---|
| diamètre maximum du projectile, | | | 10,65 *mm.* ; |
| longueur totale | » | » | 25,40 » |
| » | » | de la cartouche | 56,00 » |
| poids total | » | » | 30, 4 *gr.* |

Cette munition est emballée dans une double enveloppe en carton et en papier, par petits paquets de 10 cartouches, liés en croix avec une ficelle.

Son prix de vente est de fr. 60 le mille.

Pour le *mousqueton* de cavalerie, on se sert de la même cartouche.

La cartouche du *revolver* est à inflammation centrale, douille en laiton.

| | Modèles 1872 et 1878 | Modèle 1882 |
|---|---|---|
| Poids de la balle | 12,50 *gr.* | 7,00 *gr.* |
| » » poudre | 1,00 » | 0,70 » |
| » » cartouche | 17,50 » | 11,00 » |

L'approvisionnement de munition pour les armes à feu portatives a été fixé comme suit:

Infanterie (fusiliers et carabiniers), 200 cartouches par homme ;

Cavalerie (dragons et guides) 60 » » »

Artillerie : soldats du parc et artilleurs montés, 40 cartouches par homme ;

Génie, 40 cartouches par homme.

La munition d'infanterie est répartie de la manière suivante :

| | Par homme portant fusil | | | | Par bataillon 672 hommes portant fusil 17 pionniers | |
|---|---|---|---|---|---|---|
| | | Infanterie | | Pionniers | | |
| a) *En ligne :* | | | | | | |
| Munition de poche : 1° dans la cartouch. | 40 | | | | 67200 | |
| 2° dans le sac . . . | 60 | 100 | | | 680 | |
| Deux demi-caissons : *Ier échelon* . . . | | 35 | 135 | 40 | 24000 | 91880 |
| b) *Au parc de division :* | | | | | | |
| Deux demi-caissons : *IIe échelon* . . . | | 35 | 35 | | | 24000 |
| c) *Au parc de dépôt :* | | | | | | |
| Un demi-caisson : *IIIe échelon,* environ | | 19 | | | 12000 | |
| En caisses, environ . . . . . . . . | | 11 | 30 | | 7200 | 19200 |
| *Au dépôt des munitions non terminées* | | | 200 | 40 | | 135080 |
| Cartouches non graissées . . . . . . | | | 100 | | | 67200 |
| | | | 300 | | | 202280 |

Il serait à désirer que les approvisionnements fussent proportionnés aux effectifs réels, ainsi que la loi le prévoit. Admettant même que cela ait lieu, on serait toujours forcé d'avoir recours aux caissons, pour les surnuméraires. C'est par ce motif qu'il est nécessaire de donner aux hommes un fort approvisionnement individuel.

### 2. La munition des bouches à feu.

Les différentes espèces de projectiles sont :

l'obus ;

le shrapnel (obus à balles) ;

la boîte à mitraille.

Nous nous bornerons, pour ce qui a trait à la munition d'artillerie, aux indications suivantes :

| | | Pièce de : | | | | | |
|---|---|---|---|---|---|---|---|
| | | 7 *cm.* Obus à anneaux | 8 *cm.* Obus à double paroi | 8 *cm.* nouveau Obus à anneaux | 10 *cm.* Obus ordinaires | 12 *cm.* Obus ordinaires | 15 *cm.* court Obus ordinaires |
| 1. Poids du projectile : | | | | | | | |
| Obus | *kg.* | 4,3 | 5,6 | 6,2 | 7,8 | 14,2 | 28 |
| Shrapnels | » | 4,6 | 5,6 | 6,7 | 9,2 | 13,2 | — |
| Boîtes à mitraille | » | — | 5,0 | | 8,2 | 11,4 | — |

| | | 7 cm. | 8 cm. | 8 cm. nouveau | 10 cm. | 12 cm. | 15 cm. |
|---|---|---|---|---|---|---|---|
| 2. Longueur (avec fusée) : | | | | | | | |
| Obus | cm. | 18,5 | 21 | 21 | 21 | 24 | 35,8 |
| Shrapnels | » | 19 | 20,5 | 21,5 | 21 | 24 | — |
| 3. Charge d'éclatement : | | | | | | | |
| Obus | gr. | 100 | 300 | 140 | 600 | 600 | 1750 |
| 4. Nombre d'éclats : | | | | | | | |
| Obus | » | 110 | 50 | 130 | 25 | 40 | — |
| 5. Remplissage, nombre de balles : | | | | | | | |
| Shrapnels | | 110 à 15 *gr.* | 130 à 22 *gr.* | 145 à 15 *gr.* | 170 à 16 *gr.* | 270 à 16 *gr.* | — |
| Boîtes à mitraille | | — | 62 à 72 et 100 *gr.* | | 84 à 62 *gr.* | 126 à 62 *gr.* | — |

6. Fusées : à percussion pour les obus des 7, 8, 10, 12 et 15 *cm.*, à temps pour les shrapnels des 7,5, 8, 10 et 12 *cm.* On a l'intention de munir les shrapnels de 7,5 *cm.* et de 8,4 *cm.* nouveau modèle de fnsées à double effet.

| | | 7 cm. | 8 cm. | 8 cm. nouveau | 10 cm. | 12 cm. | 15 cm. |
|---|---|---|---|---|---|---|---|
| 7. Charges : | | | | | | | |
| Tir de plein-fouet | | 400 | 840 | 1400 | 1062 | 1060 | 2500 |
| Tir plongeant | | — | — | — | — | 375 | — |
| 8. Coût : | | | | | | | |
| Obus avec fusée | Fr. | 6,50 | 6,90 | 6,60 | 7,50 | 9,70 | 21,— |
| Shrapnel avec fusée | » | — | 10,50 | 13,50 | 11,— | 13,50 | — |
| Charge, par coup | » | 1,— | 1,65 | 2,50 | 2,05 | 2,05 | 4,— |

L'approvisionnement des munitions d'une batterie de campagne consiste en :

*Four le 8 cm. ancien modèle.*

| | En ligne : | | | | Au parc de divis. | | | Au parc de dépôt | | | Total par batt. y comp. la pièce de réserve |
|---|---|---|---|---|---|---|---|---|---|---|---|
| | 6 pièces | 6 caissons | Affût de rechange | Total | 4 caissons | 1 pièce de réserve | Total | Pour les 6 pièces | Pour la pièce de réserve | Total | |
| Obus . . . . . | 120 | 408 | 20 | 548 | 272 | 20 | 292 | 440 | 190 | 630 | 1470 |
| Shrapnels . . . | 108 | 348 | 18 | 474 | 232 | 18 | 250 | 374 | 162 | 536 | 1260 |
| Boîtes à mitraille | 12 | 12 | 2 | 26 | 8 | 2 | 10 | 26 | 8 | 34 | 70 |
| Total des coups | 240 | 768 | 40 | 1048 | 512 | 40 | 552 | 840 | 360 | 1200 | 280[illegible] |

*Pour le 8 cm. nouveau modèle*[1].

| | En ligne : | | | | Au parc de divis. | | | Au parc de dépôt | | | Total par batt. y comp. la pièce de réserve |
|---|---|---|---|---|---|---|---|---|---|---|---|
| | 6 pièces | 6 caissons | Affût de rechange | Total | 4 caissons | 1 pièce de réserve | Total | Pour les 6 pièces | Pour la pièce de réserve | Total | |
| Obus . . . . . | 120 | 360 | 20 | 500 | 240 | 20 | 260 | 442 | 177 | 619 | 1379 |
| Shrapnels . . . | 120 | 360 | 20 | 500 | 240 | 20 | 260 | 442 | 177 | 619 | 1379 |
| Boîtes à mitraille | 12 | 12 | 2 | 26 | 8 | 2 | 10 | 2 | 4 | 6 | 42 |
| Total des coups | 252 | 732 | 42 | 1026 | 488 | 42 | 530 | 886 | 358 | 1244 | 2800 |
| *Pour le 10 cm.* | | | | | | | | | | | |
| Obus . . . . . | 120 | 360 | 20 | 500 | 240 | 20 | 260 | 760 | 230 | 990 | 1750 |
| Shrapnels . . . | 48 | 192 | 8 | 248 | 128 | 8 | 136 | 386 | 119 | 505 | 889 |
| Boîtes à mitraille | 24 | 24 | 4 | 52 | 16 | 4 | 20 | 70 | 19 | 89 | 161 |
| Total des coups | 192 | 576 | 32 | 800 | 384 | 32 | 416 | 1216 | 368 | 1584 | 2800 |

Selon cet état, l'approvisionnement de chaque pièce, non compris la pièce de réserve, est de :

| | Anciennes pièces de 8 *cm.* | | | | Nouvelles pièces de 8 *cm.* | | | |
|---|---|---|---|---|---|---|---|---|
| | Obus | Shrapnels | Boîtes à mitr. | Total | Obus | Shrapnels | Boîtes à mitr. | Total |
| Avec la batterie | $91\frac{2}{6}$ | 79 | $4\frac{2}{6}$ | $174\frac{4}{6}$ | $83\frac{2}{6}$ | $83\frac{2}{6}$ | $4\frac{2}{6}$ | 171 |
| Au parc de divis. | $45\frac{2}{6}$ | $38\frac{4}{6}$ | $1\frac{2}{6}$ | $85\frac{2}{6}$ | 40 | 40 | $1\frac{2}{6}$ | $81\frac{2}{6}$ |
| Au dépôt . . . | $73\frac{2}{6}$ | $62\frac{2}{6}$ | $4\frac{2}{6}$ | 140 | $73\frac{4}{6}$ | $73\frac{4}{6}$ | $\frac{2}{6}$ | $147\frac{4}{6}$ |
| Total . . . | 210 | 180 | 10 | 400 | 197 | 197 | 6 | 400 |

| | Pièces de 10 *cm.* | | | |
|---|---|---|---|---|
| | Obus | Shrapnels | Boîtes à mitr. | Total |
| Avec la batterie . . | $83\frac{2}{6}$ | $41\frac{2}{6}$ | $8\frac{4}{6}$ | $133\frac{2}{6}$ |
| Au parc de division | 40 | $21\frac{2}{6}$ | $2\frac{4}{6}$ | 64 |
| Au dépôt . . . . . | $126\frac{4}{6}$ | $64\frac{2}{6}$ | $11\frac{4}{6}$ | $202\frac{4}{6}$ |
| Total . . . | 250 | 127 | 23 | 400 |

[1] La proportion du nombre des obus et des shrapnels sera probablement changée en faveur des shrapnels.

Dans la batterie, la munition se répartit par pièce, comme suit :

| | 8 cm. Anciennes. | 8 cm. Nouvelles. | 10 cm. | |
|---|---|---|---|---|
| Dans l'avant-train . . | 40 | 42 | 32 | coups par pièce. |
| Dans les caissons . . | 128 | 122 | 96 | » |
| Avec l'affût de rechange | $6^{1}/_{6}$ | 7 | $5^{2}/_{6}$ | » |
| | $174^{1}/_{6}$ | 171 | $133^{2}/_{6}$ | » |

L'état de la munition, pour une batterie de montagne, est le suivant :

| | En ligne | Au dépôt | | | Total y compris la pièce de réserve | |
|---|---|---|---|---|---|---|
| | Dans 60 caisses à munition | Pour 6 pièces | Pour 1 pièce de réserve | Total | Par batterie | Par pièce |
| Obus . . . | [1] | — | — | — | — | — |
| Shrapnels | [1] | — | — | — | — | — |
| Total . | 600 | 600 | 200 | 800 | 1400 | 200 |

## III. Armes et munitions nécessaires à une division d'armée.

Les tableaux suivants indiquent, en se basant sur les données qui précèdent, quels sont les besoins d'une division d'armée normale, en armes à feu portatives, en bouches à feu et en munitions.

### 1. Armes à feu portatives.

| | Fusils à répétition | Carab. à répétition | Mousq. à répétition | Fusils Peabody | Total des fusils | Revolvers [1] |
|---|---|---|---|---|---|---|
| Etats-majors . . . . . . . | — | — | — | — | — | 28 [2] |
| 12 bataillons de fusiliers . . | 8064 | — | — | 204 | 8268 | — |
| 1 bataillon de carabiniers . | — | 672 | — | 17 | 689 | — |
| 1 compagnie de guides . . | — | — | — | — | — | 42 |
| 3 escadrons . . . . . . . . | — | — | 315 | — | 315 | 33 |
| 6 batteries . . . . . . . . | — | — | — | — | — | 114 |
| 2 colonnes de parc . . . . | — | — | — | 102 | 102 | 38 |
| 1 bataillon du train . . . . | — | — | — | — | — | 45 |
| 1 bataillon du génie : | | | | | | |
| 1 compag. de sapeurs | — | — | — | 142 | 340 | — |
| 1 comp. de pontonniers | — | — | — | 112 | | — |
| 1 compag. de pionniers | — | — | — | 86 | | — |
| Total . . . | 8064 | 672 | 315 | 663 | 9714 | 300 |

[1] La proportion du nombre des obus et des shrapnels n'est pas encore définitivement arrêtée.

[1] Il n'est tenu compte que des hommes pour lesquels le revolver est obligatoire.

[2] De division, de brigade et de régiment d'infanterie, du régiment de cavalerie, de la brigade et des régiments d'artillerie et du parc de division.

## 2. Bouches à feu.

| | 8 *cm.* | 10 *cm.* |
|---|---|---|
| 4 batteries de 8 *cm.* | 24 | — |
| plus 1 pièce de réserve | 4 | — |
| 2 batteries de 10 *cm.* | — | 12 |
| plus 1 pièce de réserve | — | 2 |
| | 42 | |

## 3. Munitions.

| | Munitions pour fusils | | | | | |
|---|---|---|---|---|---|---|
| | En ligne | | | Au parc de divis. (IIe éch) | Au parc de dépôt IIIe échelon | Total sur l'homme et aux 3 échelons |
| | Dans les cartouch. | Caiss. (Ier éch.) | Total | | | |
| Etats-majors. . . . . . | — | — | — | — | — | — |
| 13 bataillons d'infanterie . | 882440 | 312000 | 1194140 | 312000 | 249600 | 1756040 |
| 1 compagnie de guides . . | — | — | — | — | — | — |
| 3 escadrons . . . . . . | 18900 | — | 18900 | 7500 | — | 26400 |
| 4 batteries 8 *cm.*[1] . . . . | — | — | — | — | — | — |
| 2 batteries 10 *cm.*[1] . . . . | — | — | — | — | — | — |
| 2 colonnes de parc . . . | 4080 | — | 4080 | — | — | 4080 |
| 1 bataillon du train . . . | — | — | — | — | — | — |
| 1 bataillon du génie : | | | | | | |
| Compag. de sapeurs | 5720 | — | 5720 | — | — | |
| Comp. de pontonniers | 4560 | — | 4560 | — | — | 13720 |
| Compag. de pionniers | 3440 | — | 3440 | — | — | |
| 1 comp. d'administrat. | — | — | — | — | — | — |
| Total . . . | 919140 | 312000 | 1231140 | 319500 | 249600 | 1800240 |
| En ligne . . . . . . . | — | Munition de poche | 919140 | — | — | — |
| | — | Ier échelon | 312000 | — | — | — |
| | | | 1231140 | | | |
| Au parc . . . . . . . | — | — | — | 319500 | — | — |
| Au dépôt . . . . . . . | — | — | — | — | 249600 | — |
| Total . . . | — | — | — | — | — | 1800240 |

[1] Pour les divisions I, III, IV, V, VI, VII. Les divisions II et VIII n'ont pas de 10 *cm.*

| | Munitions pour les bouches à feu | | | | | | | | | | | | | Munitions pour les revolvers[1] | | |
|---|---|---|---|---|---|---|---|---|---|---|---|---|---|---|---|---|
| | En ligne (Ier échelon) | | | | Au parc de division (IIe échelon) | | | | Au parc de dépôt (IIIe échelon) | | | | TOTAUX | | | |
| | Obus | Shrapnels | Boites à mitraille | Total | Obus | Shrapnels | Boites à mitraille | Total | Obus | Shrapnels | Boites à mitraille | Total | | En ligne | Au parc de divis. | Total |
| Etats-majors . . | — | — | — | — | — | — | — | — | — | — | — | — | — | 2120 | — | 2120 |
| 13 batail. d'inf. . | — | — | — | — | — | — | — | — | — | — | — | — | — | 5200 | 5200 | 10400 |
| 1 comp. de guid. | — | — | — | — | — | — | — | — | — | — | — | — | — | 2520 | 8000 | 12500 |
| 3 escadrons . . . | — | — | — | — | — | — | — | — | — | — | — | — | — | 1980 | | |
| 4 bat. 8 *cm.* nouv. | (2000) | (2000) | (104) | (4104) | (1040) | (1040) | (40) | (2120) | (2446) | (2476) | (24) | (4976) | (11200) | — | — | — |
| 4 bat. 8 *cm.* anc.[1] | 2192 | 1896 | 104 | 4192 | 1168 | 1000 | 40 | 2208 | 2520 | 2444 | 136 | 4800 | 11200 | 4080 | — | 4080 |
| 2 bat. 10 *cm.* . . . | 1000 | 496 | 104 | 1600 | 520 | 272 | 40 | 832 | 1980 | 1010 | 178 | 3168 | 5600 | | | |
| 2 col. de parc . | — | — | — | — | — | — | — | — | — | — | — | — | — | 1540 | — | 1540 |
| 1 bat. du train . | — | — | — | — | — | — | — | — | — | — | — | — | — | 1800 | — | 1800 |
| 1 bat. du génie : | | | | | | | | | | | | | | | | |
| Comp. de sap. . | — | — | — | — | — | — | — | — | — | — | — | — | — | — | — | — |
| Comp. de pont. . | — | — | — | — | — | — | — | — | — | — | — | — | — | — | — | — |
| Comp. de pion. . | — | — | — | — | — | — | — | — | — | — | — | — | — | — | — | — |
| Total[3] . . | 3192 | 2392 | 208 | 5702 | 1688 | 1272 | 80 | 3040 | 4500 | 3154 | 314 | 7968 | 16800 | 19240 | 13200 | 32440 |
| En ligne . . . . | — | — | — | 5702 | — | — | — | — | — | — | — | — | — | 19240 | — | — |
| Au parc . . . . | — | — | — | — | — | — | — | 3040 | — | — | — | — | — | — | 13200 | — |
| Au dépôt . . . | — | — | — | — | — | — | — | — | — | — | — | 7968 | — | — | — | 32440 |
| Total . . | — | — | — | — | — | — | — | — | — | — | — | — | 16800 | — | — | 32440 |

[1] Pour les divisions I, III, IV, V, VI, VII. Les divisions II et VIII n'ont pas de 10 *cm.*

[2] Chaque demi-caisson contient 200 cartouches à disposition des officiers auxquels le port du revolver est facultatif. Pour la cavalerie, on compte 60 cartouches et pour les autres armes 40 cartouches par revolver.

[3] La munition du 8 *cm.* nouveau modèle, placée entre ( ), n'est pas comprise dans le total.

DOUXIÈME PARTIE

# HABILLEMENT ET ÉQUIPEMENT

## I. Habillement.

L'habillement peut, en résumé, être décrit de la manière suivante :

*Coiffure :* Pour toutes les armes et tous les grades : un léger képi en feutre, de forme cylindro-conique, avec visière devant et derrière. Les insignes des différentes armes ou corps et pour les officiers ceux des grades, servent de garnitures. On y adapte entr'autres : le numéro de l'unité tactique, qui est remplacé, pour les états-majors des corps combinés, par une croix fédérale. Le képi est de plus surmonté d'un pompon en laine, sphérique, aux couleurs ci-après : Infanterie : état-major, blanc; 1re compagnie, vert; 2e compagnie, vert avec zone blanche ; 3e compagnie, jaune; 4e compagnie, jaune avec zone blanche. — Cavalerie : cramoisi avec panache en crin noir pour les dragons, et blanc pour les guides. — Artillerie : rouge, train de ligne, blanc. — Génie : brun. — Troupes sanitaires : bleu-clair. — Administration : vert. — Officiers judiciaires : noir. — Etat-major et commandants des corps combinés : cramoisi. — Les colonels portent un panache en plumes : blanc pour les chefs d'armes et les divisionnaires, et vert-noir pour les autres colonels. Les insignes des différentes armes sont : pour les carabiniers, deux carabines en sautoir ; pour l'artillerie, canonniers et soldats du train des batteries et colonnes de parc, deux canons en sautoir ; artificiers, une grenade ; pour le génie : sapeurs, deux haches ; pionniers, une pelle et une pioche, et pontonniers, une rame et une gaffe en sautoir ; pour les troupes sanitaires, l'emblême international en lieu et place de la cocarde.

*Cocarde*. Les troupes cantonales se distinguent entr'elles par une cocarde aux couleurs du canton ; les troupes fournies par la Confédération la portent aux couleurs fédérales. Comme insignes distinctifs des grades, les officiers ont des galons en or ou en argent, (suivant les boutons). Ils sont au nombre de 1 à 3 ; étroits pour les lieutenants, premiers lieutenants et capitaines, et plus larges pour les majors, lieutenants-colonels et colonels.

Comme seconde coiffure, les officiers portent une casquette avec visière, et les sous-officiers et soldats, un bonnet de police en drap.

*Capotes*. Les militaires de tous grades et de toutes les armes ont une capote en drap gris-bleu. Pour les troupes à pied, elle descend à 15-20 *cm*. en dessous du genou et, pour les hommes montés, elle a la forme d'un manteau de cavalier bien large.

*Tuniques*. Comme deuxième vêtement, les officiers et la troupe portent une tunique en drap, à deux rangs de boutons (de 5 chacun). La jupe ne doit pas dépasser la longueur du bras pendant naturellement, avec le poing fermé. Les tuniques des officiers sont ajustées à la taille, tandis que celles de la troupe sont plus larges, dans le genre d'un paletot, de manière à pouvoir encore servir à l'homme, lorsqu'il sera dans la landwehr. La couleur en est bleue, sauf pour les carabiniers et les dragons qui l'ont verte, et les médecins et vétérinaires, dont le drap est bleu-clair. Les boutons sont blancs pour les fusiliers, la cavalerie, les troupes sanitaires (sauf médecins), les troupes d'administration et les vétérinaires subalternes ; tous les autres corps ont les boutons jaunes.

| | Passepoils | Cols |
|---|---|---|
| Fusiliers . . . . . . . . | écarlates | écarlates |
| Carabiniers . . . . . . . | noirs | noirs |
| Cavalerie . . . . . . . . | cramoisis | cramoisis |
| Artillerie . . . . . . . . | rouges | bleus |
| Génie . . . . . . . . . | rouges | bleus |
| Troupes sanitaires : Infirmiers | bleu-clairs | bleus |
| Brancardiers | bleu-clairs | bleus |
| Administration . . . . . | vert-clairs | vert-clairs |
| Etat-major . . . . . . . . | cramoisis | en velours noir comme les parem[ts] |
| Colonel d'infanterie et lieut.-col. | cramoisis | » » |
| Major, lieut.-col. et col. de caval. | cramoisis | » » |
| Major, lieut.-col. et col. d'artill. | écarlates | » » |
| Major, lieut.-col. et col. du génie | cramoisis | » » |
| Major, lieut.-col. et col. d'admin. | verts | » » |

Pour la troupe, le numéro du corps est fixé sur les pattes d'épaules. La couleur de ces pattes diffère suivant le corps ou le régiment. Elles sont noires pour le premier, bleues pour le second, jaunes pour le troisième, vertes pour le quatrième régiment d'une division ; pour les carabiniers, elles sont noires, pour la cavalerie cramoisies, etc.

*Pantalons*. Les officiers montés, les officiers d'administration, les officiers judiciaires, les médecins, les secrétaires d'état-major ont un pantalon gris-fer. Tous les autres officiers l'ont gris-bleu. Comme signe distinctif, les officiers d'état-major ont une large bande cramoisie. Les dragons et les guides portent la botte à l'écuyère et les autres troupes montées ont le pantalon avec balzanes en cuir. Les officiers montés portent aussi la botte à l'écuyère, mais il leur est facultatif de porter le pantalon à balzanes. Toutes les troupes ont deux pantalons en drap [1].

*Insignes des grades*. Les insignes fixés à la coiffure des officiers ayant déjà été mentionnés, il reste à indiquer ceux qui s'adaptent

[1] Arrêté du Conseil fédéral remplaçant le pantalon en milaine par un second pantalon en drap, du 16 mars 1880. F. M. F., N° 8.

aux vêtements. Ce sont des brides d'épaules, en métal, de la même couleur que les boutons. Celles des officiers subalternes sont simples, celles des officiers supérieurs ont quelques ornements; au milieu, sont placées une, deux ou trois étoiles, correspondant au nombre de galons de la coiffure et au grade indiqué par ceux-ci.

Les grades des sous-officiers sont indiqués par des galons en argent ou en or, cousus sur les manches.

## II. Equipement personnel.

Le petit équipement comprend: le sac (pour la cavalerie, les sacoches, et pour les officiers à pied, un léger petit sac), la gourde, le sac à pain, la marmite individuelle (modèle 1882), servant d'ustensile à cuire, la trousse et le sachet à munition placé dans le couvercle du sac.

L'infanterie est munie d'outils de pionniers[1] portatifs consistant en : 40 petites pelles (système Linnemann), 20 petits pics-hoyaux, 8 petites haches et 4 scies articulées par compagnie.

Le *poids de l'habillement, de l'armement et de l'équipement d'un fantassin* est le suivant :

| | | |
|---|---|---|
| 1. Habillement, y compris la chaussure | 5,210 | *kg.* |
| 2. Fusil avec bretelle . . . . . . . . | 4,727 | » |
| 3. Sac paqueté, avec capote roulée, six paquets de cartouches et une ration de vivres de réserve (780 *gr.*) . . | 11,502 | » |
| 4. Gourde et sac à pain, avec une ration | 1,745 | » |
| 5. Ceinturon, sabre-baïonnette, cartouchière avec son contenu (4 paquets de cartouches) . . . . . . . | 3,078 | » |
| Pelle Linnemann (pic 1400), environ | 1,100 | » |
| Total . . . | 27,362 | *kg.* |

[1] Ordonnance concernant l'équipement de l'infanterie avec des outils de pionniers, du 27 mai 1880. F. M. F., N° 19.

Pour *le cavalier, ce poids est* de :

Habillement, sabre, cartouchière avec 40 cartouches, 9,716 *kg*.

## III. Equipement des chevaux.

L'équipement de cheval des officiers, avec selle anglaise, est à l'ordonnance du 24 avril 1874. Le poids de la bride et de la selle, avec les sacoches est de 13,538 *kg*.

L'équipement du cheval de cavalerie, avec selle Barth ou selle danoise modifiée, est à l'ordonnance du 3 février 1875.

| | | |
|---|---|---|
| Poids de la bride, avec filet et licol . . . | 2,000 | *kg*. |
| Poids de la selle . . . . . . . . . . . . | 16,000 | » |
| Porte-manteau et sacoches paquetées, y compris 20 cartouches . . . . . . . . | 13,782 | » |
| Mousqueton avec accessoires . . . . . . | 4,170 | » |
| | 35,952 | *kg*. |
| Auxquels il faut ajouter pour l'habillement, le sabre et la cartouchière . . . . . . . | 9,716 | » |
| Ce qui porte la charge du cheval, sans le cavalier, à . . . . . . . . . . . . . . | 45,668 | *kg*. |

Pour l'équipement de cheval des sous-officiers d'artillerie, voir la rubrique : Equipement des corps.

## IV. Equipement des corps.

Beaucoup d'officiers et de fonctionnaires n'ont pas encore parfaitement connaissance de tout le matériel qui constitue l'équipement de corps. C'est le motif pour lequel cette question est traitée ici dans ses détails, car il est important, lorsqu'il s'agit de toucher ses équipements, ou en cas de mobilisation, de connaître exactement le matériel qui appartient à chaque corps. En ce qui concerne la munition, laquelle rentre aussi dans l'équipement de corps, les tableaux des pages 178-183 donnent les détails nécessaires. Elle sera néanmoins rappelée ici, afin d'avoir des états complets.

(Voir tableaux pages 208 à 212.)

### f) *Différents objets d'équipement.*

*Bataillon d'infanterie.* Dans le fourgon : 1 drapeau avec fourre et baudrier ; 1 caisse de quartier-maître, une caisse d'armurier avec outillage et pièces de rechange, 1 caisse de tailleur, 1 caisse de cordonnier, 2 sacoches d'armuriers, 1 autel de campagne pour les bataillons catholiques, 10 fusils et 10 cartouchières, 20 pelles rondes, 10 pics-hoyaux, 10 grandes haches, 5 scies à deux mains et 16 scies articulées [1].

*Escadron de dragons :* 1 trousse de sellier, 1 étui de maréchal-ferrant, et 4 haches de campagne.

*Compagnie de guides :* 1 étui de maréchal-ferrant, 1 hache de campagne.

*Bataillon du génie :* 1 caisse d'armurier, 1 sacoche d'armurier, 1 caisse de quartier-maître.

*Lazaret de campagne :* 6 caisses de quartier-maître ; puis pour le train : 1 caisse de sellier, 1 caisse de charron et 2 trousses de maréchaux.

*Compagnie d'administration :* 1 caisse de sellier, 2 trousses de maréchaux.

*Observations concernant les objets d'équipements mentionnés dans les tableaux précédents.*

1. Le matériel de corps du *régiment de dragons* est conservé dans l'arsenal du canton qui fournit le second escadron. Il consiste en : 1 cuisine d'officiers, 1 sacoche de médecin, 1 caisse sanitaire, 1 havresac sanitaire, 1 brancard, 7500 cartouches pour mousque-

(Voir suite du texte page 213).

[1] Voir ordonnance du 27 mai 1880, F. M. F., No 19, et arrêté du Conseil fédéral du 7 mars 1881, F. M. F., No 12.

## 1. Etat et nombre des objets et voitures appartenant à l'équipement de corps de chaque unité de troupes.

| | Batail. d'infanterie | Escad. de dragons | Comp. de guides | Batterie de camp. | Parc de division Colonne A. | Parc de division Colonne B. | Comp. d'artif. (24 décemb. 1880) | Comp. de posit. (24 décemb. 1880) | Batail. du génie | Lazaret de camp. | Comp. d'administrat. |
|---|---|---|---|---|---|---|---|---|---|---|---|
| *Voitures* (R = voitures de réquisition). | | | | | | | | | | | |
| Pièces de la batterie | — | — | — | 6 | — | — | — | — | — | — | — |
| Pièces de réserve | — | — | — | — | 2 8 cm<br>1 10 cm | 2 8 cm[1]<br>1 10 cm[1] | — | — | — | — | — |
| Caissons | — | — | — | 6 | 18 8 cm<br>4 10 cm | 8 8 cm[2]<br>4 10 cm[2] | — | — | — | — | — |
| Demi-caissons | 2 | — | — | — | 13 | 13 Inf.<br>1 cav. | — | — | 2 | — | — |
| Affûts de rechange | — | — | — | 1 | — | — | — | — | — | — | — |
| Forges de campagne | — | 1 | — | 1 | — | — | — | — | 1 | — | 1 |
| Chariots de batterie | — | — | — | 1 | — | — | — | — | — | — | — |
| Fourgons | 1 | — | — | 1 | 1 | 1 | — | — | 1 | — | 1 |
| Chars à approvisionnements[8] | 2 R | 2 R | — | 2 R | 2 R | 2 R | — | — | 3 R | 5 R | 36 R[3] |
| Chars à bagages[8] | 1 R | — | — | — | — | — | — | — | 1 R | 5 R | — |
| Forges de campagne du parc | — | — | — | — | 1 | 1 | — | — | — | — | — |
| Chariots de parc | — | — | — | — | 1 | 1 | — | — | — | — | — |
| Chariots à outils de pionniers | — | — | — | — | 1 | — | — | — | — | — | — |
| Chariots d'artificiers | — | — | — | — | 1 | — | — | — | — | — | — |
| Chariots de pionniers | — | — | — | — | 2[4] | 2[4] | — | — | — | — | — |
| Chariots de sapeurs | — | — | — | — | — | — | — | — | 2 | — | — |
| Chariots de pontonniers | — | — | — | — | — | — | — | — | 2 | — | — |
| Haquets à chevalets | — | — | — | — | — | — | — | — | 5[5] | — | — |
| Haquets à poutrelles | — | — | — | — | — | — | — | — | 10[5] | — | — |
| Chariots à fils | — | — | — | — | — | — | — | — | 2 | — | — |
| Chariot à câbles | — | — | — | — | — | — | — | — | 1 | — | — |
| Voiture-station | — | — | — | — | — | — | — | — | 1 | — | — |
| Chariots p[r] ouvriers de chemin de fer | — | — | — | — | — | — | — | — | 2 | — | — |
| Fourgons d'ambulance | — | — | — | — | — | — | — | — | — | 5 | — |
| Chars pour les blessés | — | — | — | — | — | — | — | — | — | 5 | — |
| Fourgons du matériel | — | — | — | — | — | — | — | — | — | 2 | — |
| Voitures de réquisition pour le service sanitaire | — | — | — | — | — | — | — | — | — | 16 R | — |
| Char à ustensiles | — | — | — | — | — | — | — | — | — | — | 1 |
| Chariot d'outils | — | — | — | — | — | — | — | — | — | — | 1 |
| Total des voitures | 6 | 3 | — | 18 | 37[6] | 36[7] | — | — | 33[5] | 38 | 38 |



[1] Chaque batterie 1 pièce de rechange, ce qui fait 6 par division. — Les II et VIII n'ont pas de 10 cm.

[2] " " 4 caissons à 4 chevaux " 24 " " " " " "

[3] A 4 chevaux.

[4] Jusqu'à ce qu'ils soient terminés, ils sont remplacés par 2 chariots de sapeurs et 1 chariot de batterie.

[5] 2 chariots à poutrelles et 1 chariot à chevalets, en réserve, voir page 249, chiffre 5.

[6] Attelées de 118 chevaux.

[7] " " 112 "

[8] Voir observation page 59.

| | Bataillon d'infanterie | | Escadron de dragons | | Comp. de guides | Batterie de camp. | Colonne de parc A. | Colonne de parc B. | Comp d'artific. | Comp de posit. | Bataillon du génie | | | | | | Lazaret de campagne | | Comp. d'administration | |
|---|---|---|---|---|---|---|---|---|---|---|---|---|---|---|---|---|---|---|---|---|
| | | | | Ouvriers et sous-of. | | | | | | | | | | | | | | | | |
| *b)* Equipement des chevaux. | | | | | | | | | | | | | | | | | | | | |
| Pour chevaux de selle . . . | — | | — | 4 | 1 | 14[1] | 13 | 13 | — | — | 9 sous-of. | | | | | | 9 | | 14 | |
| Harnais. . . . . . . . . | 13[2] | | 8[3] | — | — | 98[4] | 122 | 116 | — | — | 114 | | | | | | 106 | | 154 | |
| Musettes de pansage . . . | 7 | | 4 | 4 | 1 | 70 | 80 | 80 | — | — | 70 | | | | | | 65 | | 95 | |
| Sacs à avoine . . . . . . | 7 | | 4 | 4 | 1 | 70 | 80 | 80 | — | — | 70 | | | | | | 65 | | 95 | |
| Fouets . . . . . . . . . | 7[5] | | 4[6] | — | — | 55 | 65[7] | 60[7] | — | — | 65 | | | | | | 55 | | 80 | |
| Cordes à fourrages . . . . | 13 | | 8 | 4 | 1 | 120 | 145 | 140 | — | — | 130 | | | | | | 120 | | 180 | |
| Musettes . . . . . . . . | 13 | | 8 | 4 | 1 | 120 | 145 | 140 | — | — | 130 | | | | | | 120 | | 180 | |
| Fers de rechange . . . . . | 13 | | 8 | 8 | 2 | 98 | 122 | 116 | — | — | 114 | | | | | | 106 | | 154 | |
| Fers à charnière . . . . . | — | | — | — | — | 22 | 21 | 21 | — | — | 16 | | | | | | 12 | | 18 | |
| Clous à ferrer . . . . . . | 208 | | 128 | 128 | 32 | 1920 | 2288 | 2192 | — | — | 2080 | | | | | | 1888 | | 2752 | |
| Clous à glace . . . . . . | 52 | | 32 | 64 | 8 | 480 | 572 | 548 | — | — | 520 | | | | | | 472 | | 688 | |
| Couvertures d'écurie . . . | 13 | | 8 | 4 | 1 | 120 | 145 | 135 | — | — | 130 | | | | | | 120 | | 180 | |
| Sangles. . . . . . . . . | 13 | | 8 | 4 | 1 | 120 | 145 | 135 | — | — | 130 | | | | | | 120 | | 180 | |
| Sacoches pour les ouvriers . | — | | — | 4 | 1 | — | — | — | — | — | — | | | | | | — | | — | |
| Filets à fourrages . . . . | — | | — | 8 | 2 | — | — | — | — | — | — | | | | | | — | | — | |
| Licols d'écurie . . . . . . | — | | — | 4 | 1 | 16 | 10 | 10 | — | — | 10 | | | | | | 20 | | — | |
| | Etat-major | Compagnies | | | | | | | | | Etat-major | Sapeurs | Pontonniers | Pionniers | Total | Train | ments. (Equipement fourgons) | Train | | Train |
| *c)* Ustensiles de cuisine. | | | | | | | | | | | | | | | | | | | | |
| Cuisines d'officiers . . . . | 2 | 4 | 1 | | 1 | 1 | 1 | 1 | 1 | 1 | 1 | 1 | 1 | 1 | 4 | 1 | | 1 | 3 | 1 |
| Marmites . . . . . . . . | 2 | 64 | 8 | | 3 | 12 | 12 | 12 | 12 | 10 | — | 12 | 10 | 8 | 30 | 7 | | 9 | 4 | 7 |
| Bidons . . . . . . . . . | 2 | 64 | 8 | | 3 | 12 | 12 | 12 | 12 | 10 | — | 12 | 10 | 8 | 30 | 7 | | 9 | 4 | 7 |

| | | | | | | | | | | | | | | | | | | | |
|---|---|---|---|---|---|---|---|---|---|---|---|---|---|---|---|---|---|---|---|
| Sacs pour le pain | 2 | 64 | 8 | 3 | 12 | 12 | 12 | 12 | 10 | — | 12 | 10 | 8 | 30 | 7 | 10 Assorti-des | 9 | 4 | 7 |
| Haches | 1 | 32 | 4 | 1 | 6 | 6 | 6 | 6 | 5 | — | 6 | 5 | 4 | 15 | 3 | | 5 | 2 | 3 |
| Ecumoirs | 1 | 32 | 4 | 1 | 6 | 6 | 6 | 6 | 5 | — | 6 | 5 | 4 | 15 | 3 | | 5 | 2 | 3 |
| Poches à soupe | 1 | 32 | 4 | 1 | 6 | 6 | 6 | 6 | 5 | — | 6 | 5 | 4 | 15 | 3 | | 5 | 2 | 3 |
| *d)* Matériel sanitaire. | | | | | | | | | | | | | | | | Equipement du fourgon : | | | |
| Caisses sanitaires | | 1 | — | — | 1 | 1 | 1 | — | 1 | | | 2 | | | — | — | — | 1 | — |
| Havresacs sanitaires | | 2 | — | — | 1 | 1 | 1 | — | 1 | | | 2 | | | — | — | — | 1 | — |
| Brancards de campagne | | 8 | — | — | 1 | 1 | 1 | — | 1 | | | 2 | | | — | — | — | 1 | — |
| Fanions nationanx | | 1 | — | — | — | — | — | — | — | | | 3 | | | — | — | — | — | — |
| Fanion international | | 1 | — | — | — | — | — | — | — | | | — | | | — | — | — | — | — |
| Couvertures en laine | | 4 | — | — | — | — | — | — | — | | | — | | | — | — | — | — | — |
| Sacoches de médecins | | 2 | — | — | 1 | 1 | 1 | — | 1 | | | 2 | | | — | — | 6 | 1 | — |
| Boulgues | | 7 | 1 | — | 1 | 1 | 1 | — | 1 | | | 3 | | | 1 | — | — | 1 | 1 |
| Sacoches pour brancardiers | | 13 | — | — | 2 | 2 | 2 | — | 1 | | | 6 | | | — | — | 110 | — | — |
| Bidons à eau | | 20 | 1 | — | 3 | 3 | 3 | — | 3 | | | 9 | | | 1 | — | 110 | 1 | 1 |
| Caisses pour vétérinaires | | — | 1 | — | 1 | 1 | 1 | — | — | | | — | | | 1 | — | 1 | — | 1 |

[1] Pour sous-officiers, y compris 2 chevaux de réserve.
[2] 3 harnais à collier et 10 harnais à poitrail avec rênes.
[3] 4 harnais à collier et 4 harnais à poitrail avec rênes.
[4] Y compris 6 chevaux de réserve.
[5] 2 courts et 5 longs.
[6] 2 courts et 2 longs.
[7] 89 courts et 36 longs.
[8] Une musette de pansage contient : 1 musette, 1 étrille, 1 brosse à pansage, 1 cure-pied, 1 brosse à sabots avec fourre, 1 boîte à graisse, 1 éponge et 1 époussette.

| | Batail. d'in-fanterie | Escad. de dragons | Comp. de guides | Batter. de camp. | | Colonnes de parc | | Bataillon du génie | | Lazaret de camp. | | Comp. d'admin. | |
|---|---|---|---|---|---|---|---|---|---|---|---|---|---|
| | | | | 8 *cm.* | 10 *cm.* | A. | B. | | Train | | Train | | Train |
| *e) Munitions.* | | | | | | | | | | | | | |
| *aa)* Pour fusils. | | | | | | | | | | | | | |
| 1. Munition de poche . . | 67200 | 6300 | — | — | — | 2040 | 2040 | S. 5680<br>P. 4580<br>Pi 3440 | — | — | — | — | — |
| 2. Dans les caissons . . | 24000 | — | — | — | — | 156000 | 156000<br>[1] 7500 | — | — | — | — | — | — |
| *bb)* Munition pour revolvers[3] | 1000 | 660 | 2520[1] | 760[2] | 760[2] | 80<br>770 | 770<br>[1] 8000 | — | 480 | — | 480 | — | 720 |
| *cc)* Munitions p^r^ l'artillerie : | | | | | | A et B<br>8 *cm.* | A et B<br>10 *cm.* | | | | | | |
| Obus . . . . . . . . . | — | — | — | 548 | 500 | 1168 | 520 | — | — | — | — | — | — |
| Shrapnels . . . . . . . | — | — | — | 474 | 248 | 1000 | 272 | — | — | — | — | — | — |
| Boites à mitraille . . . . | — | — | — | 26 | 52 | 40 | 40 | — | — | — | — | — | — |
| Charges . . . . . . . . . | — | — | — | 1048 | 800 | 2208 | 832 | — | — | — | — | — | — |
| Etoupilles . . . . . . . . | — | — | — | 1570 | 1570 | 2920 | 1460 | — | — | — | — | — | — |
| Vis porte-feu . . . . . . | — | — | — | 748 | 693 | 1496 | 594 | — | — | — | — | — | — |
| Fusées à percus. de réserve | — | — | — | 20 | 20 | — | — | — | — | — | — | — | — |
| Fusées à temps de réserve | — | — | — | 10 | 10 | — | — | — | — | — | — | — | — |

[1] Le demi-caisson de cavalerie du parc de division contient, outre les 7300 cartouches pour mousquetons, 8000 cartouches pour revolvers.
[2] Calculées pour 19 revolvers à 40 cartouches
[3] F. M. F. 1880. N° 29.

tons et 8000 pour revolvers dans le demi-caisson de cavalerie du parc de division, 1 étendard et 1 caisse de quartier-maître.

2. Les parcs de division II et VIII ont, dans chaque colonne, 12 caissons de 8 *cm*. et 3 pièces de 8 *cm*. de réserve, mais ils n'ont pas de matériel de 10 *cm*.

3. Dans les parcs de divisions I et V, il faut ajouter encore le matériel pour le 13e bataillon de fusiliers, soit : 2 demi-caissons, 4 harnais, 2 musettes de pansage, 2 sacs à avoine, 2 fouets longs, 4 cordes à fourrage, 4 musettes, 4 fers à cheval, 64 clous pour ferrage, 16 clous à glace, 4 couvertures, 4 sangles d'écurie et 24 000 cartouches.

4. *Bataillon du train*. Le matériel de ce bataillon figure dans les tableaux avec celui du bataillon du génie, du lazaret et de la compagnie d'administration. On a suivi ici le même principe que pour le personnel. Le médecin pouvant être attaché à l'une ou à l'autre des divisions du bataillon, il s'en suivra une augmentation de matériel consistant en : 1 caisse et un havresac sanitaires, 1 sacoche de médecin et un brancard. L'état-major reçoit 120 cartouches de revolvers : 40 par arme.

## 2. Description de quelques parties du matériel de corps.

### a) *Drapeaux et insignes de campagne.*

Chaque bataillon d'infanterie reçoit un drapeau aux couleurs fédérales : une croix blanche sur fond rouge.

Les régiments de dragons ont un étendard aux mêmes couleurs.

Comme insigne du service de campagne, les officiers, sous-officiers et soldats portent au bras gauche un brassard (*Feldbinde*) rouge avec croix blanche. Il ne doit être mis que dans le service actif et, par exception, dans le service d'instruction pour les manœuvres de division.

Anciennement, il n'était pas question d'un drapeau fédéral. Les troupes marchaient sous les drapeaux des cantons et, en général, c'était celui de Zurich qui dépassait tous les autres. Dans quelques expéditions, d'un intérêt tout particulier pour un des Etats, on se rangeait tous sous son drapeau. La croix blanche sur champ de gueule était un signe de reconnaissance adopté pour la guerre, et ne se portait qu'en campagne. Cet usage date surtout de l'ancienne guerre de Zurich, quoique précédemment il en soit déjà question, de temps en temps, par exemple, lors de la bataille de Laupen, avant l'entrée de Berne dans l'alliance. Le procès-verbal de la Diète du 9 août 1480 contient un passage ayant trait à ce signe, mais lui donnant plutôt une importance religieuse : « Chacun doit servir sous le drapeau de sa ville ou de son canton, comme il a été usité de tout temps, à la condition toutefois que chacun ajoute à son drapeau une croix blanche, qui jusqu'à présent a toujours porté bonheur aux confédérés. » A partir de cette époque, la « croix blanche » figura toujours sur les drapeaux cantonaux au-dessus des armoiries cantonales.

b) *Les voitures de l'infanterie.*

*aa)* Le nouveau *fourgon de bataillon*, modèle de 1864, n'est en partie qu'une copie du chariot de parc français. Il se compose d'un avant-train pivotant d'après le système français et d'un arrière-train avec caisse fixe.

L'écartement des roues est le même que pour les anciens fourgons, 1.29$^{m}$.

| | |
|---|---|
| Poids de la voiture . . . | 934,5 kil. |
| » du contenu . . . | 800,0 » |
| Total, | 1734,5 kil. |

L'attelage se compose de trois chevaux et est conduit par un soldat du train monté.

*bb)* Le *demi-caisson d'infanterie*, modèle 1871, avec avant et arrière-train, pivote d'après le même système que le fourgon.

Ecartement des roues, 1,155$^{m}$.

| | |
|---|---|
| Poids de la voiture . . . . . . . . . . | 597,50 kil. |
| » l'équipement extérieur (1 roue et 1 timon de rechange, 1 pic-hoyau, 1 pelle, 1 hache, 1 lanterne et 1 boîte à graisse) . . . | 75,25 » |
| A reporter . . . | 672,75 kil. |

| | |
|---|---|
| Report . . . | 672,75 kil. |
| Poids de l'équipement intérieur (8 caisses à cartouches et 2 caissettes à outils et ustensiles) | 44,00 » |
| Poids de la munition . . . . . . . . . . | 388,00 » |
| | 1104,75 kil. |

Cette voiture, attelée de deux chevaux, est conduite depuis le siége.

*cc)* Les *chars à approvisionnement et les chars à bagages.* L'acquisition de ces voitures selon l'ordonnance, a été renvoyée par la loi du 21 février 1878, suspendant l'application de quelques articles de l'organisation militaire. Cette mesure s'applique non seulement à l'infanterie, mais à toutes les armes. Aucune autre disposition n'a été prise pour avoir d'autres voitures sous la main. Par ce fait, on est réduit à avoir recours aux réquisitions, mais il est douteux que l'on puisse arriver, par ce moyen-là, à obtenir un nombre suffisant de voitures, en état de faire campagne, d'autant plus qu'il s'agit d'en fournir aux unités de troupes et au deuxième échelon de munitions de bouche. Il y a certainement bien des motifs pour ne pas recourir à un système de magasinage, mais il est cependant plus dangereux encore de ne prendre aucune mesure pour le transport des approvisionnements nécessaires à l'armée. On pourrait arriver, semble-t-il, à obtenir des communes et des particuliers, soit par une loi, soit ensuite d'arrangements intervenus librement, le nombre de voitures propres à ce service. Il va sans dire que la Confédération indemniserait les propriétaires et que ceux-ci seraient autorisés à utiliser ces chars pour leur usage particulier, lorsque l'Etat n'en disposerait pas pour le service.

Toutes les voitures de réquisition se conduisent depuis le siége.

### c) *Les voitures de la cavalerie.*

Le demi-caisson est construit selon le même modèle que celui de l'infanterie.

d) *Matériel de corps de l'artillerie.*

Les ordonnances suivantes, concernant le matériel d'artillerie, sont en vigueur :

Celle concernant les bouches à feu, les caissons, la munition et l'équipement des batteries de *canons rayés de 8 cm.*, du 28 novembre 1874.

Celles des *canons de 10 cm.*, du 12 mai 1869, et des *pièces de position de 12 cm.*, du 15 novembre 1869.

Ordonnance des *affûts de position*, du 19 novembre 1879, pour canons de 8 et de 10 centimètres. (L'avant-train correspond à celui des pièces de campagne, les flasques sont surélevées de manière à placer l'axe de la bouche à feu à 1.8$^{m}$ du terreplein, tandis qu'avec l'affût de campagne il ne se trouve qu'à 1.1$^{m}$. Par ce moyen, le tir est possible sans qu'il soit nécessaire d'établir de profondes embrasures.)

Supplément aux ordonnances du 28 novembre 1874, du 12 mai 1869 et du 15 novembre 1869 sur les munitions des pièces de campagne et de position de 8,4, 10,5 et 12 *cm.* et ordonnance sur la munition des pièces de montagne de 7.5 *cm.*, du 26 juillet 1878.

Quelques détails sur les bouches à feu et leurs munitions sont donnés dans la onzième partie de cet ouvrage.

Ordonnances sur l'équipement des chevaux d'officiers et de sous-officiers et sur l'harnachement des chevaux de trait de l'artillerie suisse, du 24 avril 1874.

Les sous-officiers ont une selle d'après le système danois. Son poids, y compris la bride et les sacoches, est de 16.187 kil.

Ordonnance sur les harnais à poitrail et sur les musettes de pansage, du 24 mars 1876.

Ce qui a été dit au sujet des chars à bagages et à approvisionnements de l'infanterie s'applique aussi à l'artillerie.

e) *Matériel de corps du génie.*

Le bataillon du génie dispose des voitures ci-après :

*aa*) Etat-major :

1 Fourgon de bataillon ;

2 Demi-caissons;
1 Char à bagages (réquisitionné).

Le fourgon de bataillon est pareil à celui de l'infanterie.

Le génie n'ayant que sa munition de poche, les deux demi-caissons ne sont pas destinés au transport de cartouches, mais bien à celui de poudre de mine, de dynamite, de mèches de toutes espèces et d'outils de mineurs. Ce sont donc en réalité des *chariots de mineurs* qui suivent la compagnie qui les utilise momentanément.

*bb*) Sapeurs :

| | |
|---|---|
| 2 Chariots de sapeurs | 8 chevaux |
| 1 Char à approvisionnements | 2 » |

Les sapeurs ont conservé les deux chariots attribués à la compagnie sous l'ancienne organisation, mais l'effectif ayant été augmenté de moitié, ce matériel est devenu insuffisant et il sera nécessaire de porter remède à cet état de choses.

*cc*) Pontonniers :

2 Chariots de pontonniers;
1 Forge de campagne ;
5 Haquets à chevalets [1] ;
10 » à poutrelles [1] ;
1 Char à approvisionnements (R).

Le matériel de ponts d'ordonnance, chargé sur les haquets, est construit d'après le système du colonel autrichien Birago. Il est réparti sur les voitures de manière que deux haquets à poutrelles et un haquet à chevalets, formant une unité de pont, suffisent pour jeter un pont de colonnes (Kolonnenbrücke), praticable à toutes armes, d'une longueur de 13,2 *m.* et composé de deux travées de 6,6 *m.* Les 10 haquets à poutrelles et les 5 haquets à chevalets dont dispose la compagnie de pontonniers forment donc 5 unités et fournissent le matériel pour un pont de colonnes de 66 mètres de longueur; cela suffit pour franchir la plupart de nos cours d'eau, à l'exception de l'Aar en aval de Berne, du Rhin et

[1] Comparez *ee)* ci-après.

du cours inférieur du Rhône, dont le passage exigera le concours de plusieurs compagnies de pontonniers, ou une augmentation de matériel de la Réserve du génie.

Les travées reposent ou sur des pontons solidement ancrés, ou sur des chevalets faciles à démonter.

Les pontons du système Birago sont formés de plusieurs pièces : les pontons-becs, chargés sur les haquets à poutrelles, et les pontons-corps, sur les haquets à chevalets. Les pontons employés comme supports se composent d'au moins deux pièces, dont une, celle d'amont, doit être en tous cas un ponton-bec. Pour accoupler les pontons, on les place cloison contre cloison, on abaisse les crochets de chaque bordage dans leur étrier respectif et on serre les boulons (d'accouplement) au moyen de leur clavette. Les pontons-supports sont équipés au moyen d'une demi-poutrelle, qui repose sur deux quarts de poutrelles reliant les plats-bords et sur un plot fixé au-dessus des cloisons d'accouplement.

Les chevalets se composent d'un chapeau et de deux pieds inclinés, passés dans les coulisses du premier. Le chapeau est relié aux pieds au moyen des chaînes de suspension et on empêche les pieds de trop pénétrer dans la vase en y adaptant des semelles. La hauteur des chevalets varie suivant la profondeur de la rivière et le matériel comprend dans ce but des pieds de 3, 4, 5 et 6 mètres.

Ces derniers sont toutefois rarement employés pour les chevalets, mais servent aux guindages destinés à fixer le platelage sur les poutrelles.

Les poutrelles d'environ 7 *m*. de longueur, sont munies d'une griffe et s'agrafent à chaque extrémité sur le chapeau du chevalet ou sur la demi-poutrelle du support flottant de manière à empêcher les chevalets de se renverser ou à maintenir l'écartement des pontons dans l'axe du pont. Sur les deux rives, les poutrelles sont agrafées à un corps-mort (demi-poutrelle), solidement fixé en terre par des piquets. Les ponts de colonnes ont ordinairement cinq poutrelles par travée : une médiane, deux d'ornière et deux de bord.

Les madriers sont placés d'équerre sur les poutrelles et guindés au moyen de pieds de chevalets de 6 mètres, de demi-madriers et de commandes de brêlage, afin de les empêcher de glisser dans le sens du fleuve. Le tablier du pont, entre les guindages, a une largeur de 3 *m*.

La forge de campagne contient des ferrures de rechange pour les voitures, des fers à cheval avec leurs clous et l'outillage des maréchaux ; elle sert en outre à transporter la nacelle de sauvetage de la forme des bateaux de rivière du pays.

Les deux chariots sont équipés différemment ; celui de numéro impair contient l'outillage et les approvisionnements (clameaux, clous, vis, etc.) nécessaires à la construction des ponts de circonstances, etc., tandis que l'autre, de numéro pair, renferme l'outillage et les approvisionnements pour les ouvriers du bataillon du génie et de sa division du train (serruriers, charron, constructeurs de bateaux et selliers).

Le premier transporte en outre un ponton-corps, et le second un ponton-bec.

*dd*) Pionniers :

1 Voiture-station ;
2 Chariots à fils ;
1 Chariot à câbles ;
2 Chariots de pionniers ;
1 Char à approvisionnements (R).

Les deux chariots de pionniers sont munis de tout l'outillage nécessaire pour réparer rapidement une ligne de chemin de fer ou pour la rendre impraticable pendant un certain temps.

Les quatre premières voitures forment une unité télégraphique et ont un matériel suffisant pour établir une ligne à 20 kilomètres, dont 10 kilomètres de ligne aérienne et 10 kilomètres de ligne rampante. La voiture-station sert de bureau télégraphique ambulant. Chaque voiture possède en outre un appareil Morse, ce qui permet d'installer quatre stations sur des points différents de la ligne. Il va sans dire qu'on dispose de ce qui est nécessaire pour relier les lignes militaires au réseau permanent.

*ee*) La Réserve du génie comprend :

| | | Chevaux. |
|---|---|---|
| 4 | Chariots de sapeurs | 16 |
| 2 | Demi-caissons | 4 |
| 4 | Chars à bagages | 8 |
| 4 | Chars à approvisionnements | 8 |
| 1 | Forge de campagne | 4 |
| 54 | Haquets à chevalets et à poutrelles | 216 |
| 1 | Chariot de pontonniers | 4 |
| | Chevaux de rechange | 4 |
| 70 | Total | 264 |

Des 18 unités de ponts (54 haquets) indiquées ci-dessus et dans le tableau XX de l'organisation militaire, 8 ont été attribuées comme réserves spéciales aux bataillons du génie, qui disposent déjà de 5 unités chacun; il ne reste donc que 30 haquets ou 10 unités à la réserve générale.

Comme il n'est pas fait mention dans la loi, ni dans les arrêtés qui ont paru depuis sa promulgation, de train du génie spécialement chargé d'atteler les voitures de réserve, il faudra avoir recours à la troupe et aux chevaux surnuméraires ou au train de la landwehr.

### f) *Matériel sanitaire.*

Les *fourgons*, ainsi que les *chars pour les blessés* et en général tout le matériel sanitaire, doivent être conformes à l'ordonnance du 9 mars 1870.

TREIZIÈME PARTIE

# L'ADMINISTRATION DE L'ARMÉE FÉDÉRALE

## 1. L'administration du personnel de l'armée.

### a) *Tenue des contrôles.*

Il a été établi des états de tous les citoyens suisses en âge d'être astreints au service militaire. Ces états, devant servir de base pour s'assurer que personne n'échappe à l'obligation de servir, s'appellent *contrôles matricules*. Ils sont dressés par commune et chaque registre est relié séparément[1]. Les commandants d'arrondissement sont chargés de la tenue de ces contrôles. (Voir page 22.)

Les citoyens simplement en séjour (*Aufenthalter*) peuvent être inscrits (par commune) sur un registre particulier.

Le contrôle matricule doit mentionner tout ce qui concerne per-

[1] Un état de toutes les communes, indiquant à quels arrondissements de division et de recrutement, ainsi qu'à quelle section elles appartiennent, a été remis aux cantons par circulaire du Département militaire fédéral du 15 juin 1876. F. M. F., N° 88.

sonnellement le citoyen, ainsi que sa position au point de vue du service (s'il fait le service personnel ou s'il paie la taxe). Dans le premier cas, on indiquera l'arme et l'unité auxquelles il appartient.

Les chefs de section tiennent un double de ces registres, pour les communes placées sous leur dépendance. Les autorités militaires cantonales et les autorités communales sont autorisées à tenir copie de ces contrôles.

Les contrôles-matricules servent à établir, d'un côté, le registre des citoyens payant la taxe militaire et, d'un autre, les contrôles des hommes faisant leur service.

Ces derniers, appelés *contrôles de corps*, ne contiennent que les citoyens aptes au service, contrairement à ce qui a lieu pour les contrôles-matricules, et ils sont organisés par unités de troupes ou subdivisions de celles-ci.

Les contrôles originaux sont tenus :

1. Par les chefs d'arme, pour les états-majors des corps combinés (chacun pour les corps appartenant à leur arme), pour les unités de troupes de la Confédération et pour le personnel fédéral attaché aux corps cantonaux, tels que pionniers d'infanterie, quartiers-maîtres et médecins.

2. Par les cantons, pour les corps de troupes cantonaux. L'autorité cantonale a la faculté de confier la tenue de ces contrôles à son administration militaire centrale, ou de la laisser aux soins des commandants d'arrondissement.

Par circulaire du 25 mars 1880 [1], le Département militaire fédéral a fait connaître quels étaient les administrations et les fonctionnaires chargés de tenir les contrôles dans chaque canton.

Les commandants de corps, de même que ceux de compagnie, tiennent un double des contrôles pour les officiers, sous-officiers et soldats incorporés dans leur état-major ou leur compagnie.

Les contrôles de corps doivent contenir les indications mentionnées, pour chaque recrutable, dans le contrôle-matricule, ainsi que le service fait et les notes obtenues (voir page 180). Les auto-

[1] F. M. F. de 1880, N° 10.

rités civiles ont l'obligation de communiquer, ou périodiquement, ou immédiatement, au teneur de contrôle, les mutations qui peuvent être survenues. La même obligation incombe aux chefs de section, auprès desquels tous les militaires doivent indiquer leurs changements de domicile.

Les commandants d'arrondissement se transmettent mutuellement toutes les mutations et les communiquent aussi aux officiers et fonctionnaires chargés de la tenue des doubles de ces registres.

Ces derniers, à leur tour, font connaître aux commandants d'arrondissement tous les changements dont, par la force des choses, ils ont en premier lieu connaissance, comme par exemple les promotions.

Ce qui rend surtout le contrôle difficile, c'est la facilité qu'ont les citoyens de changer de domicile sans avoir de grandes formalités à remplir. Ils en profitent chaque fois que l'exercice de leur profession le demande, ce qui provoque de nombreuses mutations.

Pour faciliter la surveillance, la loi veut que chaque citoyen, astreint au service ou payant la taxe, soit muni d'un *livret de service*. Ce livret lui est remis lors du recrutement. Les cantons, de leur côté, sont tenus d'exiger de tous les Suisses venant se fixer sur leur territoire, la preuve qu'ils se conforment à l'obligation de servir. Cette mesure s'applique aussi bien aux citoyens simplement en séjour qu'à ceux qui sont établis. Cette preuve est fournie par le livret de service (art. 230 de l'organisation militaire), lequel doit mentionner, outre les qualités du porteur et sa position militaire, le service fait ou la taxe payée. Sous peine d'amende, chaque changement de domicile y sera inscrit par le chef de section, soit au départ, soit à l'arrivée [1].

### b) *Congés.*

Les militaires qui désirent s'absenter du pays pour un temps prolongé, doivent solliciter un congé.

Ces demandes sont accordées :

[1] Pour plus de détails, voir l'ordonnance du 23 mai 1879, concernant la tenue des contrôles et des livrets de service. F. M. F., N° 18.

*a)* Par les commandants d'arrondissement : aux sous-officiers et soldats de toutes les armes.

*b)* Par l'autorité militaire cantonale : aux officiers des corps cantonaux.

*c)* Par les chefs d'arme : aux officiers des unités de troupes de la Confédération, à ceux faisant partie des états-majors des corps combinés et à ceux qui sont à la disposition du Conseil fédéral (art. 58).

Les officiers sont tenus d'adresser une demande de congé, dès qu'il s'agit d'une absence à l'étranger, devant excéder deux mois.

c) *Appel au service.*

Toutes les mises sur pied se font par ordre de l'autorité fédérale. Les cantons pourvoient à l'exécution, soit pour leurs propres troupes, soit pour celles de la Confédération.

Les chefs d'arme prennent les mesures nécessaires pour l'appel au service d'instruction, en conformité du tableau annuel des écoles militaires. (L'ordonnance du 6 juillet 1876 [1], concernant l'appel au service d'instruction et les dispenses du service, contient des indications plus précises à ce sujet).

L'appel au service actif a lieu selon les dispositions d'un plan de mobilisation tenu secret. Pour les mises sur pied importantes (quelques divisions), ce plan fixe les localités où les hommes et les chevaux doivent être rassemblés, il prévoit le temps nécessaire à l'équipement pour une entrée en campagne et établit les premières dislocations de troupes.

Les ordres de marche sont transmis aux hommes par des moyens bien différents. C'est pourquoi la Confédération s'est réservé le droit d'ordonner à cet égard des mesures générales. Dans certains cantons, on a encore recours à un système suranné qui consiste à convoquer personnellement chaque militaire, par écrit et par la poste; dans d'autres, les ordres sont transmis verbalement par l'intermédiaire des chefs de section, au moyen de

[1] F. M. F. de 1876 N° 97.

messagers désignés à l'avance, et dans d'autres enfin, on fait connaître l'appel au service par les différents modes de publication en usage par affiches sur les places publiques. Dans les conditions actuelles, cette dernière manière d'agir paraît préférable, surtout pour les corps formés de troupes appartenant à un territoire parfaitement délimité. Ce système devrait être introduit partout.

Toutes les fois que des troupes seront mises sur pied pour un service actif, elles prêteront serment de fidélité au drapeau dans la formule ci-après :

« Officiers, sous-officiers et soldats !

« Vous prêtez ici le serment de fidélité à la Confédération. Vous jurez (ou vous promettez) de verser s'il le faut votre sang pour la défense de la patrie et de sa Constitution, de ne jamais abandonner vos drapeaux, d'observer fidèlement les lois militaires, d'obéir scrupuleusement et ponctuellement aux ordres de vos chefs, de conserver un esprit d'ordre et de sévère discipline ; vous jurez (ou vous promettez) enfin de faire tout ce que l'honneur et la liberté de la patrie exigeront de vous. »

Là-dessus on prononce :

« Je le jure » ou « je le promets. »

## 2. Administration du matériel. Remise de l'armement, de l'habillement et de l'équipement à la troupe.

### a) *Administration de l'armement.*

La Confédération pourvoit à l'armement personnel de la troupe. Abstraction faite des modifications qui peuvent survenir dans ce domaine, les recrues recevront des armes neuves, provenant des dernières acquisitions, ou des approvisionnements existants. L'administration fédérale du matériel de guerre (section administrative) remet dans ce but, aux arsenaux cantonaux, la quantité d'armes voulue. Elles sont distribuées aux recrues, au moment où il est procédé à leur habillement.

On comprend dans l'armement, outre les armes à feu portatives et les armes blanches, toute la buffleterie qui le complète (bretelle du fusil ou du mousqueton, ceinturon et cartouchière avec fiole à huile, fourreau du sabre-baïonnette, fourre du revolver, etc.)

Dans le *dernier budget*, le coût des différentes pièces a été évalué comme suit :

| | | |
|---|---|---|
| Carabine . . . . . . . . . . . . . . . . | Fr. | 94 — |
| Fusil . . . . . . . . . . . . . . . . . | » | 82 — |
| Buffleterie pour l'infanterie . . . . . . . . | » | 8 30 |
| Sabre pour les troupes montées . . . . . . . | » | 14 — |
| Sabre pour les troupes à pied . . . . . . . | » | 9 — |
| Sabre de pionnier . . . . . . . . . . . . | » | 10 — |
| Sabre pour sergents-majors . . . . . . . . | » | 8 — |

En général, lorsque les hommes ont terminé leur école de recrues, ils conservent leurs armes et sont responsables de leur bon entretien.

Il existe pour chaque division un contrôleur d'armes (la VIIIe en a deux), chargé de surveiller cet entretien.

Les contrôleurs d'armes sont des employés de la Confédération et doivent avoir leur domicile dans l'arrondissement de division qui leur est assigné. Au point de vue de la surveillance, de l'inspection et de la discipline, ils dépendent du divisionnaire, tandis qu'au point de vue administratif, ils sont placés sous les ordres de l'administration du matériel (S. A.)

Chaque année a lieu une *inspection générale* de toutes les *armes* qui se trouvent entre les mains de la troupe. A cet effet, les hommes sont convoqués par commune. Les commandants d'arrondissement et les chefs de section y assistent. Ils sont chargés du maintien de la discipline, de l'épuration des contrôles et de l'inscription dans le livret de service. Un armurier exécute les réparations qui peuvent être faites sur place.

Si cela est nécessaire, on procède à des vérifications complémentaires qui auront lieu, autant que possible, à l'occasion des inspections du personnel ou lors des cours d'instruction.

Les armes nécessitant des réparations importantes, sont retirées et confiées aux arsenaux ou à des armuriers particuliers désignés à cet effet, pour être remises en état aux frais du porteur (selon un tarif).

L'instruction pour les contrôleurs d'armes des divisions, du 2 juillet 1875 [1], donnent tous les détails concernant le contrôle des armes. En tous cas, on peut déjà constater une amélioration considérable dans l'entretien.

Afin d'éviter que les réparations d'armes ne soient confiées au premier ouvrier venu, incapable de les exécuter, l'autorité a désigné les ateliers dépendant des arsenaux, ainsi que les armuriers particuliers, autorisés à faire ces travaux [2].

L'administration remet encore des fusils à titre de prêt, à certaines catégories de militaires qui, dans la réalité, n'en sont pas armés, cela dans le but de leur permettre de s'exercer au tir en dehors du service. Ce sont les officiers, les adjudants-sous-officiers et sergents-majors de l'infanterie, les sous-officiers d'armement et les armuriers. Elle délivre aussi, dans les mêmes conditions, des fusils transformés aux sociétés de tir qui en font la demande [3].

Les cantons ont l'obligation de retirer les armes aux militaires :

*a*) Lorsque, en raison d'une absence prolongée, ou pour un autre motif, ils sont dans l'impossibilité d'entretenir leur fusil. Dans ce cas, ils ne sont pas exemptés des inspections d'armes [4].

*b*) Lorsqu'ils font preuve de négligence dans l'entretien de celles-ci ; sans les libérer pour cela des inspections [4].

*c*) Chaque fois qu'ils sont exemptés temporairement ou définitivement du service. Dans ce cas, ils ne se présentent pas aux inspections.

*d*) Lorsqu'après leur école de recrues, ils ne porteront plus de fusil, comme par exemple les étudiants en médecine ou en théologie.

*e*) Enfin lorsqu'ils quittent tout à fait le service.

Ces armes seront convenablement emmagasinées et entretenues.

[1] F. M. F. de 1875, No 53.
[2] Circulaire du Département militaire fédéral du 24 avril 1878, No 25.
[3] Prescriptions sur la remise exceptionnelle de fusils du 27 mars 1878. F. M. F., No 21 et du 24 mai 1881, No 27.
[4] Circulaire du Département militaire fédéral du 18 janvier 1881, F. M. F., No 3.

L'administration a le droit d'en disposer en tout temps et les contrôleurs d'armes peuvent les inspecter de la même manière que celles qui sont entre les mains de la troupe.

Lorsqu'il est question de fusils provenant d'un autre canton et qu'ils sont retirés à des hommes libérés définitivement du service, ou s'absentant du pays pour plus de six ans, ils seront remis au canton qui les a délivrés. Cette mesure est nécessaire pour permettre aux arsenaux un certain contrôle [1].

La Confédération reste propriétaire des armes.

Elle est aussi co-propriétaire et elle a le droit de disposer des armes à l'achat desquelles les cantons avaient autrefois contribué, par le motif que la Confédération a supporté une partie des frais d'acquisition ou de transformation.

Les cantons qui, dans le temps, exigeaient des hommes le paiement d'une partie de l'arme, ont à s'entendre avec les intéressés lors du retrait de celle-ci [2].

Un arrêté du Conseil fédéral, du 16 novembre 1877 [3], a fixé les indemnités à payer par les cantons pour les armes qui leur manquent et a établi un tarif pour chaque espèce de fusil.

Les armes détruites par accident, soit pendant le service, soit en dehors de celui-ci, sont remplacées par la Confédération, lorsque le détenteur n'est pas coupable de négligence [4].

### b) *Administration de l'habillement, de l'équipement personnel et de l'équipement de cheval de cavalerie.*

Les cantons fournissent, aux frais de la Confédération, l'habillement et l'équipement personnel à toutes les unités de troupes cantonales et fédérales (art. 152 de la loi sur l'organisation militaire [5]).

L'entretien de ces effets incombe aux cantons, contre une indem-

[1] Circulaire du Département militaire fédéral du 14 novembre 1877. F. M. F., No 91 et circulaire explicative du 26 décembre 1877. F. M. F., No 100.

[2] Circulaire du 22 novembre 1876. F. M. F., No 139.

[3] F. M. F., No 92 de 1877.

[4] Voir instruction du 11 décembre 1878. F. M. F., No 59.

[5] Voir circulaire du 13 mars 1876. F. M. F., No 51.

nité payée par la Confédération. Cette indemnité équivaut au 7 % du montant payé annuellement pour l'équipement des recrues. La Confédération abandonne en outre aux cantons les effets rendus par les hommes libérés du service avant l'âge (réserve d'habillement).

Les cantons sont tenus d'avoir constamment en magasin un nombre double d'équipements pour les recrues, formant en quelque sorte une réserve d'habillements en cas de guerre. La Confédération leur bonifie pour cela un montant équivalent au 4 %, pendant 8 mois, de l'indemnité à payer chaque année et selon les tarifs, pour l'équipement des recrues[1].

La Confédération s'est réservée le droit de prendre les dispositions convenables pour la livraison de l'habillement à la troupe. Elle bonifie la solde et la subsistance réglementaires, ainsi que l'indemnité de voyage aux recrues appelées à cet effet[2].

Tous les objets remis aux recrues doivent être neufs. La Confédération les paie selon un tarif soumis chaque année à l'approbation de l'Assemblée fédérale. Les frais d'entretien, ainsi que ceux de remplacement d'objets, sont compris dans les montants alloués par le tarif.

Pour l'année 1883, le coût de l'habillement et de l'équipement, non compris l'armement, a été arrêté comme suit :

| | |
|---|---|
| Fantassin (fusilier) . . . . . . . . . . . . . | Fr. 126,15 |
| Dragon . . . . . . . . . . . . . . . . | » 196,50 |
| Canonnier . . . . . . . . . . . . . . . | » 146,30 |
| Soldat du parc . . . . . . . . . . . . . | » 146,50 |
| Soldat du train . . . . . . . . . . . . . | » 215,55 |
| Soldat du génie . . . . . . . . . . . . . | » 145,95 |
| Soldat sanitaire ou des troupes d'administration . | » 144,40 |

Un contrôleur d'habillement surveille la fourniture des vêtements, sous le rapport de la façon et de la qualité. Les commandants d'école font en outre, à l'entrée au service, une inspection

[1] Arrêté fédéral du 10 juin 1882.

[2] Circulaire, à ce sujet, du 31 mars 1877. F. M. F., N° 29.

minutieuse de l'habillement et de l'équipement, et les objets qui ne conviennent pas sont renvoyés aux cantons pour être remplacés [1]. Lorsqu'il s'agit de l'habillement des recrues d'infanterie, on délègue des instructeurs pour assister à cette opération, afin d'accélérer le service [2].

La Confédération remplace aussi les objets d'habillement et d'équipement détruits par accident, soit au service, soit en dehors de celui-ci, lorsque le détenteur n'est pas coupable de négligence.

Les sous-officiers de l'élite — pour les troupes à pied, à partir du grade de sergent, et pour les troupes montées, à partir de celui de brigadier — reçoivent, après 110 jours de service, 1 tunique et 1 pantalon [3].

Chaque homme doit se procurer lui-même la *chaussure* et le *linge de corps*. Les cantons suppléent aux objets manquants et ils ont droit de recours contre les négligents. Si malgré cela ces objets font défaut, ils seront fournis, pendant le service, aux frais du canton [4]. Il est interdit de faire des retenues sur la solde.

Les militaires conservent les armes et les objets d'habillement et d'équipement qui leur ont été remis, mais ceux-ci restent la propriété de l'Etat. Ils sont inaliénables et ne peuvent être séquestrés.

Pour la landwehr, on peut emmagasiner les sacs à pain, les gamelles et les sachets à munition [5]. Les brassards, qui ne se portent qu'au service actif, sont de même conservés dans les magasins.

Le port d'effets d'habillement ou d'équipement, en dehors du service, est sévèrement interdit, sous peine d'amende ou même de détention. Une ordonnance fédérale, sur le port de l'uniforme militaire et des signes distinctifs des grades, en dehors du service,

[1] Circulaire du Département militaire fédéral du 24 avril 1876. F. M. F., N° 69.

[2] Circulaire du Département militaire fédéral du 25 février 1878. F. M. F., N° 10.

[3] Arrêté fédéral du 10 juin 1832.

[4] Circulaire du Conseil fédéral du 9 février 1877. F. M. F., N° 11, et circulaire du Département militaire du 17 février 1878. F. M. F., N° 5.

[5] Comparer circulaire du 29 février 1876. F. M. F., N° 37.

du 29 octobre 1875 [1] donne des indications plus précises à cet égard.

Lorsque l'homme a terminé son service, c'est-à-dire après 25 ans, il conserve comme propriété : l'habillement, le havresac ou porte-manteau et le sachet de propreté, et il rend tous les autres objets. — Les dragons et les guides les rendent à la sortie de l'élite.

Quant aux militaires qui, pour un motif quelconque, quittent le service avant d'avoir atteint l'âge prescrit par la loi, ils sont tenus de rendre au canton (par l'intermédiaire du chef de section) tous les effets d'habillement et d'équipement qu'ils ont reçus.

Il en est de même pour ceux qui avancent en grade. Ils restituent tous les effets devenus inutiles dans leur nouvelle position.

Les officiers absents du pays pour un temps prolongé, ainsi que les officiers libérés du service avant l'âge, doivent, par analogie, restituer, proportionnellement au service fait, le montant qu'ils ont reçu comme indemnité d'équipement. La sellerie se rend en nature. (Circulaire du Département du 13 août 1878.)

Les officiers qui quittent le service d'adjudant ne sont tenus à aucune restitution pour l'indemnité reçue pour les pantalons d'équitation et la fourragère. (Circulaire du Département du 24 janvier 1881.)

Tous ces vêtements et équipements rentrent dans la *réserve d'habillements des cantons respectifs.*

Un *dépôt* spécial reçoit les effets appartenant à des militaires absents du pays en vertu d'un congé, ou dispensés momentanément du service pour cause d'infirmité, ou exemptés en raison de leurs fonctions civiles (les étudiants en théologie, en médecine ou dans l'art vétérinaire, les employés de chemins de fer, etc., sont aussi compris dans cette dernière catégorie [2]).

Si ces effets ne sont pas retirés du dépôt après six ans, ils rentrent dans la réserve d'habillements.

[1] F. M. F. de 1875, N° 93.
[2] F. M. F. de 1876, N° 101.

La remise doit être faite à l'administration du canton dans lequel l'homme est incorporé.

Pour les effets manquants, il sera exigé une indemnité d'après les bases suivantes :

*a*) Les militaires appartenant à l'élite paieront, le 75-100 °/₀ s'ils font partie des six premières classes, et le 50-75 °/₀ s'ils font partie des six dernières classes d'âge.

*b*) Ceux appartenant à la landwehr, payeront le 25-50 °/₀, s'ils font partie des six premières classes, et le 25 °/₀, s'ils font partie des six dernières classes d'âge.

La réserve d'habillements, tout en formant la réserve pour les cas de guerre, sert aussi à remplacer les effets manquants.

Pour tout ce qui concerne l'installation, l'entretien, l'emploi et le contrôle de la réserve d'habillements, les autorités cantonales sont tenues de se conformer à l'ordonnance fédérale du 30 janvier 1877 [1].

Ensuite de l'arrêté fédéral du 10 juin 1882, concernant l'indemnité à payer aux cantons pour l'équipement des recrues en 1883, ainsi que pour la fourniture et l'entretien d'un double équipement formant réserve de guerre, il devient du reste nécessaire de remanier cette ordonnance.

Les dispositions contenues dans l'art. 147 de la loi sur l'organisation militaire, en conformité desquelles les hommes ont droit au remplacement de leurs effets, après un certain nombre de jours de service, sont supprimées par la loi fédérale du 21 février 1878, suspendant l'application de quelques articles de l'organisation militaire [2].

Par arrêté fédéral du 10 juin 1882, il est fait une exception en faveur des sous-officiers.

Les officiers et adjudants-sous-officiers reçoivent, lors de leur promotion, une *indemnité d'équipement;* mais ils doivent fournir la preuve qu'ils ont rendu à l'administration tous les effets dont

[1] F. M. F. de 1877, N° 7 et explications N° 88 de 1877.

[2] F. M. F. de 1878, N° 28.

ils n'ont plus besoin. L'ordonnance du Conseil fédéral, du 5 mars 1876[1], donne des instructions précises à l'égard du paiement de ces indemnités.

Sur demande, accompagnée d'un reçu des effets rendus, adressée au chef d'arme respectif, il est remis, à titre d'indemnité d'équipement :

Aux officiers à pied, fr. 200; si, plus tard, ils doivent être montés, il perçoivent un supplément de fr. 50, plus fr. 250 pour l'équipement de cheval.

Aux officiers montés, fr. 250, plus fr. 250 pour l'équipement de cheval.

Aux officiers désignés comme adjudants :

Fr. 30, s'ils sont déjà officiers montés (valeur de la fourragère);

Fr. 65 (pour pantalon et fourragère), plus fr. 250 (pour l'équipement de cheval), s'ils ne sont pas montés.

Aux adjudants-sous-officiers montés :

Fr. 80, s'ils étaient sous-officiers à pied ;

Fr. 115, » » montés.

Aux adjudants-sous-officiers non montés : Fr. 80.

L'armement des adjudants-sous-officiers est fourni par la Confédération et n'est donc pas compris dans l'indemnité accordée.

Pour ce qui concerne le renouvellement des effets (art. 149 de la loi), la mesure est supprimée par la loi suspensive déjà citée.

c) *Administration de l'équipement de corps.*

L'équipement de corps comprend : toutes les bouches à feu, les voitures, les munitions, les équipements de chevaux, le matériel sanitaire, les ustensiles et l'outillage (pour cuisines et ouvriers), appartenant aux unités de troupes et aux corps combinés.

L'acquisition de ce matériel et de celui qui pourrait encore devenir nécessaire, est à la charge de la Confédération.

Les cantons, par contre, conservent et entretiennent le matériel de corps appartenant à leurs unités de troupes (celui des unités

[1] F. M. F. de 1876, No 124.

de la Confédération est emmagasiné et entretenu dans les dépôts fédéraux)[1].

Tout le matériel non compris dans les équipements de corps, appartient à la Confédération, de même que celui des batteries de landwehr. Elle en prend soin et le conserve dans des dépôts, dont les intendants sont placés sous les ordres directs de la section administrative du matériel de guerre[2].

Il a été admis en principe que ce matériel doit être conservé dans des magasins situés sur le territoire de la division à laquelle appartient le corps de troupe. Les administrations des arsenaux feront en sorte d'assigner, autant que cela est possible, pour l'équipement de chaque corps, un compartiment séparé et assez vaste.

Les bataillons de carabiniers Nos 2, 4, 5, 7 et 8, ainsi que ceux de fusiliers Nos 47 et 86, quoique compris dans les corps cantonaux, sont cependant composés d'unités provenant de différents cantons. Cette organisation a nécessité des mesures spéciales au sujet de l'équipement de corps (répartition et entretien).

(Voir tableau page 235).

Les cantons que cela concerne doivent fournir les attelages réglementaires pour les caissons en ligne, les fourgons, les chars à bagages et à approvisionnements. Ils fournissent aussi le harnachement, mais son entretien et son remplacement sont à la charge de la Confédération. Chaque fourgon doit être équipé selon les prescriptions du règlement.

Pour le moment, on ne fera pas l'acquisition des chars à bagages et des chars à approvisionnements, on se contentera des voitures réquisitionnées.

Quant au matériel des corps combinés faisant partie d'une divi-

[1] Les instructions à cet égard sont contenues dans une circulaire de la section administrative du matériel de guerre, adressée aux intendants des arsenaux des cantons, du 16 avril 1878, concernant l'entretien du matériel de corps et les règlements de comptes pour réparations. F. M. F., No 24.

[2] Instruction pour les intendances de dépôts de guerre fédéraux du 12 novembre 1877. F. M. F., No 90.

| Bataillons de carabiniers | CANTONS | Matériel de corps | | | | | | | | | | Caissons | | | | Drapeaux de bataillons | |
|---|---|---|---|---|---|---|---|---|---|---|---|---|---|---|---|---|---|
| | | Elite | | | | | Landwehr | | | | | Au parc de division | | Au parc de dépôt | | | |
| | | Demi-caissons | Fourgons | Chars à bagages | Chars à approvis. | Total des voit. attel. | Demi-caissons | Fourgons | Chars à bagages | Chars à approvis. | Total des voit. attel. | Elite | Landwehr | Elite | Landwehr | Confédération | |
| 2 | Fribourg . . . . | 1 | — | 1 | — | 2 | 1 | — | 1 | — | 2 | — | — | — | — | » | |
| | Neuchâtel . . . . | 1 | — | — | — | 1 | 1 | — | — | — | 1 | — | 1 | — | — | » | |
| | Genève . . . . . | — | 1 | — | 2 | 3 | — | 1 | — | 2 | 3 | 1 | — | 1 | — | » | |
| | Valais . . . . . | — | — | — | — | — | — | — | — | — | — | 1 | 1 | — | 1 | » | |
| 4 | Berne . . . . . | 2 | — | 1 | — | 3 | 2 | — | 1 | — | 3 | — | — | 1 | — | » | |
| | Lucerne . . . . | — | 1 | — | 1 | 2 | — | — | — | 1 | 1 | 1 | 1 | — | 1 | » | |
| | Unterwald-le Bas . | — | — | — | 1 | 1 | — | 1 | — | 1 | 2 | 1 | 1 | — | — | » | |
| 5 | Argovie . . . . . | 2 | 1 | 1 | 1 | 5 | 2 | — | 1 | 1 | 4 | — | — | — | 1 | » | |
| | Soleure . . . . | — | — | — | 1 | 1 | — | 1 | — | 1 | 2 | — | — | 1 | — | » | |
| | Bâle-Campagne . | — | — | — | — | — | — | — | — | — | — | 2 | 2 | — | — | » | |
| 7 | Thurgovie . . . | — | — | — | 1 | 1 | — | 1 | — | 1 | 2 | 1 | 1 | 1 | — | » | |
| | Appenzell Rh.-Ext. | — | — | — | — | — | — | — | — | — | — | 1 | 1 | — | — | » | |
| | St-Gall . . . . . | 2 | 1 | 1 | 1 | 5 | 2 | — | 1 | 1 | 4 | — | — | — | 1 | » | |
| 8 | Grisons . . . . . | 1 | — | — | — | 1 | 1 | — | — | — | 1 | — | — | — | 1 | » | |
| | Tessin . . . . . | — | — | — | 1 | 1 | — | 1 | — | 1 | 2 | 1 | 1 | 1 | — | » | |
| | Glaris . . . . . | 1 | — | 1 | — | 2 | 1 | — | 1 | — | 2 | — | — | — | — | » | |
| | Schwytz . . . . | — | 1 | — | 1 | 2 | — | — | — | 1 | 1 | 1 | 1 | — | — | » | |
| | | | | | | | | | | | | | | | | E. | L. |
| Bat. de fus. 47 | Unterwald-le-Haut | 1 | 1 | 1 | 1 | 4 | 1 | 1 | 1 | 1 | 4 | 1 | 1 | — | 1 | 1 | — |
| | Unterwald-le-Bas . | 1 | — | — | 1 | 2 | 1 | — | — | 1 | 2 | 1 | 1 | 1 | — | — | 1 |
| » 84 | Appenzell Rh.-Ext. | 1 | 1 | 1 | 1 | 4 | 1 | — | 1 | 1 | 3 | 1 | 1 | 1 | — | 1 | — |
| | Appenzell Rh.-Int. | 1 | — | — | 1 | 2 | 1 | 1 | — | 1 | 3 | 1 | 1 | — | 1 | — | 1 |

sion, on suit le principe admis, qu'il doit être emmagasiné dans le rayon de la division, et quant au matériel n'appartenant pas à une division, on le répartit selon son emploi présumé.

La plupart de ces dispositions sont actuellement entrées dans le domaine de la réalité; mais il a fallu surmonter des difficultés de toutes natures pour arriver à ce résultat.

Une partie du matériel de corps est conservé dans les arsenaux cantonaux et l'autre partie dans les dépôts de la Confédération, mentionnés à la page 20.

### d) *Administration de la munition.*

La munition est administrée :

1. Par les autorités chargées, lors des mises sur pied, de délivrer à la troupe les munitions de poche.

2. Par les autorités qui prennent soin des voitures servant au transport des munitions.

Il en résulte que les cantons ont à s'occuper de la munition de poche, et de celle des voitures faisant partie de l'équipement de corps, tandis que le Confédération s'occupe de celle destinée aux parcs.

Il y a en outre un certain nombre de *débitants de cartouches* patentés, répartis sur toute l'étendue du territoire suisse, chargés de la vente de la munition d'infanterie aux particuliers et surtout aux sociétés de tir.

Le *dépôt fédéral des munitions*[1], à Thoune, représente l'administration centrale. Il reçoit les munitions confectionnées, sortant du laboratoire fédéral, et en soigne l'expédition aux arsenaux, aux différents dépôts et aux débitants de cartouches. Le dépôt des munitions est administré par un intendant placé sous les ordres de la section administrative du matériel de guerre, auquel est adjoint le personnel suffisant.

[1] Ordonnance pour l'administration et la gestion de dépôt fédéral des munitions à Thoune, du 27 janvier 1876, F. M. F., N° 9, et 1876, N° 10, et du 1er avril 1881. F. M. F., N° 20.

Le capital d'exploitation, pour ce dépôt, est fourni par la caisse fédérale, au moyen d'un compte-courant sans intérêts.

Le laboratoire livre la munition à des prix fixes, arrêtés par le Département militaire fédéral, et le coût ne doit pas dépasser les frais de fabrication.

Les frais de transport de toutes les munitions, jusqu'au domicile du destinataire, sont à la charge de l'administration du dépôt, ainsi que les provisions à payer aux débitants de cartouches.

Ces frais se prélèvent sur les crédits accordés.

La munition se facture actuellement aux débitants à raison de fr. 63,50 le mille et ils ont l'obligation de la revendre aux sociétés aux prix de fr. 66.

Leur provision est donc de fr. 2,50 par mille [1].

Dans le but de réserver pour les cas de guerre les cartouches de la plus récente fabrication, le Conseil fédéral a ordonné que les arsenaux et dépôts, appelés à fournir la munition aux cours d'instruction et aux sociétés de tir, devaient toujours délivrer en premier lieu les cartouches les plus anciennes [2].

Cette mesure peut être considérée comme entrée en vigueur d'une manière complète et, à l'avenir, elle sera encore plus facile à appliquer, la consommation annuelle étant connue. Elle atteint 10 millions de cartouches, dont 2 millions pour l'instruction de la troupe et 8 millions pour les sociétés de tir particulières.

L'emploi de la munition d'artillerie est réglé d'après les mêmes principes [3].

Sous date du 25 février 1880, le Département militaire suisse a adopté une instruction, qui fait règle, concernant la construction, la transformation et l'entretien des magasins de munitions [4].

[1] Arrêté du Conseil fédéral concernant la vente des munitions de guerre, du 26 janvier 1877. F. M. F., No 10.

[2] Ordonnance concernant l'échange de l'ancienne munition d'infanterie et le remplacement périodique de la munition dans les dépôts cantonaux et fédéraux, du 20 mars 1876. F. M. F., No 57. — Voir aussi la circulaire du Département militaire fédéral du 3 juin 1879. F. M. F., No 23.

[3] Circulaire du Département militaire fédéral du 11 juin 1879. F. M. F., No 24.

[4] F. M. F., 1880, No 6.

### e) *Inspection du matériel.*

Cette inspection rentre dans les fonctions du chef de la section administrative du matériel de guerre.

Le commissaire des guerres en chef peut aussi s'assurer personnellement que tous les approvisionnements, portés sur l'inventaire, sont présents.

Il en est de même des officiers de troupe. Ils ont le droit de vérifier la qualité et la présence du matériel qui leur sera remis en cas d'appel sous les armes. Ce droit appartient à tous les commandants des unités tactiques, pour leur équipement de corps (le commandant du parc avec les chefs de colonne, pour le parc de division), et aux chefs d'arme pour le matériel restant.

Les rapports concernant ces inspections sont transmis, par la voie du service, au Département militaire fédéral, avec des propositions motivées, s'il y a lieu.

### f) *Les approvisionnements existants.*

1. *Armes à feu portatives,* en bon état, et dont on peut disposer (au 1er janvier 1882.)

Armes de petit calibre (unique) et à chargement par la culasse:

| | |
|---|---|
| Carabines à répétition | 14 107 |
| Fusils » | 165 490 |
| Mousquetons » | 3 291 |
| Fusils d'infanterie, transformés | 58 283 |
| » de chasseurs » | 13 377 |
| » Peabody » | 14 907 |
| Total du petit calibre | 269 455 |
| Fusils de gros calibre, à chargement par la culasse | 55 337 |
| Total des fusils | 324 792 |

dont un nombre égal à celui des hommes portant fusil, suivant les contrôles, se trouve entre les mains de la troupe. Le surplus est en magasin.

2. *Munitions pour armes à feu portatives :*

| | |
|---|---|
| Cartouches en métal, de petit calibre . . . | 29 261 440 |
| » » de gros » . . . | 5 596 150 |

Le dépôt des munitions à Thoune possède en outre un approvisionnement suffisant pour la fabrication immédiate de 20 millions de cartouches d'infanterie. Il conserve entr'autres 10 millions de douilles, sans fulminate, emballées dans des caisses à transport et 10 millions de balles préparées, plus le mercure, le papier et le carton nécessaires.

3. *Bouches à feu :*

| | | | |
|---|---|---|---|
| Batteries attelées de 8 *cm.* dans l'élite, | 36 à 6 = | 216 | |
| dans la landwehr | 7 à 6 = | 42 | |
| pièces de rechange pour 36 batteries | | 36 | 294 |
| Batteries attelées de 10 *cm.* dans l'élite | 12 à 6 = | 72 | |
| dans la landwehr | 1 à 6 = | 6 | |
| pièces de rechange pour 11 batteries | | 12 | 90 |
| Artillerie de montagne : 2 batteries de 7,5 | à 6 = | 12 | |
| » » » | à 4 = | 8 | 20 |
| pour les écoles) | | | |
| Pièces de campagne | | | 404 |
| Artillerie de position : | | | |
| 8 *cm.* à chargement par la culasse . . . . . | | 45 | |
| 10 » » » . . . . . | | 43 | |
| 12 » » » . . . . . | | 118 | 206 |
| | | | 610 |
| Total des bouches à feu . . . | | | 672 |

auxquelles il faut ajouter un certain nombre de pièces pour les écoles et d'anciennes pièces de position sans valeur réelle.

4. *Munitions d'artillerie:*

| | |
|---|---|
| Pour chaque pièce de campagne et pièce de rechange, | 400 coups |
| » » de montagne . . . . . . . . | 200 » |
| » » de position . . . . . . . . | 200 » |

Il y a de plus en réserve au dépôt de munitions 10 à 20 % de l'approvisionnement réglementaire, ainsi que des étoupilles, etc.

La poudre est conservée en magasin par l'administration centrale des poudres.

5. *Matériel des corps :*

| | |
|---|---|
| Fourgons d'état-major | 82 |
| Demi-caissons d'infanterie et de cavalerie | 573 |
| Caissons d'infanterie | 159 |
| Fourgons de bataillon | 202 |
| Chariots de sapeurs | 36 |
| Haquets à poutrelles | 100 |
| » à chevalets | 50 |
| Chariots de pontonniers | 17 |
| Chariots de télégraphe | 18 |
| » pour les câbles | 19 |
| Fourgons d'ambulance | 55 |
| Chars pour les blessés | 37 |
| Equipements de cheval pour sous-officiers | 1272 |
| Harnais à colliers | 8000 |
| » à poitrails | 2862 |

etc., etc.

La moitié des cuisines de campagne, pour la landwehr, manque.

Les outils de pionniers pour l'infanterie pourront être livrés à toutes les divisions au commencement de l'année 1883.

### 3. **Le service du commissariat.**

Le règlement d'administration du 9 décembre 1881 fixe tout ce qui a trait à la subsistance, à la solde, au logement des troupes, aux rapports administratifs, à la fourniture des chevaux, aux indemnités de transport et aux réquisitions.

#### a) *Subsistance.*

La subsistance peut être fournie :

1. En nature :

*a*) Par des achats ou des réquisitions faits directement par la troupe.

*b*) Par les soins de l'administration (en régie ou par des magasins).

*c*) Par des fournisseurs.

2. Par les habitants :
3. En espèces.

Ad. 1. La subsistance en nature, fournie par l'Etat, comporte journellement *pour le service de campagne :*

750 grammes de pain ;
375 » de viande fraîche ;
150-200 grammes de légumes (légumes secs, pois, haricots, riz, orge, pâtes, etc.) ;
20 » de sel ;
15 » de café, torréfié ;
20 » de sucre.

Le pain peut être remplacé par du biscuit et la viande fraîche par de la viande salée ou fumée, du lard, des conserves de viandes ou du fromage, et cela dans la proportion de :

500 grammes de biscuit pour 750 grammes de pain ;
375 » de viande salée ou fumée ou
250 » » » séchée, de conserves de viande ou de lard, ou
250 » de fromage.
} pour 375 grammes de viande fraîche.

En cas de fatigues et de marches forcées, ainsi que par une froide température, les troupes peuvent recevoir un supplément de subsistance (subsistance extraordinaire) consistant :

*a*) en une augmentation de la ration de viande jusqu'à 500 grammes ou en 65-125 grammes de fromage ;

*b*) en 3-5 décilitres de vin ou en 6-10 centilitres d'eau-de-vie.

La subsistance extraordinaire peut aussi se borner à une distribution de vin.

La ration de réserve dont les troupes doivent être pourvues dans un service actif, se compose :

de 500 grammes de biscuit ou de 500 grammes de farine ou de 750 grammes de pain (pain biscuit) ;
de 250 grammes de viande fumée ou séchée ou de conserves de viande ;
de 15 grammes de sel ;
de 15 grammes de café torréfié ;

de 20 grammes de sucre.

S'il est fait une distribution de légumes ou de conserves de légumes, la ration de viande peut être réduite de 50 grammes.

Cette ration ne peut être consommée que sur un ordre spécial, et elle doit être remplacée aussitôt que possible.

L'administration militaire fournira par jour les quantités de bois ci-après, pour la cuisson des trois repas :

*a*) un stère par 120 hommes pour les cuisines de bivouac ;

*b*) un stère par 180 hommes pour les cuisines de camp ;

*c*) un stère par 240 hommes pour les cuisines ou pour l'emploi de potagers murés.

La ration de vivres se compose, en temps de paix, de :

750 grammes de pain ;

320 grammes de viande.

Les troupes doivent, en général, se procurer elles-mêmes les légumes et le bois de cuisine. Elles recevront, en échange, une bonification qui se montera :

*a*) dans les écoles de recrues, à 20 centimes, par homme et par jour ;

*b*) dans les cours de répétition et cours spéciaux, à 10 centimes par homme et par jour.

Cette bonification sera payée par l'administration militaire contre des bons spéciaux.

Les officiers ont aussi droit à cette bonification, s'ils touchent leurs vivres en nature.

Il est en outre retenu sur la solde de chaque homme un montant de 10-20 c. par jour, afin de pouvoir préparer le déjeûner (chocolat ou café au lait), le dîner (soupe, viande et légumes) et le souper (un potage substantiel).

Cette retenue forme « l'ordinaire », qui sert encore à procurer aux soldats différentes petites choses dont ils ont besoin.

Les recettes et les dépenses sont portées au livret d'ordinaire.

A l'occasion des grandes manœuvres, il paraît préférable de faire cuire la viande le matin, pour être mangée froide dans la journée, au moment d'un repos. Le bouillon servira de déjeûner et le soir on distribuera une seconde soupe. Dans ce cas, les vivres doivent être touchés la veille.

La *ration de fourrages* pour les chevaux de selle, les chevaux de trait et les bêtes de somme, est de deux espèces :

La ration faible ou ordinaire, qui se donne dans les services d'instruction et se compose de 4 *kg.* d'avoine et 5 *kg.* de foin.

La ration forte ou de campagne; elle se donne en campagne et pendant le service d'instruction, lorsque les chevaux sont astreints à des travaux pénibles (seconde moitié des écoles des recrues, cours de répétition, rassemblements), elle est de 5 *kg.* d'avoine et 6 *kg.* de foin. Si le foin manque, la ration d'avoine peut être portée à 7 *kg.*

Ad. 2. Lorsque le soldat est nourri par les habitants, il a droit à la nourriture ordinaire du bourgeois, qui doit consister en déjeûner, dîner et souper.

Les habitants reçoivent une indemnité d'au moins 1 fr. par jour et par homme pour l'entretien et le logement.

Ad. 3. La subsistance est surtout bonifiée en espèces pour les jours de voyage et les cours de cadres. (Voir chapitre solde.)

### b) *Solde et indemnités de route.*

La solde se paie généralement tous les cinq jours dans le service d'instruction, et tous les dix jours en campagne (les 10, 20 et le dernier jour de chaque mois). Le rapport effectif, indiquant les augmentations, les diminutions survenues d'un jour de solde à l'autre, ainsi que le nombre d'hommes appartenant au corps, est pris comme base pour régler la troupe. Le premier rapport effectif est dressé d'après l'état nominatif établi le jour d'entrée, et vérifié par le commissariat (inspection de commissariat).

La solde a été fixée comme suit:

| Service actif: | | Service d'instruction [1]: |
|---|---|---|
| Commandant en chef . . | Fr. 50 — | Colonel, sans distinction des fonctions . Fr. 17 |
| Chef d'état-major de l'armée | » 40 — | Auditeur en chef » 16 |
| Commissaire des guerres . | » 25 — | |
| Adjud.-général et division. | » 30 — | |
| Colonel-brigadier . . . | » 25 — | |
| Colonel. . . . . . . . | » 20 — | |

[1] Loi fédérale suspendant quelques dispositions de la loi militaire. F. M F. 1878, No 28.

| | Service actif : | | Service d'instruction : | |
|---|---|---|---|---|
| Lieutenant-colonel | » 15 — | | . . . . . . . | » 13 |
| | | | Grand-Juge | » 12 |
| Major | » 12 — | | . . . . . . . | » 11 |
| | | | Grand-Juge | » 10 |
| Capitaine | » 10 — | | Monté | » 9 |
| Capit. d'état-major général | » 10 — | | Non monté | » 8 |
| Premier lieutenant | » 8 — | | Monté | » 7 |
| | | | Non monté | » 6 |
| Lieutenant | » 7 — | | Monté | » 6 |
| | | | Non monté | » 5 |
| Aumônier | » 10 — | | . . . . . . . | » 8 |
| Secrétaire d'état-major, adjudant-sous-officier | » 6 — | | . . . . . . . | » 4 |
| Adjudant-sous-officier | » 3 — | | Comme au service actif. | |
| Sergent-major | » 2 50 | | | |
| Fourrier | » 2 — | | | |
| Sergent monté | » 2 — | | | |
| Sergent non monté | » 1 50 | | | |
| Caporal monté | » 1 50 | | | |
| Caporal non monté | » 1 — | | | |
| Appointé monté | » 1 20 | | | |
| Appointé non monté | » — 90 | | | |
| Infirmier | » 1 — | | | |
| Brancardier | » — 80 | | | |
| Soldat du train | » 1 — | | | |
| Guide et dragon | » 1 — | | | |
| Autres soldats | » — 80 | | | |

Recrues de toutes armes . . . . . . . . . . Fr. — 50

1. Les guides isolés, attachés aux états-majors, ont un supplément de solde de fr. 1,50 par jour; ce supplément cesse d'être payé, dès que la compagnie est de nouveau réunie.

2. Les trompettes montés, de brigade et de régiment, reçoivent aussi ce supplément, lorsqu'ils font effectivement leur service auprès des états-majors.

3. Les adjudants des corps combinés ont droit à un supplément de solde lorsqu'ils fonctionnent comme tels. Ce supplément est de fr. 2 par jour pour le service actif, et fr. 1 pour le service d'instruction.

4. Les sous-officiers et soldats appelés à d'autres cours que ceux de leurs corps, reçoivent une augmentation de solde qui est fixée :

| | |
|---|---|
| Pour les soldats, appointés, caporaux, sergents et fourriers, à . . . . . . . . . . . . . . | 70 cent. |
| Pour les sergents-majors, à . . . . . . . . . | 50 » |

Les adjudants sous-officiers ne perçoivent aucun supplément de solde.

5. Les sous-officiers et soldats appelés à titre d'aides dans les écoles préparatoires d'officiers, dans les écoles d'officiers ou dans d'autres cours, où le personnel d'aides n'est pas assez nombreux pour faire l'ordinaire, reçoivent une solde réglementaire de fr. 3 par jour, sans autre indemnité pour la subsistance.

6. La solde pour les écoles préparatoires d'officiers et pour les écoles d'officiers (solde d'école), a été fixée comme suit :

| | Montés | Non montés |
|---|---|---|
| Pour les élèves des écoles préparatoires Fr. | 5 — | 4 50 |
| » officiers subalternes . . . . | 7 — | 6 — |
| » » supérieurs . . . . | 10 — | 9 — |

7. Les officiers montés touchent pour chaque cheval de service auquel ils ont droit, et qu'ils possèdent effectivement (voir tableaux pages 59-74 et 81-89), une indemnité de fr. 4 par jour.

Les officiers de cavalerie, ainsi que les officiers qui perçoivent annuellement un nombre de rations de fourrage déterminé, n'ont pas droit à cette allocation.

8. L'indemnité pour les domestiques civils est de fr. 2,50 par jour, plus une ration de vivres.

### *Indemnités de route.*

Les militaires voyageant isolément, ou par détachement comptant moins de dix hommes, pour se rendre au lieu de rassemblement fixé, ou pour rentrer dans leurs foyers, reçoivent une indemnité de route. Ils touchent en outre la solde de leur grade et la subsistance (en espèces), pour les jours d'entrée et de licenciement. (Les officiers montés perçoivent aussi l'indemnité pour le cheval et pour le domestique.)

L'indemnité de route se paie, pour chaque kilomètre parcouru, depuis le chef-lieu de la commune du domicile à la place de rassemblement, et retour, mais après déduction des 20 premiers kilomètres, à raison de :

*a)* Officiers et personnes civiles employées au service d'instruction . . . . . . . . . . . . . . . 10 cent.

*b)* Sous-officiers, soldats, domestiques d'officiers et palefreniers des dépôts de remonte . . . . . . . . . 5 »

*c)* Pour chaque cheval de service . . . . . . . . . 10 »

Pour les routes alpestres, soit pour le passage des Alpes proprement dit, il est payé à chaque militaire, sans distinction de grade, un supplément de 20 cent. par kilomètre parcouru. L'indemnité sera payée en entier, c'est-à-dire sans déduction des 20 kilomètres, aux fonctionnaires et personnes ci-après, pour leurs voyages de service : aux inspecteurs et aux instructeurs permanents, pour eux, pour leurs domestiques et pour leurs chevaux ; aux membres des commissions.

L'indemnité de route est aussi bonifiée aux hommes appelés à se présenter au recrutement et à la visite sanitaire, mais ils n'ont aucun droit à la solde et à la subsistance.

Les tarifs des compagnies de chemins de fer sont réduits de moitié pour le transport des militaires, de leurs domestiques et de leurs chevaux [1].

Par homme, I^re^ classe, par kilomètre, 5.20 cent.
Par homme, II^e^ » » 3.04 »
Par homme, III^e^ » » 2.60 ».
Chevaux isolés, par kilomètre, 8.35 cent.

Les corps de troupes et les détachements comptant plus de dix hommes voyagent avec des feuilles de route. Ils perçoivent la solde

[1] Mesures prises contre les abus. F. M. F. de 1875, N° 18.

et la subsistance pour les jours de voyage. Cette dernière peut être fournie en espèces ou en nature.

### c) *Du logement des troupes.*

Les troupes sont logées comme suit :

*a*) dans les casernes ou dans d'autres bâtiments affectés au même usage ;

*b*) dans les cantonnements (locaux provisoires, quartiers d'alarme) ;

*c*) chez les habitants ;

*d*) au bivouac ou dans les camps (bivouacs, camps de localités).

Les bâtiments publics, les salles de danse, les fabriques, les granges, les remises et les hangars, etc., doivent être employés pour les cantonnements

Dans les cantonnements, l'espace nécessaire, sans les couloirs, doit être le suivant :

pour un homme 1,25 à 1,50 *m*² (210 *cm* de long sur 65 à 75 *cm* de large) ;

pour un cheval 3,50 à 4 *m*² (270 à 300 *cm* de long sur 125 à 150 *cm* de large).

Les écuries doivent avoir au moins 210 *cm* de haut.

L'espace nécessaire pour les bivouacs dépend surtout du terrain et de la forme du camp. (L'étendue de la place nécessaire pour un camp, réduite par homme en particulier, est, en général, de 30 mètres carrés pour le fantassin, de 60 mètres carrés pour le cavalier et de 75 mètres carrés pour l'artilleur.)

Les prescriptions spéciales relatives aux espaces nécessaires sont renfermées dans le règlement de service.

Les divers genres de cantonnements sont les suivants :

Les *cantonnements étendus* (soit le quartier chez les habitants).

1 fantassin par foyer ou 5 habitants ;
1 cavalier = 2 fantassins ;
2 artilleurs = 3 fantassins.

Les *cantonnements serrés* (principalement dans les locaux provisoires).

De 1 à 5 hommes par foyer ou 1 homme par habitant.

Les *cantonnements de marche* (quartiers de marche).

De 1 à 5 hommes par habitant.

Les *quartiers d'alarme.* Logement de subdivisions entières (sections, pelotons, compagnies et détachements encore plus forts, conservant leur formation tactique et de combat) dans les locaux provisoires.

Les *camps de localités.* Logement dans les locaux provisoires (quartiers d'alarme), en contact avec le camp en plein air et à proximité immédiate des localités.

Dans les cantonnements et les bivouacs, chaque homme a droit à 8 kg. de paille pour les cinq premiers jours de cantonnement, et si le séjour se prolonge, à un supplément de 2,5 kg. de paille qui sera distribuée d'avance tous les cinq jours.

Si les cantonnements ne doivent être occupés que pendant une à deux nuits, il ne sera distribué que 5 kg. de paille par homme.

La litière des chevaux sera, pour les cantonnements, de 3,5 kg. par jour et par cheval ; elle consiste, soit en paille fraîche, ou en une litière végétale quelconque, ayant fermenté. Au bivouac, on peut dans des cas exceptionnels, délivrer 2,5 kg. de litière par cheval.

Le bois de chauffage des bivouacs sera délivré à raison d'un stère par 80 hommes ou par 4 feux de garde autorisés.

Pour les feux de bivouac des états-majors, il sera délivré un stère de bois par 40 hommes.

Dans les camps de localités, le bois ne sera délivré que pour les feux de garde.

Dans les grands froids et en cas de pluie persistante, la quantité de bois pourra être doublée sur l'ordre spécial du commandant des troupes.

En revanche, il ne sera généralement pas fait de distribution de bois en été (juin, juillet et août), sauf aux troupes qui se trouveraient dans les hautes montagnes.

Les troupes aux avant-postes appelées à bivouaquer ont droit aux mêmes fournitures.

Les communes dans lesquelles les troupes sont cantonnées ou logées chez les habitants, sont tenues de fournir gratuitement :

*a*) les logements et les bureaux des états-majors ;

*b*) les quartiers et les locaux pour le logement des officiers et des troupes, suivant que ces dernières doivent être logées chez les habitants ou cantonnées.

Les communes sont en outre tenues de fournir, contre les indemnités prévues par le règlement d'administration, à payer par la Confédération :

*a*) la paille nécessaire pour les cantonnements, les corps-de-garde, les chambres de malades et les chambres d'arrêt, et la litière pour les écuries ;

*b*) l'éclairage des bureaux, des cantonnements, des écuries, des corps-de-garde, des infirmeries et des ateliers ;

*c*) le chauffage des bureaux, des corps-de-garde, des infirmeries et des ateliers ;

*d*) les accessoires qu'il pourrait être nécessaire de construire ou de placer dans les logements, tels que râteliers d'armes, crochets pour suspendre les habits, rayons, barres d'écurie, etc. ; l'établissement des lieux d'aisance ne sera pas négligé non plus ;

*e*) les emplacements de camps pour les troupes et les chevaux, si les troupes doivent bivouaquer ou camper ;

*f*) les bois de construction pour les baraques et les corps-de-garde, ainsi que pour les hôpitaux militaires temporaires qui devraient être créés ;

*g*) enfin, les communes sont également tenues de fournir le bois pour les cuisines et les fours de campagne, ainsi que la paille et le bois de chauffage pour les bivouacs et les avant-postes.

En temps de guerre, les communes ou les cantons sont tenus de fournir gratuitement pour l'établissement d'hôpitaux militaires permanents :

*a*) les bâtiments publics qui seraient déclarés propres à cet usage par les autorités militaires ; dans ce cas, tous les frais d'aménagement de ces bâtiments comme hôpitaux militaires, la remise dans leur état primitif et le nettoyage des locaux, après la suppression des hôpitaux, sont à la charge de l'administration militaire ;

*b*) les terrains qui pourraient convenir à la construction de bâtiments temporaires, contre bonification du dommage éventuel causé aux cultures.

### d) *Indemnités pour dommages causés aux propriétés.*

Les dommages causés lors des manœuvres, ou par des préparatifs de guerre, sont payés à dire d'experts.

En temps de paix, l'un des experts, fonctionnant comme représentant des troupes (expert militaire), sera nommé par le commandant en chef du corps qui a causé les dommages ; lors de grandes manœuvres, telles que les rassemblements de brigade ou de division, cet expert sera nommé par le Département militaire fédéral, sur la proposition du commandant des troupes; l'autre expert, représentant les propriétaires endommagés (expert civil), sera nommé par les autorités communales, s'il s'agit d'un service d'instruction de courte durée, et par le gouvernement du canton intéressé, s'il s'agit de manœuvres plus importantes.

L'officier d'administration le plus élevé en grade, fonctionnera en qualité d'arbitre.

Dans le service de campagne, l'un des experts est désigné par le commandant de la division ou par le commandant d'une subdivision indépendante de l'armée, et le second expert est désigné par le gouvernement du canton.

Les fonctions d'arbitre sont exercées par le commissaire des guerres de division.

### 4. Le service de santé.

Le service de santé se subdivise en service médical et service vétérinaire. Le médecin en chef est à la tête du premier et le vétérinaire en chef dirige le second.

#### a) *Service médical.*

Le médecin en chef s'occupe en premier lieu du recrutement et de l'instruction des troupes sanitaires et veille à ce que leurs effectifs soient toujours au complet. Il est en outre chargé :

I. De la direction supérieure des commissions auxquelles est confiée la visite sanitaire lors du recrutement (pages 43 et suivantes).

II. De l'organisation du service sanitaire pour toutes les mises sur pied (aussi bien pour le service d'instruction que pour le service actif). A cet effet

*a)* Il désigne, après entente avec le commandant, le personnel et le matériel dont on a besoin pour ce service;

*b)* Il indique pour chaque service, les hôpitaux et pharmacies mis à disposition;

*c)* Il prend les mesures hygiéniques voulues, en vue du maintien de la santé de la troupe.

III. De compléter le matériel sanitaire et de veiller à ce qu'il soit en bon état.

IV. De préaviser sur les demandes d'indemnités.

Ad. I. L'armée suisse est la première qui ait admis le principe que, lors du recrutement, les médecins sont seuls compétents pour prononcer l'exemption définitive ou temporaire des recrutables.

Ad. II. Le service sanitaire peut se classer en:

*a)* Service au corps;

*b)* Service au lazaret de campagne et aux ambulances;

*c)* Service d'hôpital;

*d)* Service de transport;

*e)* Service et organisation des sociétés de secours aux blessés.

Pour les services compris sous *a* et *b*, les troupes sanitaires sont incorporées dans une division ou dans l'armée, et dépendent par conséquent du médecin de division ou du médecin d'armée, s'il en existe un. Pour les services compris sous *c-e*, par contre, elles sont sous les ordres directs du médecin en chef et n'ont aucun rapport avec l'armée.

Le *service sanitaire au corps* comprend:

1. La visite sanitaire à l'entrée au service, en conformité des §§ 34-31 de l'instruction du 22 septembre 1875.

2. Les soins à prendre pour maintenir la santé des troupes, soit en les rendant attentives sur la manière de se comporter et sur tout ce qui peut avoir une influence fâcheuse sur leur santé, soit en proposant au commandant des mesures hygiéniques appropriées. Aucune disposition à cet égard ne peut être prise sans son consentement, à moins qu'elle n'émane de l'autorité supérieure.

3. Les soins à donner aux malades. Les maladies et lésions graves ne peuvent être traitées au corps d'une manière rationnelle; c'est le motif pour lequel il a été admis, en principe, qu'aucun homme ne pouvait séjourner plus de quatre jours à l'infirmerie. Dans les cas où une incapacité de service prolongée est à prévoir, l'homme doit être transporté immédiatement à l'hôpital, c'est-à-dire dans l'établissement où la guérison sera la plus prompte et la

plus sûre [1]. Lorsque tout fait supposer que le cas aura une heureuse issue, on peut, si le malade ou le lésé le désire, lui permettre de rentrer dans ses foyers, après avoir signé un acte de renonciation. Dans tous les autres cas, c'est le médecin en chef seul qui peut autoriser un traitement autre que celui de l'hôpital. (Loi sur les pensions du 13 novembre 1874, art. 7).

Ce ne sont donc pas les soins à donner aux malades qui rendront le service du médecin de troupe difficile, mais bien les questions de diagnostic et de pronostic.

4. Le service sanitaire pendant le combat. Le devoir du personnel sanitaire des différents corps est de chercher à évacuer les blessés sur les places de pansement. Ce transport doit se faire, même avant le pansement d'urgence, car c'est sur les places désignées que les premiers soins doivent être donnés.

Chaque ambulance peut organiser, sur le champ de bataille, une place de pansement principale, comme les détachements sanitaires de l'armée allemande. Elle peut aussi remplir le rôle d'un lazaret, ou servir d'hôpital provisoire pour les étapes.

Elle dispose de 40 lits et son personnel, de même que son matériel, lui permettent d'admettre jusqu'à 200 blessés ou malades.

En général, on établit aussi peu d'ambulances que possible, car il vaut mieux les conserver à disposition pour les derniers moments. Celles qui ont été obligées d'agir, doivent évacuer leurs malades sur les hôpitaux ou les remettre aux détachements envoyés par ceux-ci à la suite de l'armée, afin de pouvoir reprendre leur place en ligne.

Le *service d'hôpital* a pour but de donner aux malades provenant des ambulances, les soins réclamés par l'art, jusqu'à leur guérison.

Dans l'intérêt des patients et de l'armée, les hôpitaux doivent être situés en arrière, aussi loin que possible; ils doivent être indépendants de l'armée.

[1] Voir l'instruction sur le traitement des militaires malades dans les hôpitaux civils en temps de paix, du 11 septembre 1880. F. M. F., N° 28.

Ce service est dirigé par un officier supérieur du corps sanitaire et on y attachera, autant que faire se peut, le personnel de la landwehr. Si le matériel en magasin ne suffit pas, on s'en procurera par réquisitions ou achats.

Le *service de transport* s'occupe du transfert des malades et blessés qui sont évacués des lazarets dans les hôpitaux sédentaires. Un officier sanitaire supérieur en a la direction.

Il dispose des moyens de transport suivants :

1. De cinq colonnes de transport de réserve sanitaire de l'armée, composées chacune de 32 voitures ;

2. De trains de chemins de fer et de bateaux à vapeur organisés pour ce service.

L'organisation d'un service de santé officiel, ayant un personnel assez nombreux pour suffire à toutes les éventualités de la guerre, est impossible. Elle distrairait un trop grand nombre de combattants.

On pourra, en cas de guerre, compter, comme dans d'autres pays, sur l'enthousiasme et le dévouement de la population. Il s'agit seulement d'utiliser d'une manière bien entendue les personnes qui offriront leurs services et les secours en nature qui seront remis. L'organisation de sociétés, avec un comité central, sous la direction de l'administration du service de santé, est pour cela indispensable. Un officier supérieur des troupes sanitaires sera spécialement désigné comme délégué pour le *service et l'organisation des sociétés de secours*. Sa mission consistera à faire connaître au comité central les besoins et les désirs de l'administration et à veiller à une répartition rationnelle des secours de toute nature. Il remet, au nom du médecin de l'armée, à chaque volontaire, une carte de légitimation dûment visée.

Ces derniers ne peuvent cependant pas être admis sur le champ de bataille, quoique les lazarets de campagne soient autorisés à recevoir les dons en nature ; mais le service des hôpitaux et celui des transports leur offriront un vaste champ d'activité, car c'est là surtout que le personnel et le matériel feront défaut.

La question des sociétés de secours, en temps de paix, préoccupe peu la population suisse. On ne songe guère, dans ce pays où la Convention de Genève a vu le jour, à préparer des secours, ainsi que cela se pratique dans d'autres Etats.

Ad IV. Conformément à l'art. 18, alinéa 2, de la Constitution fédérale, tous les militaires qui, par le fait du service fédéral, perdent la vie, et ceux dont la santé est altérée d'une manière permanente, ont droit à des secours de la Confédération, pour eux ou pour leur famille, s'ils sont dans le besoin.

L'application de ce principe est réglée par la loi fédérale concernant les pensions militaires et les indemnités, du 13 novemb.1874. (Voir quinzième partie.)

Aux termes de cette loi, les indemnités allouées en cas de mort, ainsi que celles accordées aux invalides, consistent en pensions annuelles. Les militaires atteints d'infirmités temporaires sont, en général, traités à l'hôpital, aux frais de la Confédération, jusqu'à leur entière guérison. Si, pour des motifs laissés à l'appréciation de l'autorité, il a été fait exception à cette règle, le lésé recevra, pour le temps pendant lequel le corps auquel il appartient est encore au service, une indemnité équivalant au montant des frais d'entretien et de traitement dans un hôpital, plus la solde réglementaire.

Suivant les circonstances, cette indemnité peut être augmentée après le service, jusqu'à ce que l'intéressé soit en état de reprendre ses occupations.

C'est au Conseil fédéral qu'appartient le droit d'accorder, de modifier ou de supprimer les pensions ou indemnités, après avoir entendu le préavis de la Commission des pensions. Cette Commission est présidée par le chef du Département militaire et se compose du médecin en chef, d'un médecin militaire supérieur et de trois autres officiers.

Chaque année il est procédé à la révision des pensions. A cet effet, les Gouvernements des cantons sont invités à répondre à un questionnaire qui sert de base aux décisions à prendre.

### b) *Service vétérinaire.*

Abstraction faite des soins à donner aux chevaux malades, soit aux corps, soit dans les établissements vétérinaires, les officiers chargés de ce service ont des fonctions administratives très importantes, surtout au point de vue financier.

Ils procèdent à l'estimation des chevaux entrant au service, ainsi qu'à celle des chevaux appartenant aux officiers qui perçoivent toute l'année une ration de fourrage. Ces estimations sont faites par des Commissions, avec l'aide de vétérinaires militaires, sous la surveillance du vétérinaire en chef. Elles servent de base au règlement des indemnités à payer lors du licenciement, pour les chevaux malades ou péris. Ces indemnités, que l'on nomme *dépréciations,* sont de même fixées par une Commission avec le concours d'officiers vétérinaires. Leurs décisions sont soumises à un examen approfondi du vétérinaire en chef.

Ces Commissions ont un rôle très difficile à remplir; elles doivent, d'un côté, et dans l'intérêt de l'Etat, rejeter les réclamations non fondées, et de l'autre, il est de leur devoir d'assurer aux propriétaires de chevaux une indemnité équitable.

Pendant la durée du service, ils prennent toutes les mesures hygiéniques nécessaires au maintien de la santé des chevaux.

Les établissements vétérinaires particuliers, auxquels on a confié des chevaux malades, transmettent régulièrement leurs rapports au vétérinaire en chef. Cet officier décide s'il y a lieu de continuer le traitement, ou de procéder à une dépréciation. Il donne aussi les ordres nécessaires pour le licenciement des chevaux.

## 5. Service des transports.

Les communes ont l'obligation de fournir les moyens de transports prévus par le règlement (chars de réquisition), contre une indemnité fixée par la loi.

En temps de guerre, les voitures et les harnais (chars à approvisionnements, chars à bagages, chars de malades), faisant partie du matériel de corps seront requis en même temps que les chevaux estimés par les commissions d'estimation des chevaux et répartis entre les corps de troupes.

En temps de paix, les chars à approvisionnements et les chars à bagages remis aux troupes comme voitures de corps, seront loués et estimés pour la durée du service par les commissariats des guerres des cantons.

Le maximum de l'estimation est fixé comme suit :

| | | |
|---|---|---|
| *a*) pour un char à 1 cheval . . . . . . . . . . . | Fr. | 250 — |
| *b*) pour un char à 2 chevaux . . . . . . . . . | » | 400 — |
| *c*) pour un char de 3 à 4 chevaux . . . . . . . | » | 550 — |
| *d*) pour un harnais, sans les effets de pansage . . . | » | 70 — |

A la fin du service, tous les chevaux de réquisition, les voitures et les harnais, gardés au service, seront dépréciés réglementairement. Les dommages constatés seront bonifiés par l'administration de la guerre.

En général, les chars doivent remplir les conditions suivantes :

*a*) ils peuvent être à échelles, à pont ou construits de toute autre manière, moyennant qu'ils soient solides et pourvus d'appareils d'enrayage en bon état ;

*b*) les chars doivent avoir un siége pour le conducteur ; les côtés et le fond des chars à échelles doivent être garnis de planches ;

*c*) ils doivent avoir une largeur de jantes et la tare ci-après :

| | Largeur de jantes. *cm.* | Tare. *kg.* |
|---|---|---|
| un char à 1 cheval . . . . . . . . . . . | 5 | 300-400 |
| un char à 2 chevaux . . . . . . . . . | 7-7,5 | 500-600 |
| un char à 3-4 chevaux . . . . . . . . . . | 7-9 | 700-900 |

*d*) les bâches doivent être imperméables et pourvues de moyens de les fixer solidement.

Suivant la qualité des attelages et la nature des routes, la charge maximum est fixée comme suit :

| | |
|---|---|
| *a*) pour une bête de somme . . . . . . . . . . | 100 à 150 kg. |
| *b*) pour un cheval de trait . . . . . . . . . . | 400 à 500 » |

la tare même du char non comprise.

Les indemnités pour les transports requis d'étape en étape seront payées par l'administration de la guerre suivant le tarif ci-après :

| | |
|---|---|
| *a*) pour un conducteur . . . . . . . . . . . . . | 15 cent. |
| *b*) pour un porteur . . . . . . . . . . . . . . | 30 » |
| *c*) pour un cheval de trait ou de somme . . . . . . | 25 » |
| *d*) pour un char ou un traîneau à un cheval . . . . . | 05 » |

*e*) pour un char ou un traîneau à plusieurs chevaux . . 10 cent. par kilomètre parcouru, sans autre indemnité pour le retour.

Les distances inférieures à 5 km. seront comptées pour 5 km.

Pour les chars de réquisition employés au service de l'armée pendant un temps prolongé on paiera :

| | |
|---|---|
| *a*) pour chaque conducteur, par jour . . . . . . . . | Fr. 2 50 |
| *b*) pour chaque porteur . . . . . . . . . . . . . . | » 3 50 |
| *c*) pour chaque cheval de trait ou de somme, par jour . | » 3 — |
| *d*) pour chaque char ou traîneau vide à un cheval . . . | » — 75 |
| *e*) pour chaque char ou traîneau vide à plusieurs chevaux | » 1 — |

Le matériel de transport des chemins de fer suisses (à voie normale) se composait, au 1er janvier 1882, selon la statistique établie par la section du chemin de fer de l'état-major, de :

| | | |
|---|---|---|
| *Locomotives :* | 92 | pour trains express. |
| | 247 | » » de voyageurs. |
| | 142 | » » de marchandises. |
| | 33 | diverses. |
| Total | 514 | machines. |

| | | |
|---|---|---|
| *Voitures de voyageurs :* | 418 | à 4 essieux. |
| | 1135 | à 2 » |
| Total, | 1553 | voitures pouvant contenir 70 497 personnes assises. |

| | | |
|---|---|---|
| *Wagons pour marchandises :* | 3882 | wagons couverts. |
| | 1906 | » découverts. |
| | 2205 | plates-formes. |
| | 294 | wagons à bagages. |
| Total, | 8287 | wagons. |

De ce nombre, 2728 wagons couverts et 466 wagons découverts peuvent servir au transport des chevaux.

| | |
|---|---|
| Les premiers peuvent contenir . . . . | 22 088 chevaux. |
| Et les seconds . . . . . . . . . . . | 2 841 » |
| Total . . . | 24 929 chevaux. |

Ensuite de l'ouverture du chemin de fer du Gothard, ce matériel sera considérablement augmenté.

Les calculs pour les transports sont établis sur les bases suivantes :

*Hommes:* 18 hommes par essieu pour les voitures de voyageurs, 11 par essieu pour les wagons de marchandises à 4 essieux et 14 hommes par essieu pour ceux à 2 essieux.

*Chevaux:* 3 - 3 1/2 par essieu.

*Voitures de guerre:* 1/2 - 3/4 par essieu.

*Vivres, fourrages et matériel:* 4000 *kg.* par essieu.

| | Voit. de voyag. essieux : | Wagons de marchand. essieux : Chevaux | Voit. de guerre | Total des essieux |
|---|---|---|---|---|
| Un bataillon d'infanterie | 44 | 6 | 12 | 62 |
| Une brigade d'infanterie | 274 | 44 | 78 | 396 |
| Un escadron de dragons | 8 | 38 | 6 | 52 |
| Une batterie de campagne | 10 | 36 | 24 | 70 |
| Un parc de division | 16 | 84 | 146 | 246 |

Pour le transport d'une division d'armée, il faut 31 trains de 62-78 essieux.

Les transports par chemins de fer sont réglés par l'ordonnance du 11 janvier 1875[1].

Sous date du 27 août 1878, le Conseil fédéral a adopté un règlement concernant l'aménagement des voitures de chemins de fer pour le transport des militaires malades[2].

## 6. Fourniture des chevaux.

A leur entrée au service, tous les chevaux sont soumis à une expertise, et ils sont estimés, lorsqu'ils sont reconnus aptes au service.

Le maximum de l'estimation est:

| | | |
|---|---|---|
| Pour les chevaux de selle . . . . . . . . | Fr. | 1800 — |
| » » de trait . . . . . . . . | » | 1200 — |

[1] F. M. F. de 1875, No 10.
[2] F. M. F. de 1878, No 62.

Les chevaux qui tombent malades, ou reçoivent des lésions, et ceux qui, pour un motif quelconque, ont diminué de valeur pendant le service, sont dépréciés.

Le propriétaire reçoit à titre d'indemnité la différence existant entre le prix d'estimation et celui de la dépréciation. Cette disposition n'est toutefois pas applicable aux chevaux des sous-officiers et soldats de cavalerie (voir plus loin).

### a) *Chevaux d'officiers.*

Les officiers fournissent eux-mêmes leurs chevaux, contre une indemnité spéciale, qui est fixée actuellement à fr. 4 par jour de service et de voyage[1].

Cette indemnité peut être portée à fr. 5 par jour pour les rassemblements de division et les mises sur pied considérables.

Pour les cours de remonte, les écoles de recrues et les cours spéciaux, l'indemnité ne sera payée que pour un cheval, tandis que pour les services faits avec le corps auquel l'officier appartient, elle est payée d'après le nombre de chevaux que l'officier est autorisé à tenir, et qui sont réellement présents.

Lorsqu'une mise sur pied importante est à prévoir (mise de piquet), le Conseil fédéral a le droit de prescrire que les officiers se procurent des chevaux avant l'entrée au service; ceux-ci perçoivent, dans ce cas, les indemnités réglementaires.

Pour faciliter aux officiers l'acquisition de chevaux de selle, l'administration cède de temps en temps, au prix coûtant, un certain nombre de chevaux de remonte[2].

Les chevaux de la régie sont aussi à la disposition des officiers. Cet établissement traite, soit pour la vente, soit pour la location de ses chevaux.

La Confédération a le droit de disposer de tous les chevaux qui se trouvent sur le territoire suisse, s'ils sont nécessaires à la mobilisation de l'armée.

[1] F. M. F. de 1876, N° 33.
[2] F. M. F. de 1876, N° 1.

Il a été constaté que le nombre de chevaux de selle existant en Suisse était très restreint. Il est loin de suffire aux besoins de l'armée et, malgré toutes les mesures prises à l'égard des chevaux du pays, on sera obligé d'avoir recours à l'étranger, surtout pour les chevaux d'officiers.

b) *Chevaux de cavalerie* [1].

Les chevaux destinés aux sous-officiers et soldats de cavalerie sont achetés par la Confédération (surtout à l'étranger), et ils sont dressés dans les cours de remonte. Chaque cavalier est cependant libre de fournir un cheval de son choix, pourvu que ce cheval possède les qualités requises.

En conformité de l'ordonnance du 24 mars 1876, il est fait exception à cette règle pour les ouvriers et infirmiers, auxquels l'Etat fournit des chevaux provenant des dépôts ou de la régie [2].

Le dressage a lieu dans le dépôt de remonte et il nécessite un délai de 90 à 100 jours.

La remise des chevaux aux recrues s'effectue selon les règles précisées par l'ordonnance [1].

Les chevaux restent généralement en possession des hommes, mais ils ne peuvent être ni vendus, ni séquestrés, ni loués, ni employés par des tiers. En dehors du service, les cavaliers ont l'obligation de les nourrir et de les soigner; ils peuvent les utiliser, à condition que cela ne nuise en rien à leurs qualités comme chevaux militaires.

L'emploi des chevaux de cavalerie pour le service des pompes, en cas d'incendie, est interdit, mais ils peuvent être utilisés pour le service d'estafette, lorsque le cavalier est incorporé en cette qualité dans le corps des pompiers, ou lorsqu'il reçoit un ordre formel de l'autorité de police. Les dommages qui peuvent en résulter sont supportés par les communes [3].

[1] Ordonnance du 15 août 1878. F. M. F., N° 44, complétée par l'instruction du 29 mars 1881. F. M. F., N° 19 (au sujet des mises de chevaux).

[2] F. M. F. de 1876, N° 58 (supprimée pour ce qui concerne les trompettes).

[3] Prescriptions concernant l'emploi des chevaux de cavalerie, du 10 octobre 1878. F. M. F., N° 50.

En prenant possession de son cheval, la recrue doit payer la moitié du prix d'estimation. Ce montant lui est remboursé par la Confédération dans un terme de dix ans, au moyen d'un amortissement annuel, équivalant au dixième de la somme payée. Lorsque le cavalier a accompli ses dix ans de service avec le même cheval, il en devient propriétaire. Si, lors de la sortie du service, l'homme est en possession d'un cheval qui n'a pas fait tout le temps de service, la Confédération a le droit de le reprendre contre paiement du solde de la somme non encore amortie.

La Confédération rembourse la somme non encore amortie, lorsque le cheval vient à périr au service, mais si cet accident arrive en dehors du service, il n'est payé aucune indemnité.

La Confédération rembourse de même le solde non amorti, pour les chevaux devenus impropres au service pendant qu'ils étaient en activité, et elle en reprend possession. Si ce fait se produit en dehors du service, elle peut également les reprendre, contre bonification de la moitié du prix d'estimation, à moins que les amortissements payés n'atteignent déjà cette somme. Dans ce cas, le cavalier n'a droit à aucune indemnité.

En cas d'absence prolongée, d'incapacité de service du propriétaire, ou de négligence dans l'entretien, la Confédération a de même le droit de reprendre les chevaux. Dans ce cas, l'amortissement annuel est réduit de moitié.

En dehors du service, les chevaux de cavalerie sont inspectés par des officiers et des sous-officiers désignés à cet effet.

Les chevaux de cavalerie sont marqués au fer rouge, des deux côtés de l'encolure; ceux provenant de l'étranger, portent du côté droit le millésime de l'année du recrutement et du côté gauche, le numéro d'ordre; les chevaux du pays, par contre, sont marqués à droite du numéro d'ordre et à gauche du millésime de l'année de recrutement.

Quant aux chevaux *mis hors de service*, ils portent une marque bien visible, consistant en une entaille à l'oreille gauche, ayant la forme d'un triangle, mesurant 2 *cm.* de base sur 2 *cm.* de hauteur.

c) *Chevaux du train.*

En cas de mise sur pied, les chevaux du train nécessaires aux unités de troupes sont fournis de la manière suivante :

Par l'administration fédérale pour les unités de la Confédération et les états-majors des corps combinés ;

Par les cantons, pour les unités cantonales.

La Confédération a le privilége de disposer de tous les chevaux qui se trouvent sur le territoire suisse. Elle peut décréter la mise de piquet des chevaux. Dès que cette mesure a été prise, nul ne peut, sans autorisation, se défaire d'un cheval, sous peine d'une amende qui peut s'élever à fr. 500. Il est immédiatement procédé à une expertise de tous les chevaux, à la suite de laquelle l'interdiction de vente est levée, pour ceux qui ont été reconnus impropres au service.

Pour le service d'instruction, les chevaux sont fournis par l'établissement de la régie. En cas d'insuffisance, on a recours à des chevaux de location, lesquels sont estimés. Il est à supposer que la Confédération aurait recours à ce dernier moyen pour se procurer le nombre de chevaux nécessaires à une entrée en campagne, à moins qu'elle ne préfère en faire l'acquisition. Pour plus de détails, voir le règlement du 15 février 1877, concernant la location des chevaux d'artillerie.

d) *Etat des chevaux.*

Le recensement du bétail, opéré en Suisse au mois d'avril 1876, avait accusé la présence de 100 000 chevaux, dont 63 700 juments et chevaux hongres, de 4 à 12 ans ; mais comme il n'était fait aucune espèce de classification, permettant de distinguer les chevaux de selle, l'Assemblée fédérale, par arrêté du mois de juin 1877, ordonna un nouveau dénombrement de la race chevaline, lequel a donné les résultats suivants :

***Etat des chevaux aptes au service, non compris ceux de cavalerie, suivant le recensement de 1877 et d'après les arrondissements de division.***

| ARRONDISSEMENT DE DIVISION | Chevaux de selle | | | Chevaux de trait | | |
|---|---|---|---|---|---|---|
| | Pour officiers | Pour sous-officiers | Total | Pour l'artillerie | Pour le train de ligne et le train d'arm. | Total |
| I | 457 | 742 | 1199 | 5159 | 6128 | 11287 |
| II | 306 | 608 | 914 | 3272 | 3546 | 6818 |
| III | 268 | 656 | 924 | 3448 | 2100 | 5548 |
| IV | 73 | 295 | 368 | 2256 | 3340 | 5596 |
| V | 179 | 244 | 423 | 1423 | 2639 | 4062 |
| VI | 385 | 616 | 1001 | 1992 | 2194 | 4186 |
| VII | 230 | 483 | 713 | 2184 | 2992 | 5176 |
| VIII | 96 | 114 | 210 | 1245 | 2569 | 3814 |
| Total | 1994 | 3758 | 5752 | 20979 | 25508 | 46487 |
| Nombre nécessaire aux besoins de l'élite, non compris 3012 chevaux de cavalerie . . . . . . . . . | 2839 | 1370 | 4209 | 4942[1] | 6630 | 11572 |
| Chevaux manquants . . . . | 845 | — | — | — | — | — |
| Chevaux surnuméraires. . . | — | 2388 | 1543 | 16037 | 18878 | 34915 |
| Nombre nécessaire à la landwehr, y compris les chevaux de cavalerie[2] . . . . . . | — | 3716 | 5523 | 1120[1] | 4866 | 5986 |
| Total des manquants | 845 | 1328 | 3980 | — | — | — |
| Total des surnuméraires | — | — | — | 14917 | 14012 | 28929 |

Il ressort de cette récapitulation, en admettant que la classification soit exacte, qu'il manque une grande quantité de chevaux de selle pour officiers et pour la cavalerie de la landwehr, mais que les chevaux de trait sont en nombre bien suffisant.

[1] Ce chiffre ne comprend que les attelages des bouches à feu (y compris les pièces de rechange), ceux des caissons, ainsi que les chevaux de réserve.

[2] Ils sont tous compris dans le chiffre de 3716 indiqué dans la rubrique « chevaux de sous-officiers ».

## 7. Les dépenses militaires.

a) *Les dépenses de la Confédération.*

Conformément aux comptes fournis, elles s'élèvent :

| | 1880 | | 1881 | |
|---|---|---|---|---|
| | Francs Ct. | Francs Ct. | Francs Ct. | Francs Ct. |
| I. Personnel d'administration, y compris la chancellerie militaire . . . . | | 422 313,02 | | 428 350,64 |
| II. Personnel d'instruction . . . . . . | | 654 044,57 | | 666 894,15 |
| III. Recrutement . . . | | 54 945,85 | | 58 314,36 |
| IV. Frais d'instruct. : | | | | |
| 1. Etat-major . . . . . | 75 634,78 | | 73 896,24 | |
| 2. Infanterie . . . . . . | 2 682 548,48 | | 2 792 819,85 | |
| 3. Cavalerie . . . . . . | 427 267,56 | | 446 052,86 | |
| 4. Artillerie . . . . . . | 1 880 896,86 | | 1 899 133,03 | |
| 5. Génie . . . . . . . . | 250 702,05 | | 249 348.90 | |
| 6. Troupes sanitaires | 121 086,06 | | 110 709,78 | |
| 7. Troupes d'admin. | 84 606,57 | | 87 965,27 | |
| 8. Frais extraord. p[r] les manœuvres des corps combinés . . | 134 671,63 | | 134 309,28 | |
| 9. Ecoles centrales . | 94 533,01 | | 71 131,62 | |
| 10. Cours au Polytechnicum . . . . . | 12 950,40 | | 13 405,57 | |
| 11. Officiers envoyés à l'étranger . . . . . | 9 651,45 | | 9 896,10 | |
| 12. Supplém. de solde aux sous-officiers | 75 437,65 | | 75 214,80 | |
| 13. Cours préparatoires p[r] la gymnast. | 1 000,— | 5 850 986,45 | 3,864,10<br>1 270 — | 5 969 016,60 |
| IV. Habillement, armem[t] et équipem[t] | | 2 612 408,25 | | 2 630 307,08 |
| V. Chevaux de caval. | | 753 257,60 | | 1 147 666,11 |
| VI. Indemnit. d'équipem[t] aux officiers | | 148 949,35 | | 129 922,65 |
| VII. Subsides aux sociétés de tir . . . . | | 216 090,— | | 250 000 — |
| VIII. Matér[l] de guerre | | 755 482,63 | | 862 700,35 |
| IX. Etablissem[ts] militair[es] et fortificat[s] | | 26 779,71 | | 59 435,47 |
| X. Bureau d'état-maj[r] | | 144 100 — | | 148 100 — |
| XI. Pensions militair[s] | | 30 966,76 | | 33 676,23 |
| Report . . . | | 11 670 234,39 | | 12 384 383,64 |

| | 1880 | 1881 |
|---|---|---|
| | Fr. Ct. | Fr. Ct. |
| Report . . . | 11 670 234,39 | 12 384 383,64 |
| XII. Commissions et expertises . . . | 7 268,11 | 9 234,20 |
| XIII. Frais d'impression . . . . . . . . | 56 568,30 | 59 565,43 |
| XIV. Régie des chevaux . . . . . . . . | 159 427,74 | 159 216,66 |
| XV. Ateliers de construction . . . . . | 192 531,71 | 182 072,— |
| XVI. Laboratoire et fabrique de douil$^s$ | 1 318 758,58 | 1 431 906,90 |
| XVII. Fabrique d'armes . . . . . . . . | 744 709,32 | 715 649,28 |
| XVIIII. Divers . . . . . . . . . . . . . | 2 000,— | — |
| Total . . . | 14 151 498,15 | 14 942 028,11 |

Les recettes ascendent à :

| | | |
|---|---|---|
| 1. Régie des chevaux . . . . . . . . . . | 161 933,30 | 179 662,59 |
| 2. Ateliers de construction . . . . . . | 196 282,16 | 184 047,— |
| 3. Laboratoire et fabrique de douilles | 1 398 552,11 | 1 505 784,22 |
| 4. Fabrique d'armes . . . . . . . . . . | 749 806,83 | 717 722,15 |
| 5. Dépôt des munitions . . . . . . . . | 2 535,60 | 2 982,60 |
| 6. Chevaux de cavelerie . . . . . . . . | 489 742,— | 486 515,10 |
| 7. Règlements, ordonnances . . . . . | 1 322,15 | 1 583,05 |
| 8. Feuilles de l'atlas topographique | 2 122,55 | 1 239,80 |
| 9. Livrets de service . . . . . . . . . . | 18 528,80 | 16 320,40 |
| 10. Divers . . . . . . . . . . . . . . . . . | 136 707,97 | 323,03 |
| Total . . | 3 157 533,47 | 3 096 179,94 |

Les sommes portées en dépenses, représentent la dépense brute.

Pour obtenir le *chiffre réel*, il faudrait pour chaque rubrique faire la déduction des recettes de la rubrique correspondante. Le produit de la taxe militaire n'a pas été porté en compte. La recette nette pour 1878 a été de fr. 675 000, et pour 1879, de fr. 1 330 542.

| | pour 1880 | 1881 |
|---|---|---|
| Dépenses de la Confédération | Fr. 14 151 498,15 | Fr. 14 942 028,11 |
| Recettes » » | » 3 157 533,47 | » 3 096 179,94 |
| Dépenses réelles . . . . . | Fr. 10 993 964,68 | Fr. 11 745 848,17 |

b) *Les dépenses nettes des cantons.*

Elles se sont élevées pendant la période de 1877 à 1879 à :

| CANTONS | 1877 Dépenses nettes | 1878 Dépenses nettes | Dépenses nettes en 1879 | | | | | |
|---|---|---|---|---|---|---|---|---|
| | | | Administration, traitements | Matériel de guerre | Entretien des casernes et places d'armes | Subsides aux sociétés volontaires de tir. | Service militaire cantonal, entrée et licenciement. Trib. milit. cant. | Total 1879 |
| | Fr. | Fr. | Fr. | Fr. | Fr. | Fr. | Fr. | Fr. |
| Zurich . . . . . . . | 121460 | 109020 | 43946 | 26730 | 19967 | 21327 | — | 111970 |
| Berne . . . . . . . | 312379 | 255189 | 144493 | 46373 | — | 13272 | 7273 | 211411 |
| Lucerne . . . . . . | 52500 | 47500 | 34500 | 8300 | — | — | — | 42800 |
| Uri . . . . . . . . . | 6552 | 5272 | 2117 | 2065 | — | 1000 | — | 5182 |
| Schwytz . . . . . . | 4831 | 7080 | 3382 | 4607 | — | — | — | [1] 7989 |
| Unterwald-le-Haut | 3367 | 2472 | 1245 | — | 143 | 480 | — | 1868 |
| Unterwald-le-Bas . | 5040 | 6863 | 3068 | 239 | 40 | 487 | — | 3834 |
| Glaris . . . . . . . | 11969 | 11054 | 7762 | — | 2092 | 2344 | — | 12198 |
| Zug . . . . . . . . . | 9558 | 7917 | 5600 | 1515 | — | 500 | — | 7615 |
| Fribourg . . . . . . | 109137 | 74346 | 32288 | 5181 | 2263 | — | 17807 [2] | 57839 |
| Soleure . . . . . . . | 36013 | 30537 | 19936 | 2425 | 920 | 2586 | — | 25867 |
| Bâle-Ville . . . . . | 26665 | 26837 | 17185 | 1233 | 6342 | 1500 | — | 26260 |
| Bâle-Campagne . . | 14105 | 18010 | 10753 | 1822 | — | — | — | 12575 |
| Schaffhouse . . . . | 17718 | 20921 | 9711 | 1353 | 6006 | 1030 | — | 18100 |
| Appenzell Rh.-Ext. | 25842 | 27897 | 15695 | 13281 | — | — | — | 28976 |
| Appenzell Rh.-Int. | 2348 | 1731 | 2118 | — | — | — | — | 2118 |
| St-Gall . . . . . . . | 61305 | 56619 | 36861 | 4185 | 16248 | — | — | 57294 |
| Grisons . . . . . . | 21700 | 29760 | 22500 | 3600 | — | 3000 | 1000 | 30100 |
| Argovie . . . . . . | 84415 | 55939 | 36597 | 5893 | — | — | — | 42490 |
| Thurgovie . . . . . | 16583 | 22887 | 10364 | 4624 | — | — | — | 14988 |
| Tessin . . . . . . . | 73170 | 44957 | 56252 | 676 | — | 5270 | — | 62198 |
| Vaud . . . . . . . . . | 86605 | 83291 | 53530 | 30184 | — | — | — | 83714 |
| Valais . . . . . . . | 21679 | 24528 | 16030 | 8338 | 1227 | — | — | 25595 |
| Neuchâtel . . . . . | 54900 | 54959 | 23815 | 22883 | 2877 | 3524 | 4215 | 57314 |
| Genève . . . . . . . | 80200 | 73628 | 34355 | 13630 | 7200 | 5747 | — | 60932 |
| Total . . . | 1260041 | 1097434 | 614103 | 209437 | 65325 | 62067 | 30295 | 1011227 |

Les dépenses concernant l'habillement et l'équipement des recrues, ainsi que celles qui ont trait à des constructions extraor-

[1] Les dépenses de 1880 et 1881 n'ayant pas pu être obtenues au complet, on a porté les chiffres de 1877 à 1879.

[2] Les dépenses de ce genre, faites par d'autres cantons, mais pas dans une proportion pareille sont aussi portées en compte.

dinaires, ou à l'établissement de places d'armes, etc., ne sont pas comprises dans ces chiffres.

Les sommes payées pour l'habillement et l'équipement des recrues ne sont pas portées en compte, par la raison bien simple qu'elles sont pour ainsi dire couvertes par le montant remboursé par la Confédération. Cette dépense est en outre exposée à de grandes variations. Suivant les circonstances, certains cantons font une année des approvisionnements dépassant les besoins, tandis que, l'année suivante, ils se serviront des effets en magasin. En 1879, par exemple, les cantons accusent un excédant de recettes de 107 000 francs, par le motif indiqué ci-dessus. Ils est donc préférable d'en faire abstraction, si on veut avoir des chiffres exprimant exactement la situation.

Les *dépenses concernant les places d'armes* ne sont supportées que par quelques cantons qui le veulent bien ; dans certains cas, ces dépenses incombent en partie, ou même complètement, aux communes. Les motifs qui engagent les cantons et les communes à faire ces sacrifices sont de différentes natures ; la politique n'y est pas étrangère, et, d'un autre côté, on espère par ce moyen créer des ressources indirectes à la population. Ce ne sont donc pas réellement des dépenses militaires, et ce ne sont surtout pas des dépenses qui se répéteront chaque année. Les places d'armes sont actuellement toutes installées et la plus grande partie des dépenses sont faites. D'après les renseignements qui sont parvenus à l'auteur, les cantons ont dépensé en constructions et installations de places d'armes, pendant l'année 1877 : fr. 1 241 599 ; en 1878 : fr. 762 732 ; en 1879 : fr. 655 772. Le canton de Berne qui, pour son compte particulier, s'est imposé la construction d'établissements militaires lui occasionnant une dépense de 4 ½ millions, a payé en 1877 : fr. 470 000 ; en 1878 : fr. 425 000, et en 1879 : fr. 240 000.

Les chiffres représentent les dépenses nettes, comme dans le compte de la Cofédération, et il n'est fait aucune déduction pour les recettes provenant du paiement de la taxe militaire.

Plusieurs cantons se sont vus obligés à des dépenses extraordinaires dans la période de 1875-1879, par le motif, qu'ensuite de l'entrée en vigueur de la nouvelle loi, tout le matériel de guerre en leur possession devait être inventorié et mis au complet, s'il y avait lieu, en conformité avec la législation précédente. Ce sont des dépenses qui ne se présenteront plus. Il est incontestable que certains cantons dépensent, proportions gardées, plus que d'autres, mais il faut aussi admettre que les systèmes de comptabilité sont bien différents, et qu'il est ainsi presque impossible d'obtenir des chiffres exacts, sans compulser soi-même les comptes. Les dépenses indiquées par le résumé précédent ne paraissent cependant pas trop s'écarter de la réalité et il est probable qu'à l'avenir il y aura plutôt diminution.

Les dépenses militaires de toute la Suisse se sont élevées à :

| | | 1877 | 1878 | 1879 |
|---|---|---|---|---|
| Confédération . | Fr. | 12 098 219 | 11 945 922 | 12 357 100 |
| Cantons . . . | » | 1 260 041 | 1 097 434 | 1 011 227 |
| Total | Fr. | 13 358 260 | 13 043 346 | 13 358 327 |
| Par tête de population : | » | 6,— | 4,85 | 5,01 |

(Recensement de 1870 : 2 669 147).

| | | 1880 | 1881 |
|---|---|---|---|
| Confédération . . . | Fr. | 10 993 964 | 11 845 848 |
| Cantons , . . . . . | » | 1 011 227 [1] | 1 011 227 [1] |
| Total | Fr. | 12 005 191 | 12 867 075 |
| Par tête de population : | | 4,24 | 4,54 |

(Recensement de 1880 : 2 831 787).

c) *Les dépenses personnelles.*

Il faudrait, au point de vue de l'économie nationale, tenir compte du temps sacrifié pour le service.

Il peut être évalué, en chiffres ronds, pour l'élite et les inspections de landwehr, abstraction faite des inspections d'armes et des exercices de tir volontaires, à 1 600 000 jours par année.

On doit laisser aux économistes le soin de fixer la valeur moyenne de ce temps perdu pour le travail.

Qu'il soit seulement permis de faire observer que ce nombre de jours de service correspond à celui d'une armée permanente de 4384 hommes.

[1] Chiffres de 1879.

## QUATORZIÈME PARTIE

---

# L'ADMINISTRATION DE LA JUSTICE PÉNALE

La loi fédérale sur la justice pénale pour les troupes fédérales, du 27 août 1851, arrête l'organisation des tribunaux militaires comme suit :

Le commandant en chef établit autant de tribunaux, au moins, qu'il y a de brigades dans l'armée. Le Conseil fédéral fixe le nombre des tribunaux à établir pour les troupes qui sont au service fédéral d'instruction.

Tout tribunal militaire ordinaire se compose d'un grand-juge, officier de l'état-major judiciaire avec le grade de major au moins, de deux juges, de deux suppléants et de huit jurés. Les jurés doivent être au nombre de douze, s'il s'agit d'une accusation capitale. Dans le premier cas, il est choisi par le sort : quatre officiers, deux sous-officiers et deux caporaux ou soldats, et dans le second, six officiers, trois sous-officiers et trois caporaux ou soldats. Les juges et leurs suppléants sont désignés parmi les officiers des troupes qui sont sous la juridiction du tribunal et les jurés sont choisis par le sort dans la liste des jurés établie pour le corps.

A chaque tribunal sont attachés un greffier et un auditeur ; ce dernier remplit les fonctions d'accusateur.

Lorsqu'il y a pourvoi en cassation, il est organisé un ***tribunal de cassation.***

La procédure est introduite par une instruction préliminaire dirigée par un officier de troupes.

Il en est immédiatement donné connaissance à l'auditeur, qui est tenu d'y assister et qui peut la compléter.

L'auditeur présente son acte d'accusation par écrit.

L'accusé peut faire choix d'un défenseur ; s'il ne le fait pas, il lui en est désigné un d'office.

Les débats sont publics. Lorsqu'il y a aveu, le jugement est prononcé sans jury ; en cas contraire, il est procédé d'abord à l'audition des témoins, puis on entend l'accusateur et le défenseur, puis le jury, après délibération, prononce son verdict. Lorsque l'accusé a été reconnu coupable, le tribunal prononce la peine établie par la loi.

Le commandant en chef exerce le droit de grâce. Il ne peut toutefois l'accorder qu'après en avoir délibéré avec les trois officiers les plus élevés en rang après lui, et avec l'officier supérieur de l'état-major judiciaire présent à son quartier-général et lorsqu'après cette délibération deux des quatre officiers auront voté avec lui pour la grâce. Lorsqu'un jugement a déjà été mis à exécution, le droit de grâce appartient à l'Assemblée fédérale.

Les *peines* sont assez sévères et elles pourraient, au moins pour les délits de peu de gravité, être mises en harmonie avec le code pénal civil. La trahison, si elle était dangereuse, ou si elle a eu des suites nuisibles, est punie de mort ; la peine de la révolte, non à main armée, est, pour les auteurs et les meneurs, de deux ans d'emprisonnement à dix ans de réclusion, et pour les autres coupables de l'emprisonnement, ou de la réclusion, jusqu'à quatre ans ; la peine est doublée lorsque la révolte a lieu à proximité de l'ennemi. La mutinerie est punie de deux ans d'emprisonnement au moins, et de dix ans de réclusion au plus, lorsque le délit a été commis sous les armes, de six ans au moins, lorsqu'il a été commis à proximité de l'ennemi. L'insubordination, dans les cas graves, sera punie d'un emprisonnement d'un an au plus et, dans les cas moins graves, d'une peine disciplinaire. Celui qui résiste individuellement, mais publiquement et obstinément, à un ordre de service qui lui est personnellement donné, sera puni, s'il n'était pas armé lors de la résistance, de un à quatre ans de réclusion. Si le délit a été commis dans un service d'instruction, il pourra être prononcé un emprisonnement de deux mois à deux ans. Tout militaire qui, en présence de l'ennemi, refuse d'attaquer ou de se défendre, est puni de mort. Le déserteur sera puni : à proximité de l'ennemi, de la réclusion pendant quinze ans au plus ; s'il passe à l'ennemi, de la mort ; à distance de l'ennemi, de deux ans de réclusion au plus ; dans un service d'instruction, de deux mois d'emprisonnement au plus.

L'assassinat sera puni de mort par décapitation, et le meurtre sera puni de la réclusion jusqu'à perpétuité.

Le vol qualifié, entr'autres celui commis au détriment d'un camarade ou de l'habitant chez lequel le soldat est logé, sera puni d'un emprisonnement de six mois à un an, ou de la réclusion pendant quatre ans au plus, lorsque la valeur de l'objet volé n'excède pas quarante francs ; de la réclusion pendant six ans au plus, si la valeur de l'objet volé est supérieure à quarante francs et n'excède pas deux cents francs ; de la réclusion pendant vingt ans au plus, si la valeur de l'objet volé excède deux cents francs. Le vol simple sera puni, au maximum, de dix ans de réclusion, et ainsi de suite.

Les fautes de discipline sont punies par les supérieurs militaires. Les caporaux et sergents peuvent consigner ou mettre aux arrêts leurs subordonnés, mais sans fixer la durée de la punition. Les adjudants-sous-officiers et les sergents-majors ont le droit d'infliger la consigne ou des corvées pendant trois jours et les arrêts ordinaires jusqu'à deux jours.

Les lieutenants ont à l'égard des sous-officiers et soldats la compétence pénale suivante : la consigne ou des corvées jusqu'à cinq jours, et les arrêts ordinaires jusqu'à trois jours. Ils ont en outre le droit d'envoyer aux arrêts les officiers qui leur sont inférieurs en grade et en ancienneté ; ils doivent en aviser immédiatement le commandant de la compagnie.

Les capitaines et les commandants de compagnie ont le droit de prononcer à l'égard des sous-officiers et soldats : la consigne jusqu'à huit jours, des corvées ou des exercices de punition pendant le même laps de temps, les arrêts ordinaires jusqu'à six jours et les arrêts forcés jusqu'à quatre jours. Ils peuvent en outre infliger aux sous-officiers la suspension du grade pendant huit jours.

Le major et le lieutenant-colonel (et le commandant) ont la même compétence que le capitaine, avec cette différence qu'ils peuvent prolonger chaque peine, le premier de deux jours et le second de six jours. Le major peut condamner les officiers à trois jours d'arrêts forcés ou de rigueur et le lieutenant-colonel à dix jours d'arrêts de rigueur et sept jours d'arrêts forcés.

Le commandant en chef, le chef d'état-major et les colonels fédéraux peuvent condamner : les soldats à des corvées jusqu'à vingt jours et à des exercices de punition jusqu'à huit jours ; les sous-officiers et soldats, à la consigne pendant trente jours et aux arrêts simples ou forcés jusqu'à vingt jours ; les sous-officiers à la suspension du grade pendant trente jours et à la dégradation. Leur compétence, à l'égard des officiers, permet d'infliger jusqu'à trente jours d'arrêts simples ou vingt jours d'arrêts forcés ou de rigueur.

Une révision totale du code actuel est prévue, surtout en ce qui concerne l'institution du jury, qui devrait être supprimée ou tout au moins modifiée. Un projet, élaboré par M. le Dr Hilty, professeur, est, dans ce moment, soumis à l'étude d'une Commission.

## QUINZIÈME PARTIE

# LE SYSTÈME DES PENSIONS

« Les militaires qui, par le fait du service fédéral, perdent la vie « ou voient leur santé altérée d'une manière permanente, ont droit « à des secours de la Confédération, pour eux ou pour leur famille, « s'ils sont dans le besoin ».

En exécution de cette disposition de l'art. 18 de la Constitution, l'Assemblée fédérale a adopté, sous date du 13 novembre 1874, une loi concernant les pensions militaires et les indemnités [1].

A teneur de cette loi, les pensions ont été fixées comme suit :

*Invalides.*

1. Jusqu'à fr. 1200 en cas de cécité complète, de perte des deux mains, des deux pieds, ou lors d'accidents déterminant une incapacité de travail analogue.

2. Jusqu'à fr. 700 en cas d'incapacité partielle de travail, résultant par exemple de la perte d'un bras ou d'une jambe, de la paralysie d'un membre ou d'une infirmité analogue.

3. Jusqu'à fr. 400 si la profession habituelle, ensuite d'une plus

[1] F. M. F. 1875, N° 2.

grande difficulté à l'exercer, a dû être échangée contre une autre moins lucrative, ou lorsque le gain habituel a subi une diminution par suite d'empêchements notables dans le travail.

4. Jusqu'à fr. 200 dans les mêmes cas que ceux cités au n° 3, mais à un degré inférieur.

*Veuves, enfants, parents.*

| | | |
|---|---|---|
| 1. Pour les veuves sans enfants . . . . | jusqu'à fr. | 350 |
| » » avec » . . . . | » » | 650 |
| 2. Pour un ou deux orphelins, à chacun . | » » | 250 |
| Pour plus de » » . . . . . | » » | 650 |
| 3. Pour le père ou la mère . . . . . . | » » | 200 |
| Pour les deux . . . . . . . . . . . | » » | 350 |
| 4. Pour chaque frère ou sœur orphelin . . | » » | 100 |
| Pour frères et sœurs orphelins, ensemble. | » » | 250 |
| 5. Pour un grand-père ou une grand'mère | » » | 150 |
| Pour grand-père et grand'mère ensemble . | » » | 250 |

Le montant des pensions peut être doublé pour tous les ayants-droit, si le blessé ou celui qui a succombé, s'est exposé à un grand danger dans l'intérêt de la patrie, sans y être tenu.

Lorsque l'infirmité n'est que passagère, le lésé est indemnisé au moyen d'une somme payée une fois pour toutes.

Les demandes de pensions ou d'indemnités doivent être adressées dans le délai d'une année, par l'intermédiaire des Gouvernements cantonaux.

Il est procédé chaque année à une révision des pensions et des indemnités, ainsi que cela a été indiqué à la page 254.

Les pensions et indemnités payées en 1878 et 1879 atteignent le chiffre de :

| | |
|---|---|
| 1878 . . . . . . . | fr. 50,464. |
| 1879 . . . . . . . | » 53,890. |

Cette dépense est couverte, en premier lieu, par les revenus du fonds des invalides et ensuite par des sommes portées au budget.

| | 1878 | 1879 |
|---|---|---|
| Revenu du fonds des invalides, | fr. 20,239 | fr. 20,319 |
| Montant supporté par le budget, | » 30,225 | » 33,571 |
| | fr. 50,464 | fr. 53,890 |

Le fonds des invalides s'élevait, fin 1879, à fr. 490,749,37. Il est principalement alimenté par des amendes.

Le fonds Grenus, pareillement destiné aux invalides, atteignait à la même époque la somme de fr. 3,170,800,74. Selon les intentions du donateur, les intérêts doivent être capitalisés, et la Confédération ne peut disposer de cette ressource, réservée pour les cas de guerre, qu'après s'être elle-même imposé des sacrifices.

Il existe en outre, dans quelques cantons, une fondation appelée « fondation Winkelried », alimentée surtout par des contributions individuelles des miliciens, et destinée à venir en aide aux invalides et aux familles malheureuses après une guerre.

SEIZIÈME PARTIE

---

# LES ÉTABLISSEMENTS MILITAIRES
## ET LES FORTIFICATIONS

Les établissements militaires comprennent: les ateliers de construction, la régie des chevaux, les places d'armes et les ouvrages de fortification.

### 1. La fabrique fédérale d'armes à Berne [1].

Cet établissement est chargé de la fabrication et de l'achat des différentes pièces détachées des armes à feu portatives et du montage des armes, selon les besoins de la Confédération. Il tient un dépôt de toutes ces pièces détachées, d'outils d'armuriers, de modèles et d'instruments servant au contrôle. Il s'occupe de tous les perfectionnements concernant les armes et les étudie ; il élabore les projets d'ordonnance et fournit aussi des armes aux particuliers, lorsqu'il a du temps disponible. Enfin, il exécute les réparations qui lui sont confiées.

Il est sorti de ses ateliers :

[1] Ordonnance du 7 février 1876. F. M. F., No 20.

1880 :

| | |
|---|---|
| 6976 fusils à répétition, avec sabres-baïonnettes et fourreau . . . . . . . . . . . | à fr. 82 50 |
| 300 carabines à répétition, avec sabres-baïonnettes et fourreau . . . . . . . . | à » 92 — |
| 1500 revolvers, . . . . . . . . . . . . . . | à » 43 — |
| etc., etc. | |

1881 :

| | |
|---|---|
| 7009 fusils à répétition, avec sabres-baïonnettes et fourreau . . . . . . . . . . . . | à fr. 82 — |
| 100 carabines à répétition, avec sabres-baïonnettes et fourreau, . . . . . . . . | à » 94 — |
| etc., etc. | |

### 2. L'atelier fédéral de construction à Thoune [1].

Cet atelier s'occupe de la fabrication et de la réparation du matériel de l'armée et des voitures, dont la livraison n'est pas confiée, par le Département militaire fédéral, aux ateliers des cantons ou à des particuliers. Il fournit les modèles et les dessins nécessaires aux essais et étudie toutes les questions ayant trait à l'amélioration du matériel. Cet établissement peut aussi se charger de travaux pour les cantons, et même pour des particuliers, s'il a suffisamment de temps disponible.

L'atelier de construction occupe en moyenne 50 ouvriers.

### 3. Le laboratoire fédéral à Thoune [2].

Le laboratoire fédéral est chargé : de la fabrication et de la réparation de la munition pour toutes les armes ; de la fourniture des munitions d'ordonnance pour les tirs particuliers et de l'élaboration des projets d'ordonnance concernant sa spécialité.

[1] Ordonnance du 7 février 1876. F. M. F., N° 21.
[2] Ordonnance du 7 février 1876. F. M. F., N° 22.

| Il a livré avec 324 ouvriers en moyenne : | 1880 | 1881 |
| --- | --- | --- |
| Cartouches à balles pour armes à feu portatives . . . . . . . . . . . | 13 087 620 | 14 307 740 |
| Cartouches à blanc . . . . . . . | 960 000 | 1 468 300 |
| Projectiles d'artillerie . . . . . . | 28 000 | 29 000 |

Le laboratoire travaille avec deux assortiments de machines à fabriquer des douilles ; chacun d'eux peut fournir environ 20 000 douilles en dix heures.

La fabrique de douilles de Könitz, organisée de la même manière, a, pour le moment, suspendu ses travaux. Les machines sont montées et la fabrication sera reprise en cas de guerre. La Confédération possède en outre deux assortiments de machines, pouvant être transportées n'importe où, et ayant la même destination que les précédentes.

### 4. La régie des chevaux à Thoune[1].

Cet établissement, en temps de paix, doit tenir à disposition des officiers des chevaux de selle dressés. Ces chevaux sont vendus ou remis en location. La régie s'occupe aussi du dressage des chevaux et se charge au besoin de leur entretien. Comme école centrale d'équitation, elle doit former des instructeurs pour cette branche et dresser des palefreniers. Elle doit surtout chercher à développer le goût de l'équitation en prêtant son concours pour l'organisation de leçons particulières. En cas de guerre, cet établissement livre ses chevaux dressés à l'armée et s'occupe du dressage des remontes[2].

Le nombre des chevaux peut s'élever à 200, mais il n'était que de :

162 à fin 1880 et 169 à fin 1881.

[1] Ordonnance du 10 décembre 1877. F. M. F., N° 97.

[2] Instruction sur le mode de procéder à l'estimation des chevaux de la régie lors de leur emploi au service, du 12 février 1881. F. M. F., N° 15.

### 5. Places d'armes.

La Confédération possède une place d'armes importante à Thoune, destinée à l'instruction des troupes, et elle utilise en outre par suite de contrats les places indiquées dans le tableau ci-dessous :

| | BATIMENTS | Nombre de lits pour officiers et soldats. | | Autres locaux pouvant servir de logem. | Écuries pour chevaux | MANÈGES | | Cours des casernes et emplacements disponibl. d' leurs environs | Places d'exerc. |
|---|---|---|---|---|---|---|---|---|---|
| | | Dans les Casernes. | Dans d'autres locaux | | | Nombre | Superficie de chaque manège | Ares | Ares |
| Lausanne . | Caserne. | 774 | 387 | — | 12 | — | — | — | 3519 3000 |
| Genève . . | » | 644 | — | — | 288 | 1 | 684 | 136 | 811 |
| Bière . . . . | » | 470 | — | 1000 | 300 | 2 | 648 | — | 12000 |
| Colombier . | Nouvelle Caserne Chât. et dépendances | 811 | — | 345 | 121 | 1 | 536 | 30 | 4382 |
| Fribourg . . | Caserne. | 760 | — | 400 | 200 | — | — | 620 | 2268 |
| Berne . . . | » | 1252 | 358 | 600 | 416 | 2 | 924 et 718 | 700 | 5320 |
| Thoune. . . | » | [1]1124 | — | — | 568 | 2 | 990 | — | 21600 |
| Lucerne . . | » | 1004 | — | 400 | 82 | 2 | 685 | — | 5631 |
| Aarau . . . | 2 Casernes. | 1092 | 344 | — | 252 | 2 | 603 et 672 | 53 | 4980 |
| Liestal . . . | Caserne et dépendances. | 960 | 55 | 610 | 110 | 1 | 380 | 1134 | 5760 |
| Brugg . . . | Caserne et dépendances. | 280 | — | — | — | — | — | 430 | 1070 |
| Zurich . , . | Caserne. | 1624 | 500 | 500 | 340 | 2 | 605 et 554 | 432 | 9500 |
| St-Gall . . . | Cas. Cas. de cavalerie Ancien Théâtre. Halle aux draps. | 696 | 660 | 420 | 164 | 1 | 665 | 1112 | 5091 |
| Hérisau . . | Caserne. | 783 | 660 | — | 12 | 1 | 316 | 655 | |
| Frauenfeld. | » | 890 | — | 600 | 230 | 3 | 800 | 122 | 4400 |
| Wallenstadt | 4 Casernes. | 535 | — | 215 | — | — | — | 120 | 1200 |
| Coire . . . . | Nouvelle et ancienne Caserne. | 664 | 600 | 936 | 12 | — | — | 200 et 146 | 4500 |
| Bellinzone . | Nouvelle et ancienne Caserne. | 1340 | 500 | 500 | 150 | — | — | 90 | 1430 |
| | TOTAL . . | 15703 | 4064 | 6526 | 3257 | — | — | — | — |

Il existe dans chaque arrondissement de division une place d'armes principale, destinée à l'instruction des recrues d'infanterie. Ces places sont fournies par les cantons ou les municipalités à des

[1] Dont 130 lits pour officiers.

conditions fixées par circulaire du Département militaire fédéral en date du 15 janvier 1876[1].

### 6. Ouvrages de fortifications.

Quelques ouvrages, construits au Luziensteig, à Saint-Maurice (Valais) et à Aarberg ont été élevés aux frais de la Confédération qui pourvoit aussi à leur entretien.

Les autorités compétentes ont reconnu depuis longtemps qu'il était nécessaire de donner une solution à la question des fortifications. Malgré les études sérieuses qui ont été faites, soit sur le système à adopter, soit sur le développement à donner aux constructions, il n'a malheureusement pas encore été pris de décision formelle à cet égard. Il faut espérer que si jamais la nécessité de cette dépense était reconnue, le peuple suisse aurait assez de patriotisme pour la ratifier et ne pas refuser les moyens d'exécution.

### 7. Bibliothèques militaires.

La direction de la bibliothèque militaire fédérale est confiée au Bureau d'état-major. Elle est accessible à tous les officiers nommés par la Confédération. Les autres officiers peuvent l'utiliser avec l'autorisation du Département militaire fédéral. Elle compte 4230 ouvrages et 6500 volumes.

La décision ordonnant la création de bibliothèques pour chaque place d'armes principale, a reçu un commencement d'exécution.

Quelques cantons possèdent, en outre, des bibliothèques de beaucoup de valeur; il serait à désirer qu'elles fussent réunies à celles des places d'armes.

[1] F. M. F., 1876, No 8.

## DIX-SEPTIÈME PARTIE

# CARTOGRAPHIE

Différentes cartes ont été publiées par les soins des autorités militaires fédérales et elles ont été livrées au commerce, ce sont:

*La carte topographique de la Suisse* (atlas Dufour), dressée et publiée par ordre des autorités fédérales. Les levés et les réductions ont été exécutés par des ingénieurs fédéraux sous la surveillance du général G.-H. Dufour.

Elle est gravée sur cuivre, à l'échelle de 1 : 100 000 et se compose de 25 feuilles. Le relief est représenté par la méthode des hachures, avec lumière oblique. Le bureau d'état-major (section topographique) est chargé d'y porter toutes les routes et chemins de fer de construction nouvelle, ainsi que tous les changements qui peuvent survenir. — Prix des 25 feuilles : fr. 40.

*La carte générale de la Suisse,* en quatre feuilles, d'après une réduction de l'atlas topographique de l'état-major, exécutée sous la direction du général G.-H. Dufour.

Echelle 1 : 250 000, gravure sur cuivre. Elle a été publiée de 1867 à 1873 par le bureau d'état-major. — Prix, fr. 2 la feuille.

*L'atlas des levés topographiques,* d'après les échelles des levés originaux, soit 1: 50 000 pour les hautes montagnes et 1: 25 000 pour les autres parties du terrain. La publication a commencé en 1870, sous la direction de M. le colonel Siegfried, et il a paru jusqu'à ce jour 184 feuilles, formant 15 livraisons. Le relief est exprimé d'après la méthode des courbes de niveau. — Lithographie pour les feuilles au 1: 50 000 et gravure sur cuivre, pour celles au 1: 25 000; impression en trois couleurs. L'atlas contiendra 560 à 570 feuilles. — Prix de la feuille, fr. 1.

*Carte officielle des chemins de fer suisses,* 4 feuilles. Echelle 1: 250 000. — Prix, fr. 8.

*Carte réduite de la Suisse,* avec le territoire avoisinant les frontières, publiée en 1879 par le bureau d'état-major, sous la direction de M. le colonel Siegfried.

Echelle: 1: 1 000 000. — Relief avec hachures; lithographie et impression en couleurs. — Prix, fr. 5.

*Canton d'Uri.* Représentation galvanoplastique des feuilles XIII, XIV, XVIII et XIX de la carte topographique de la Suisse, au 1: 100 000.

Il est fourni, pour les cours d'instruction, des reproductions lithographiques (Ueberdruck) des cartes gravées sur cuivre :

1. De la carte topographique au 1: 100 000, pour les environs des places d'armes et pour le territoire des cantons.

2. De la carte générale au 1 : 250 000, pour indiquer la répartition territoriale des arrondissements.

3. Des levés topographiques au 1 : 25 000, pour servir de cartes de manœuvres lors des rassemblements de troupe.

Les cartes topographiques suivantes ont été publiées par ordre des cantons:

*Carte topographique du canton de Genève,* levée par ordre du gouvernement dans les années 1837 et 1838. Quatre feuilles, gravées sur cuivre, avec hachures. Revue en 1872. Echelle 1 : 25 000.

*Carte topographique du canton de Vaud,* dirigée par la commission topographique du canton. Commencée en 1865. Echelle 1: 50 000.

Une édition est avec courbes de niveau et l'autre avec hachures. Gravure sur cuivre. Les feuilles 2, 3, 4, 5, 6, 8 et 10 ont paru.

*Carte topographique du canton de Fribourg,* levée de 1843 à 1851 par Alexandre Striensky. Quatre feuilles. Echelles 1: 50 000. Gravure sur cuivre; hachures.

*Carte topographique du canton de Lucerne.* Echelle 1: 25 000. Gravure sur cuivre. Publiée de 1854-1867; — courbes de niveau sans couleurs.

Une édition spéciale avec relief ombré.

*Carte topographique du canton confédéré d'Argovie.* Dressée par Michaëlis, de 1845-1848. Gravure sur cuivre. Quatre feuilles. Hachures. Echelle 1: 50 000. Complétée en 1876.

*Carte du canton de Zurich.* Levée de 1843-1851, sous la direction de M. le professeur Wild, et lithographiée de 1852-1865. Echelle 1: 25 000. Trente-deux feuilles. Impression en quatre couleurs.

*Carte topographique du canton de Saint-Gall,* avec l'enclave du canton d'Appenzell. Echelle 1: 25 000. Lithographiée en quinze feuilles. Hachures.

Les cartes suivantes ont été publiées par des particuliers:

*Carte du canton de Bâle,* par A. Kündig. Echelle 1: 50 000. Deux feuilles. Lithographie. Hachures.

*Carte de la Basse-Engadine,* par J. M. Ziegler. Echelle 1: 50 000. Deux feuilles. Lithographie avec impression en quatre couleurs. Courbes de niveau et hachures.

*Carte de la Haute-Engadine,* par J.-M. Ziegler. Comme ci-dessus, en cinq feuilles.

*Carte du canton de Glaris,* par J.-M. Ziegler. Comme ci-dessus, en deux feuilles, impression en trois couleurs.

*Carte du canton de Neuchâtel,* par A. de Mandrot, d'après J.-F. Osterwald. Echelle 1: 50 000. Deux feuilles. Lithographie. Hachures.

*Carte topographique du canton de Zoug.* Au 1: 50 000 dressée et publiée par H. Weiss. Une feuille. Lithographie. Courbes de niveau.

Les cartes du bureau topographique fédéral sont remises et livrées en vente conformément à l'ordonnance du 7 mars 1881[1].

[1] F. M. F., No 17.

# TABLE DES MATIÈRES

**Sixième partie.**



**Septième partie.**

Pages

### Huitième partie.



### Neuvième partie.



### Dixième partie.



### Onzième partie.

Pages

### Douzième partie.



### Treizième partie.

**Quatorzième partie.**



**Quinzième partie.**



**Seizième partie.**



**Dix-septième partie.**

# INDEX ALPHABÉTIQUE

## Publications des mêmes librairies

**Alexandre Berthier.** prince et duc souverain de Neuchâtel, prince de Wagram, maréchal de France. **La principauté de Neuchâtel, 1806-1814, et le bataillon de Neuchâtel.** Notice historique par A. Bachelin. 1 vol. in-4, avec portrait de Berthier et deux gravures fr. 5

**Causeries militaires.** Un vieil officier supérieur à ses jeunes compatriotes suisses. 1 vol. in-12. fr. 1,25

**Charles-le-Téméraire,** par H. F. Amiel. Romancero historique. 1 vol. format elzévirien. fr. 2

**Le dictionnaire français chiffré,** pour correspondance secrète, et suivi d'un nouveau système de télégraphie aérienne, par N. C. Louis. Dr. fondateur des journaux des **Postes** et des **Télégraphes** 1 vol. in-8. fr. 2

**Franz et Rosa.** Episode de l'invasion française en 1798, par l'auteur des **Souvenirs d'un franc-tireur.** 1 vol. in-12. fr. 1 50

**Josias Biberon** ou Histoire des glorieuses campagnes de la première division de l'armée fédérale suisse en 3881 après Jésus-Christ 1 vol. in-12. fr. 2, 50

**Notice biographique sur le général G.-H. Dufour.** 1 brochure in-12. fr. 1
La même, avec portrait 1 brochure in-8 fr. 3

**Portefeuille militaire** pour les officiers de l'armée suisse. Rédigé d'après les meilleures sources officielles par J. de S. Traduit sur la 2e édition par A. de Mandrot, col. fédéral, avec deux pièces additionnelles. 1 vol. in-24, relié en forme de portefeuille. fr. 2

**Précis de l'histoire politique de la Suisse,** depuis l'origine de la Confédération jusqu'à nos jours, par Ant. **Morin.** Tomes IV et V. 2 vol. in-12. fr. 7
Les trois premiers tomes ensemble, fr. 8

**Thécla** ou le Sac de Stanz, par l'auteur de **Franz et Rosa.** 1 vol in-12. fr. 1 50